KB054447

노후를 책임지는
부동산 투자법

노후를 책임지는 부동산 투자법

초판 1쇄 인쇄 · 2018년 3월 02일
초판 1쇄 발행 · 2018년 3월 09일

지은이 · 이상준
펴낸이 · 김명호
펴낸곳 · 도서출판 머니플러스
편 집 · 이운영, 전형수
디자인 · 정은진
마케팅 · 김미용, 문제훈
관 리 · 이혜진

주   소 · 경기도 고양시 일산동구 호수로 358-25 동문타워 2차 917호
전   화 · 02-352-3272
팩   스 · 031-908-3273
이메일 · pullm63@empal.com
등록번호 · 제311-2004-00002호

ISBN 979-11-87314-37-0 (03320)

「이 도서의 국립중앙도서관 출판예정도서목록(CIP)은 서지정보유통지원시스템 홈페이지
(http://seoji.nl.go.kr)와 국가자료공동목록시스템(http://www.nl.go.kr/kolisnet)에서 이용하
실 수 있습니다.(CIP제어번호: CIP2018003657)」

노후를 책임지는 부동산 투자법

이상준(해피 banker) 지음

MP 머니플러스

차례

연금형 부동산 성공적인 투자법

에필로그

NPL(부실채권) 용어 정리

추천의 말

저금리시대 수익형 부동산에 대하여 새로운 투자법을 배워야할 시점에 있습니다. 그동안 경매시장을 뜨겁게 덮치고 있는 NPL(부실채권)을 모른 채 일반경매만을 고집해서는 더 이상 원하는 수익을 달성하기 어려워졌습니다. 오랫동안 금융권에 종사하며 다양한 경매를 경험한 이상준 박사의 이번 책은 NPL의 기본부터 실전투자까지 생생한 사례를 쉽게 풀어 쓴 NPL의 필독서입니다.

−앤소니와 함께하는 부동산경매 수원마스터 경매학원
⟨http://cafe.daum.net/annauction⟩ 안수현 원장님

2017년 8.2.대책으로 부동산시장은 혼돈에 휩싸였으며 주로 아파트에 투자한 사람들은 망연자실하여 방향을 잃고 헤매고 있다. 그러나 상가나 아파트형 공장, 고시원 등, 수익형 부동산을 보유한 분들은 느긋하다. 시세가 떨어져도 월세만 잘나오면 그만이기에 마음이 편하다. 이렇듯 저금리시대에는 매달 월급을 주는 수익형 부동산이 대세이다. 특히 100세 시대에는 이러한 수익형·연금형 부동산으로 노후를 준비하여야 한다. 그러나 대부분의 투자자들은 양도차액투자를 잘 아

는 반면 임대수익을 만드는 방법에 대해서는 무지한 편이다. 그런면에서 이 책은 매우 반갑다. 부디 많은 이들이 이 책을 읽고 안정적인 노후를 위해 한발 내딛는 계기가 되길 바란다.

－「월세혁명Ⅰ·Ⅱ」 저자 조영환(꿈장사)

이상준 교수의 이 책은 평범한 샐러리맨과 일반인도 소액으로 성공적인 수익형·연금형 부동산 투자법을 배울 수 있는 투자 교과서이며 바이블이다. 많은 수익형 부동산 투자 책들이 출간되었지만 이론에 그치거나 초보자가 접근하기는 쉽지 않은 책들이었고 실전에 활용하기가 용이하지 않았다. 그러나 이 책은 실전에서 많은 경험과 투자사례를 바탕으로 NPL수익형 부동산에 관심이 많았던 투자자들이 궁금해하는 오랜 실전 경험을 바탕으로 성공투자 비법을 기록해 놓았다. NPL경매에 관심이 많은 투자자에게 이 책을 강력히 추천하고 싶다.

－한국열린사이버대학교 학과장 최현일 교수

100세 생일케이크의 촛불을 끄는 당신의 모습을 생각해 보신 적 있나요?라는 질문을 던지며 저자는 100세 시대의 도래를 상기시켜 주고 있다. 많은 퇴직자들이 대중 100세 시대 도래로 인생 방정식이 바뀌었는데도 노후준비 해법은 예전과 크게 다르지 않다. 아마도 직장인들의 퇴직 후 꿈은 자신이 받던 월급처럼 일정한 월세수익을 연금처럼 받는 것이다. 하지만 현실은 암담하다. 베이비부머 700만 명 중 400만 명 이상이 준비 없이 은퇴한다고 한다. 이 책은 저자의 수많은 현장경험과 실전사례를 통해 수익형 부동산을 처음 공부하는 사람들뿐 아니라 소액으로 안정적 수익 내기를 원하는 투자자들에게 내비게이션과 같은 역할로 많은 도움을 줄 것이다. "준비는 아무도 빌려주지 않는다"는 인디언 속담처럼 이 책을 통해 많은 퇴직자들이 행복한 노후를 맞이하기를 기대해 본다.

－호서대학교 글로벌창업대학원 강신기 교수

수익형 부동산 투자법 중 새롭게 등장하는 NPL(GPL) P2P 투자법이 100세 시대에 맞는 투자처로 등극하고 있다. 그동안 수익형 투자법으로 인세의 개념의 월세가 꾸준히 들어오고 있고 좋은 성과를 내고 있지만 때로는 수고한 만큼 고수익을 내지 못하고 있다. 그러나 이 책을 읽으면서 누구나 쉽게 따라할 수 있고 자신감을 갖게하는 〈노후를 책임지는 부동산 투자법〉은 퇴직을 앞둔 샐러리맨과 자영업자에게 성공적인 비밀노트를 풀어 놓은 비법이 담겨 있다. 수익형 · 연금형 투자에 관심이 많은 분들에게 비법이 담겨 있는 이 책을 추천한다.

－디케이자산관리대부(주) 대표 박대규

프롤로그

인생 100세 시대, 노후 준비는 수익형 · 연금형 부동산이 답이다

남편을 만나 결혼하고 직장을 그만둔 가정주부 한 모(38세) 씨는 요즘 들어 100세 시대 노후에 대한 고민이 이만저만이 아니다. 아이가 크면서 학원비 감당도 쉽지 않고 남편 직장 월급만으로는 생활하기가 팍팍해지자 재테크 투자처를 찾고 있었다. 그러던 중 재테크를 잘하는 친구로부터 수익형 · 연금형 부동산 재테크에 대한 이야기를 들었다. 그리고 그 친구의 도움을 받아 한 모 씨는 이제 소액투자를 해 몇 개월에 수십만 원의 수익을 내고 있다. 재테크에 관심이 많은 친구를 만나니 카페에서 남편이나 시댁 흉보는 것보다 수익이 있는 정보를 친구와 나누니 절로 삶의 행복이 두 배로 즐겁다.

최근 정부가 분할 상환으로 가계 부채를 줄이려고 주택 담보 대출을 조정하고 있는 만큼 자신이 받을 수 있는 대출 한도를 꼼꼼히 확인한 뒤 부동산 경매 입찰에 나서야 한다. 어렵게 낙찰을 받았는데 대출이 필요한 만큼 되지 않을 경우 낭패를 볼 수 있으므로 일단 유찰을 기다려 보는 게 좋다.

또한 저금리로 받았던 대출이 향후 미국의 금리 인상과 내년 이후 공급 과잉 등의 불안 요소로 인해 폭탄이 되어 돌아올 수 있다. 대출 금리가 오르게 되면 수익성이 떨어지고 오히려 급매와 큰 차이가 없어질 수 있으므로 감정가의 90%선에서 낙찰받을 생각이라면 차라리 급매를 알아보는 게 더 나은 선택이 될 수 있기 때문이다.

100세 시대, 더욱 안정적인 투자처로 매력을 발산하고 있다.

재테크로 활용 가능한 부동산 종목으로는 부동산 경매나 부동산 개발, 부동산 자산 관리, 시행, 부동산 금융 등이 있다. 하지만 과거의 정보와 재테크 지식만을 활용해서는 더 이상 수익을 내기가 쉽지 않다.

수익형 부동산 투자의 함정 '고무줄 수익률'이 높다는 주의점도 많이 있다. 은행 금리 4~6배 이상의 짭짤한 월세 소득을 낼 수 있는 도시형 생활주택, 주거용 오피스텔·상가와 같은 수익형 부동산 '열풍'이 높다.

'1% 저금리 시대 수익형 부동산이 답이다.'라며 시행사와 분양 회사의 홍보·광고도 넘쳐 난다. 여유 자금의 투자 수요를 겨냥한 수익형 투자자를 찾아 매달 꼬박꼬박 연 10%이상의 수익률을 찾는 베이비붐 퇴직자들에게 노후 대책으로 안정적인 투자처라고 믿는 이들이 많다. 필자와 같이 근무하는 직원들이 수익형 부동산이라며 테라스가 있는 인하대 근처의 주거용 오피스텔(혜리움, 시행·시공사 힘찬건설 분양)에 투자했다. 수익률 보니 8%가 넘는다.

보증금 1천만 원, 월세 65만 원으로 산정되었고 LTV 40%, LTV 50%, LTV 60% 대출을 받았을 때 수익률 60% 받았을 때 연 8%가 되었다. 그러나 필자가 바라본 수익률은 잘못된 것이었다. 월세 50만 원 높은데 65만 원으로 계산한 고무줄 수익률은 필자가 보기에도 솔깃했지만 분양가 1억6천5백만 원에 비하여 '수익형 투자처' 말만 믿고 초보 투자자들이 선뜻 계약해 큰 실수를 하는 경우도 있다.

저금리 시장에서 가격 상승 기대감과 나홀로 가구 증가, 고령화 등 인구·사회·경제적 배경 모두가 수익형 부동산을 찾고 있다. 투자 대비 수익률 공식에서 수익은 같아도 투자비를 줄이면 수익률이 올라가게 된다. 즉, 대출(LTV)을 많이 받아 투자하면 수익률이 12%로 껑충 뛴다.

그러나 금리 상승으로 대출 이자가 많아지면 수익률과 재매각차익이 많이 줄어드는 위험도 존재함을 기억해야 한다. 필자는 급매로 4천만 원 오피스텔을 구입했다. 그리고 2천5백만 원(연 4%)을 대출받고, 보증금 500만 원/월 35만 원에 임대를 주었다. 실투자금은 1천만 원/월 35만 원이다.

　　연 월세 420만 원에서 연 이자(4%) 100만 원을 제하면 순수익 320만 원이다. 이를 현금 투자금 1천만 원으로 나누면 수익률은 연 32%가 된다. 이런 방법으로 필자는 10건을 투자했다. 1억 원 투자하고 월 3천2백만 원 수입이 들어온다. 1억 원 투자하고 월 120만 원의 급여 외에 추가 수입이 수익형 부동산에 투자해서 들어오고 있다.

　　수익형 투자는 대출이 증가하고 이자가 저금리일수록 수익성은 더 좋아진다. 현실이 공식대로 되지 않을 때도 있다. 하지만 28년 실전 투자 경험이 있는 필자와 함께하면 공실률을 낮추고 '지렛대' 원리를 이용하여 안정적이고 성공적인 수익형 투자법이 될 것이다. 경매를 업으로 삼거나 경매로 수익을 내려는 재테크 투자자들의 경쟁이 과열되고 일반화되어 낙찰가율은 점점 높아지고, 낙찰된다고 해도 급매물보다 더 비싸게 낙찰되는 경우가 대부분이다. 이러한 이유로 대부분 경매를 접고 다른 재테크 투자처를 알아보는 사람들이 늘어나고 있다.

　　대부분의 샐러리맨들은 보통 3천만 원~5천만 원의 소액투자를 통해 큰 수익을 올리고 금전적 여유도 누리고 싶어 한다. 그런 소액으로 투자가 가능한 투자처가 바로 수익형 · 연금형 부동산 투자이다.

　　수익형 · 연금형 부동산이 무엇이고, 어떤 투자 방법이 있으며, 어떤 물건을 발굴해야 하는지 그 기법들을 찾아 공부하고 연구하는 자세가 필요하다.

PART
01

수익형 · 연금형 부동산이
왜 대세인가?

수익형·연금형 부동산이 왜 대세인가?

　　퇴직 후 30~40년 생활을 해야 하는 시대이다. 이때 수익형·연금형 부동산은 퇴직 후 연금만으로 생활할 수 있는 자금에 대한 불안으로 그 부족한 부분을 채우기 위한 발판을 마련하기 때문일 것이다.

경기도 화성시 ○○동 ○○4-1 ○○프라자 5층 503호,

건물 344평방미터(104평)

　　본 물건이 경매로 나왔을 때 많은 경매 투자자들은 공실이기 때문에 특별한 사용가치가 없다고 생각했다. 그러나 기아자동차에 다니는 평범한 김○○는 이 물건을 저렴하게 낙찰받아 수익형 당구장으로 만들어 큰 임대 수익을 얻으며 걱정 없는 미래를 맞이하고 있다. 그리고 같은 지번, 같은 층 504호는 현재 고시원으로 사용 중이다.

　　이 두 물건지 5층 503호(당구장), 504호(고시원)에 대하여 필자에게 대출 의뢰가 들어왔다. 현장을 방문해 보니 그동안 몰랐던 당구장에

대한 수익형 부동산을 알 수 있었다.

경기도 화성지 ○○동 ○○4-1 ○○프라자 5층 504호,

건물 344평방미터(104평)

필자의 금융 기관에서는 특화 상품으로 수익형 '고시원 대출'을 감
정가 80%~85% 대출해 주고 있어 수십 건의 고시원 대출을 취급해
보았다. 그러다 보니 '망치든 사람 눈에는 못만 보인다.'고 고시원이
최고의 수익형 부동산이라 생각했다. 수익률이 통상적으로 35%가 넘
었기 때문이다. 그러나 당구장의 수익률은 고시원 수익률을 능가했
다. 수익률이 높다 보니 당연히 매매가도 높았다. 당구장과 고시원의
수익형 부동산 수익률 비교해 보자.

어떤 물건이 수익이 높을까? 수익률이 높은 물건은 매매차익에 대
한 반사 이익도 크다는 것을 다시 한 번 확인했다.

본 물건지(ㅇㅇ프라자) 상가 1층도 5건이 경매로 나와 매각(낙찰)이 되었고 현재 카페와 네일아트 숍 그리고 음식점으로 임대하고 있다. 5층은 FOX당구장(503호)과 세븐당구장(507호)으로 이용되고 있었으나 매매가는 같은 평수 당구장이라도 503호가 1~2억 원 정도 더 높았다.

이유는 엘리베이터를 열고 나오면 바로 입구에 FOX 당구장이 있었고 세븐당구장은 엘리베이터를 끼고 30미터를 더 들어간 위치에 있었는데 매매가가 다른 이유는 엘리베이터의 위치로 인해 고객의 유인이 쉬웠기 때문이다. 다시 한 번, 임장 활동의 중요성을 알게 되었다.

 사례 분석 1 당구장 수익형 부동산 수익률 분석 (수익률 147.97%)

경기도 화성지 ㅇㅇ동 ㅇㅇ4-1 ㅇㅇ프라자 5층 503호
건물 344평방미터(104평), 매매 시세 12억 원이면 소유자가 팔겠다고 한다.

낙찰가 254,320,000원

등기비 12,207,306원

합 계 266,527,306원

당구시설 67,500,000원 (화상당구대 11,000,000원×2대=22,000,000원

　　　　　　　　　　　　+일반당구대 3,500,000원×13대=45,500,000원)

인테리어 50,000,000원

총투자금 384,027,306원

대출금액 228,000,000원

순투자금 156,027,306원

월매출액 29,500,000원

고정 지출 9,500,000원 (정규직 1명 200만 원, 파트직 9명 90~120만 원

　　　　　　　　　+관리비 전기세 등)

이익금액 20,000,000원

대출 이자 760,000원

순이익금 19,240,000원

연 순수익 230,880,000원 / 156,027,306원(순 투자금)

　　　= 147.97%(수익률)

당구시설 67,500,000원

(1) 화상당구대 1천1백만 원×2대 2천2백만 원,

　+ 일반 당구대 3백5십만 원×13대　4천5백5십만 원

(2) 인건비: 정규직 1명 200만 원, 파트직 8명 120~150만 원

　　= 매매가 12억 원

당구장은 채무자와 부인 공동 소유(낙찰)로 되어 있었다.

소유자 인터뷰 내용이다.

"현재 당구장은 24시간 영업이라고 되어 있네요. 직원은 몇 명 정도 일하나요?"

대출 현장 답사 확인 차 방문해서 소유자/채무자에게 물어 보았다.

"네~ 정규직 팀장 1명, 그리고 계약직 8명 정도 일하고 있습니다."

"네, 그렇게나 많은 직원이 근무하나요?"

필자는 너무 놀랐다.

직원 9명을 둔 주인(소유자)은 수시로 직장일과 개인 일을 보며 왔다 갔다 했다. 당구장 안으로 보니 낮 5시경인데도 15대 중 13대가 가동 중에 있었다.

"그럼 1시간에 얼마 받으세요?"

필자는 당구를 칠 줄 모른다. 가끔 직원들 간에 1차로 소주를 마시고 당구장에 가서 내기 당구를 치고, 그 돈으로 2차 맥줏집에 가는 모습을 자주 보았다. 그래서 당구장 비용이 얼마인지 잘 모른다.

"1만 원 받고 있습니다."

담담하게 대답하는 채무자(소유자)이다.

"그럼 1달 매출액은 얼마정도 되나요?"

평균 매출액이 궁금했다.

"네, 3천만 원 정도입니다. 평균적으로~"

웃으면서 행복한 표정의 채무자가 부러웠다.

"네~ 3천만 원요. 그렇게나 매출액이 되나요? 그럼 월 고정 지출비는 얼마 정도 되나요?" 지출비가 궁금했다.

"950만 원 정도입니다. 인건비, 전기세, 수도세, 공과금과 관리비 포함해서요."

"매출액 대비 고정 지출비가 얼마 안 되네요."

언뜻 계산해도 2천만 원 정도 순이익이 계산되었다.

"그렇다면 만약 임대 준다면 얼마에 줄 생각이세요?"라고 임대 금액이 궁금해서 물어 보았다.

"임대는 내놓지 않겠지만 만약 임대를 내놓는다면 보증금 6천만 원에 월 500만 원 정도?"라고 말했다. 필자의 경험으로 보아 이렇게 수익률이 좋은 물건은 보증금 1억 원, 월 700~800만 원 받아도 충분하다고 생각되었다. 그러나 채무자는 기아자동차 정규 기술직으로 연봉이 1억 원 가까이 되는 고액 연봉자로 수익률에 대한 임대 금액의 현실을 모르고 있는 듯했다.

"그럼 이 당구장을 매매로 내놓으면 얼마 정도 받을 생각이세요?"

매매가를 얼마로 생각하고 있는지 소유자의 대답이 궁금했다.

"12억 원 정도는 생각하고 있지만, 매매할 생각은 없습니다."

당연지사 매출액과 순이익이 높은데 왜 매매를 해, 필자라도 그렇게 생각할 것 같았다.

"그렇다면 대출금 8천만 원 추가 신청해서 인테리어를 하는 이유는 무엇입니까? 수익이 충분해서 대출을 받지 않으셔도 될 듯한데 왜 대출을 받으세요?"라고 필자가 물어보았다.

"올해 11월부터 당구장도 금연 구역으로 지정됩니다. 따로 금연 구역 만들고 새롭게 당구장을 단장하려고 하는데 기장을 맡기는 거래처 세무사님이 대출로 인테리어를 하면 모든 인테리어 비용이 소득세 세무 신고 비용으로 처리가 되어 절세가 가능하다고 해서 대출을 신청하게 되었습니다."라고 사장님은 말했다.

그렇다. 필자가 아는 대부분의 고액 자산가 분들은 수익을 얻는 부분에 대하여 절세하는 방법을 알고 있었다.

본인이 몰라도 세무기장을 해 주는 사무장 또는 세무사의 고급 인맥이 주변에 있어 모든 수입을 신고하고도 추가로 절세하여 더 많은 수익을 내는 방법을 알고 있었다. 공실인 경매 물건 2억5천432만 원에 낙찰받아 이렇게 당구장으로 구조 변경할 생각을 하는 사람은 특별한 사람이라 생각할지 모른다. 그러나 평상시 수익형 부동산에 대하여 관심이 많은 사람들은 어떤 물건이든 수익형 부동산으로 만들어 시세 12억 원까지 끌어 올리는 '자산 가치 상승법'을 알고 있다.

'흙수저'로 태어난 사람, 점심 값 5천 원도 부담스러운 사람들이 많다. 이런 사소한 것들로부터 해방되려고 사람들은 '로또'를 산다. 그리고 큰 부자를 꿈꾼다. 부가 곧 삶의 목표는 아니지만 그렇더라도 삶의 질을 높이는 것은 분명하므로 부자가 되고 싶은 사람일수록 새벽에 우유를 배달하고 점심은 직장에서, 저녁은 대리운전을 하는 등 현실을 벗어나려고 더 열심히 일한다. 그렇게 모은 돈으로 나를 대신해 일할 '월세 로봇'을 만들어 수익형 부동산에 투자를 한다. 일하지 않고도 돈이 들어오고 수입이 있다면 아등바등 직장에서 힘들게 일하지 않고 재미나게 일도 할 수 있기 때문이다.

부자가 되는 방법 중 첫 번째는 유익한 정보를 얻는 것이고, 두 번째 방법은 '자산 가치 상승법'으로 매각하여 수익을 얻고 이런 방법을 반복하여 자산을 증가시키는 것이다. 고가에 매매로 내놓고 매매가 되지 않아도 좋다. 매달 지속적인 수익이 보장되기 때문이다.

 사례 분석 2 고시원 수익형 부동산 수익률 분석

경기도 화성시 ○○동 ○○4-1 ○○프라자 5층 504호,
건물 344평방미터(104평)

본 부동산은 위 503호(당구장) 사례 바로 옆 504호(고시원)이다. 당초 아래사진과 같이 공실이었다. 본 물건이 경매 물건으로 나오자 2억6 천만 원대에 낙찰받은 경매 낙찰자가 3억5천만 원에 축구선수 이○○ 아버지에게 매각했고 이곳에 4억 원 정도 비용을 들여 고시원 룸 34 개로 만들어 임대 중이다.

이렇게 공실인 상가를 경매로 낙찰받아 1억9천만 원의 차익을 남기고 매각하였다. 매수인은 룸 34개의 수익형 부동산(고시원)으로 용도 변경 하여 임대료를 챙기던 중 일정한 차익을 남기고 또 재매각한 사례이다.

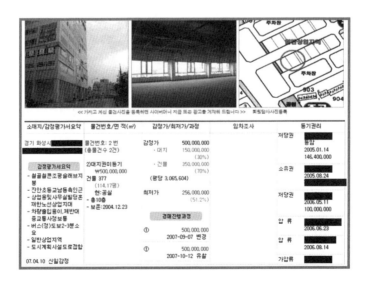

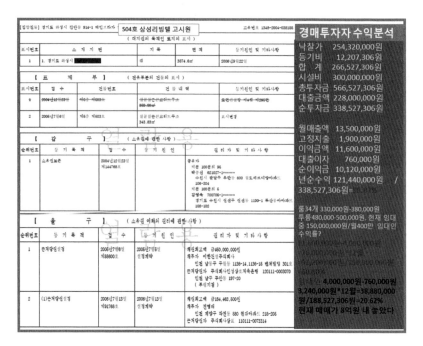

현 시세 8억 원에 매매로 내놓았다.

같은 평수 같은 층에 수익률이 다르다 보니 당구장은 12억 원 고시원은 8억 원이다. 이것이 수익률에 의한 부동산 가격 상승의 요인이 된다.

고시원 입구에서 현장 답사 확인용 사진을 찍고 고시원 안으로 들어갔다. 현재는 보증금 1억5천만 원/월 400만 원에 임대 중이다.

고시원으로 들어가니 20대 초반의 여학생이 나와 묻는다.

"어떻게 오셨어요?"

"네~ 마북 부동산 임 사장님이 전화 안 했나요? 고시원 대출 요청 건으로 현장 방문했습니다."라고 필자가 대답을 했다.

현장 사진을 좀 찍겠다며 양해를 구한 후, 고시원 겉과 안, 공동 세탁실, 휴게실과 식당을 찍고 34개 중 33개 임대 중이나 1개의 공실인 방의 문을 열고 들어가 사진을 찍었다. 그리고 인터뷰를 했다.

"현재 임대 중이시죠~? 보증금 1억5천만 원에 월 400만 원으로 알고 있는데, 맞나요?" 라고 필자가 물어보자,

"네 맞습니다. 어머니가 임차인데 제가 총무 역할로 자리 지키고 있습니다." 하고 답했다.

"그럼 매출액과 월 고정 지출 비용이 얼마나 되세요?" 매출액 대비 고정지출비가 궁금했다.

"만실일 때 매출액은 135만 원 정도입니다. 고정지출비는 180만 원에서 190만 원 정도입니다."

"그럼 여름과 겨울 중 어느 계절에 전기세가 더 많이 나오나요?" 겨울 난방비와 여름 에어컨 사용 전기세가 궁금해서 물어 보았다.

"네, 여름에는 도시가스 요금이 있어 더 많이 나옵니다. 겨울에는 도시가스 요금은 거의 없지만 에어컨 사용비가 나옵니다. 큰 차이는 없고 10~20만 원 정도 차이가 납니다."

"그렇군요. 친절히 대답해 주셔서 감사합니다."

인사를 하고 나오려는 순간 "혹시 공실 있나요?"라며 젊은 대학생이 들어와 묻는다.

"이 방이 공실 하나 남았는데, 좀 전에 전화하신 분은 아니시죠?" 라며 세입자 딸이 묻는다.

"전화는 안 했는데, 그럼 오늘 가계약하고 갈게요."라며 호텔급 방이 마음에 들었는지 그 자리에서 계약을 하는 모습을 보고 필자는 자

리를 떴다.

밖으로 나와 고시원 전문 부동산 임 사장님에게 전화를 했다.

"이 부동산 가격 조절은 안 되나요? 감정평가사가 27살인데 현장을 가보고 돈 있으면 바로 사겠다고 하는데, 가격만 조절해 주면 제가 아는 지인에게 팔아 볼게요."라며 가격 조절을 요청했다.

나중에 안 사실이지만 고시원에 임차인은 부동산 사장 지인이었고 젊은 여자는 딸이었는데 전직 간호사였으나 힘들어서 ㄱ만 두고 고시원을 맡아 운영 중이라 했다.

 사례 분석 3 고시원 수익형 부동산 수익률 분석 (수익률 35.87%)

매각가 254,320,000원
등기비 12,207,306원
합 계 266,527,306원
시설비 300,000,000원
총 투자금 566,527,306원
대출금액 228,000,000원
순투자금 338,527,306원
월 매출액 13,500,000원
고정지출 1,900,000원 (전기세, 수도세, 중앙 난방, 에어컨,도시가스 등)
이익금액 11,600,000원
대출이자 760,000원
순이익금 10,120,000원
연 순수익 121,440,000원 / 338,527,306원 = 35.87%(수익률)

/임차인 수익률 분석/

11,600,000원-4,000,000원=76,000,000원×12월=91,200,000원/150,000,000원= 60.80%(수익률)

수익률이 높은 이유는 인건비가 포함되어 있기 때문이며 수익률이 높아 이런 임차인이 의외로 많다는 것을 확인했다. 최근 주변에서 대기업에서 퇴직 후 사람과 섞이기 싫어하는 퇴직 교사 또는 대기업 임원들이 이런 고시원 또는 독서실 물건을 임차해 생활하는 경우를 많이 본다.

/임대인 수익률 분석/

월 임대료 4,000,000원-760,000원(대출금 이자)= 3,240,000원×12월=38,880,000원/188,527,306원=20.62%(수익률)

현재 매매가 8억 원에 내 놓았다.

수익률이 다르다 보니 당구장(수익률-147%)은 12억 원이다. 고시원(수익률-35%)은 8억 원이다. 수익률이 높은 물건은 똑같은 평형이라 해도 4억 원의 차이가 났다. 그렇다면 자산 가치 상승 투자법이 얼마나 중요한지 알 것이다. 필자도 퇴직 전 이런 물건 하나 잡아 편안한 노후를 맞이하는 게 작은 소망이다.

임금보다 더 높게 오르는 물가, 8시간 돈을 벌고 24시간 돈을 소비해야 하는 현실에서 미래를 준비하기 위함이다.

수익형 · 연금형 부동산은 주거용 오피스텔, 원룸, 수익형 상가 그리고 수익형 부동산으로 많이들 준비한다. 수익형 · 연금형 부동산은 주거용 부동산과 다르게 높은 수익을 낼 수 있다. 그러나 상권을 잘못 선정하여 임대가 장기간 지속될 때, 직주근접이 아닌 지역에서는 공실의 위험성 등 리스크도 존재한다. 수익형 부동산은 매월 은행 이자의 3~4배 이상이 되고 물가 상승률 이상의 자산 가치 상승효과가 있어야 한다. 국내 여유 자금은 정기 예금, 펀드 그리고 부동산과 금 등에 투자하였다.

우리 사회는 고령화 사회를 넘어 초 고령화 사회에 접어들고 있다. 하지만 저금리 시대에 물가 상승률을 따라 잡지 못하고 있는 가운데 여유 자금은 수익형 · 연금형 부동산으로 몰리고 있다. 각종 사회적 정책은 주택 거래를 악화시켜 미분양 아파트와 상가가 속출하고 있다. 마땅한 투자처가 없었던 투자자들이 고령 사회에 맞는 수익형 · 연금형 부동산에 눈을 돌리고 있다.

은퇴 후 안정적인 노후 생활을 위해 일정한 수익이 보장되는 수익형 · 연금형 부동산을 준비하여 걱정 없는 노후를 마련하기 위해 필자와 함께 소액으로 투자가 가능한 수익형 · 연금형 부동산으로 안락한 노후 설계를 꾸며 보자.

왜 수익형·연금형 부동산으로
준비해야 할까?

정부의 2017. 8.2 대책으로 서울 전 지역과 세종시 투기 과열 지구 지정, 다주택자 양도세와 LTV·DTI 대출 규제로 부동산이 다시 한번 얼어붙고 있다.

최근 한국은행의 상승에도 기준 금리는 여전히 금리가 낮아져 대출 받아 부동산에 갭 투자하는 사람들이 많아지면서 부동산 가격은 여전히 천정부지로 오르고 지역별 편차도 크다.

편안한 노후 생활과 100세 시대이면서 저금리 시대를 맞아 수익형 부동산의 투자가 크게 늘고 있다. 갭 투자 지역을 잘못 선정했을 때 부동산 가격 하락으로 그 손해는 이만저만이 아닌 위험성이 내포되어 있기 때문에 저금리 시대에도 안정적인 수익형·연금형 부동산 투자에 관심이 많아지고 있다. 그런데, 여기서 수익형·연금형 부동산이란 무엇일까? 퇴직 후에도 월급처럼 정기적으로 임대 수익을 얻을 수 있는 부동산으로 도시형 생활주택, 소형 오피스텔, 펜션, 소호 사무실, 원룸텔 그리고 모텔과 독서실, 고시원 등 다양한 부동산이 있다.

사전적 의미로는 주기적으로 임대 수익을 얻을 수 있는 부동산이라는 뜻이다. 즉 본인이 직접 거주하거나 이용하기 위해 거래하는 부동산이 아닌, 다른 사람에게 임대함으로써 수익을 낼 수 있는 부동산을 말하는 것이다. 그렇다면 수익형·연금형 부동산의 장점은 무엇일까?

첫째, 월급처럼 매월 고정적인 수익을 낼 수 있다는 점,
둘째, 연금처럼 매월 물가상승 대비 고정적 높은 수익을 낼 수 있다.
셋째, 차익형 부동산(주거용)오피스텔, 소형 아파트, 다가구 주택,
도시형 생활주택 등에 비해 투자 위험이 적다는 이점을 가지고 있다.
넷째, 낮은 금리로 여러 사람이 수익형·연금형 부동산에 몰려드는 지금 이 시점에 특히 신중한 투자 결정이 필요하다.

부동산 재테크는 부동산 정책 변화, 경제 변동에 따라 수익률이 크게 영향을 받게 된다. 그렇기 때문에 항상 관련 정보 및 뉴스에 귀를 기울여야 하고, 투자처에 대한 공부 및 수익형·연금형 부동산에 대한 가치를 지속적으로 파악해야 한다.

"직장을 열심히 오래 다니면서 실력과 능력을 인정받고 그 분야의 기술자 혹은 프로가 되어 정년을 보장받는다."는 샐러리맨의 로망일 것이다. 그렇다고 한들 영업 이익은 회사의 것이고, 나에게 돌아오는 것은 내가 이뤄 놓은 것들에 비해 약간의 성과급, 인센티브가 전부라고 생각할 때 허망한 생각이 든다. 그럼 어떻게 해야 할까? 사업을 시작해야 하나? 투 잡이라도? 창업, 저녁에 대리운전? 치킨을 배달시

키며 먹다 보면 갑자기 '치킨 집을 내가 하면 돈을 많이 벌 것 같은데.' 하는 생각에 치킨 집이라도 도전하려고 치면 고민에 들어간다.

학창 시절 배운 경영과 경제학은 실제 직장 생활과 많이 다르다. 사회 실전에서 배우는 경제나 금융의 흐름에 대한 지식은 직장 생활을 하면서 많이 다르다는 것을 느낀다.

세월이 흐를수록 결혼 자금, 주택 자금, 육아 자금, 그리고 자녀 결혼 자금에 부모님 용돈과 부모님의 병원비 진작 자신의 노후 자금이 더 절실해지면 노후에 대한 준비의 필요성은 더 많아진다.

경제학에서는 다음과 같이 말하고 있다.

첫째, 부자는 돈이 자기를 위해서 일하게 한다.(부동산 임대업 & 수익형 부동산이 있다.)

둘째, 금융 지식을 습득하라.(경제, 주식, 유가, 세금, 회계 지식, 투자 법칙, 법률 등)

셋째, 자산 가치 상승법을 배운다.(부동산의 수익률 높여 자산 가치를 올리는 것이다.)

넷째, 자금(돈) 조달법, 실수에서 배우는 것이며 안정적인 수익과 인적 네트워크를 이용한 사람을 잘 사귀라는 것이다. 이들은 현금 흐름, 시스템, 사람을 활용하여 두려움, 게으름, 나쁜 습관, 거만함의 저해 요소들을 헤쳐 나간다.

다섯째, 자신에게 투자하고 자신을 더 키워 좋아하는 일을 하며 행복과 수입을 동시에 창출하는 법을 배우는 것이다.

월급을 모으고 지출을 줄여 지방에 위치한 1억 원대 아파트를 구매한다고 가정했을 때, 여기서 나오는 이익은 좋은 아파트에 산다는 기분, 좋은 인프라 등이 있겠지만, 은행 융자에 대한 압박감과 예전처럼 분양 아파트의 시세 차익을 기대하기 힘든 게 현실이다.

같은 가격으로 인천에 위치한 소형 아파트와 주거용 오피스텔을 인수하였을 때 건물에 잡힌 은행 융자를 상환하면서도 월 150~200만 원내의 수입이 생기는 수익형 부동산이다.

다음은 필자가 자산을 관리해 주는 고객의 수익형 부동산 투자 사례이다.

본 자산 관리 자문을 묻는 고객에게 평생 연금처럼 월세가 꼬박꼬박 나오도록 기존 건물을 수익형 부동산 고시원으로 용도 변경하여 수익을 내도록 설계해 주었다.

주택 시장은 경기 침체의 저금리 시대, 부채 감소를 위한 분할 상환 대출 등 억제 정책 시행, 미분양 및 대규모 공급 물량 증가 등 3가지 대형 악재(惡材)로 일정한 방향을 잡지 못하고 하락세가 지속되고 있다. 반면 저금리 시대와 맞물리면서 수익형 부동산은 꾸준한 관심이다. 수익형 오피스텔은 부동산 간판급 임대 수익 부동산으로 오랫동안 투자자들의 안정적인 수익이 가능해 꾸준히 인기가 있다.

금리는 다시 꿈틀거리고 유가 등 원자재 가격은 부동산에 대한 추가 투자나 투자금 회수 등 어떤 것도 쉽게 결정 내리기 어려운 상황이지만, 오피스텔(주거용)은 시세 차익 이외에 임대를 목적으로 한 원룸이나 고시원 등을 통해 부동산 투자의 니치 마켓(틈새시장)을 파고들어 투자자들의 관심이 뜨겁기 때문이다.

그럼 인기 높은 원룸텔과 고시원을 알아보자.

최근 서울 경기 수도권 내 원룸의 임대 가격이 지난해보다 20% 가까운 상승세를 보이면서 원룸에 대한 인기가 높아지고, 33㎡ 규모의 원룸 한 개를 구하기 위해선 전세 보증금 6천만 원이면 충분했지만 최근에는 전세 물건을 찾기도 어려운 실정이다.

과거의 전세 물건이 월세 물건으로 바뀌면서 2천만 원 전세에 50만 원 월세 형태로 매물이 나오고, 물건 나오기가 무섭게 매물이 빠른 속도로 소진되고 있다.

수익형 부동산으로 고시원은 과거 고시를 준비하는 사람들을 위한 공간이었지만 최근 대학가 주변에는 단순 등·하교와 취업 준비를 위한 공간으로 탈바꿈하면서 공실도 줄어들고 있다.

방 1개의 가격은 원룸의 절반 수준으로, 등하교 시간을 단축하기 위한 취업 준비생과 대학·대학원생들의 인기가 갈수록 높아지고 있다.

서울 강북구 미아동에 사는 송 모 씨(65세)는 부동산 시장에서 차별화된 수익을 올릴 수 있어 고시원 투자 사업에 관심이 많았다. 마침 미아역 인근 역세권과 대학 주변 상가 중 한 층 면적이 330㎡ 규모에 달하고 18%~30%대 수익이 가능한 물건을 물색 중이다. 지역에 따라 다르지만 서울 강북구 미아동의 경우 보통 330㎡ 한 층을 매입하는 데 30억 원(등기비 포함)정도 든다. 그리고 월 1천2백만 원의 수익이 가능하다.

서울 강북구 미아동의 아래 부동산을 경매로 87%에 25억 원에 낙찰을 받았다. 리모델링 비용 2억5천만 원을 기타 비용 27억5천만 원 자금이 들어갔다.

월 1천452만 원의 수익이 가능하며, 수익률 1천452만 원/26억5천만 원(보증금 1억 원 차감) = 5.4%(월 수익률) 대출(17억 원)을 Sh은행에서 받았다. 레버리지 효과로 수익률을 계산해 보자.

1,700,000,000원 금리 연 3.5% = 59,500,000원

14,520,000원 1년 월세 = 174,240,000원-59,000,000원= 115,240,000원

115,240,000원 / 950,000,000원(대출 1,700,000,000원 차감) = 12.13%(연 수익률)

상가 내 건물을 리모델링해 고시원 룸 23개를 만들고 방 한 개당 월세 40~45만 원을 합하면 925만 원과 1층 상가 임대료(7천만 원/250만 원)와 현재 지층 공실에 PC방 (3천만 원/120만 원)으로 총 1,452만 원 수입이 발생한다.

만약 1층 보쌈집(183㎡)을 고시원으로 바꾼다면 룸 14개에 매월 250만 원에서 560만 원까지 예상 수익은 달라진다. 전체 투자 금액 대비 비교할 때 연 수익률은 더 오를 것이다.

면 적	보증금	월세 현황	비 고
대지329.3㎡ (99.7평)	–	–	감 정 가
지층 133.16㎡ PC방	30,000,000	2,500,000	대 2,568,540,000
1층 183㎡ 보쌈집	70,000,000	2,500,000	건 411,714,250
2층155㎡ 고시원 9개	–	3,100,000	총 2,980,254,250
3층155㎡ 고시원10개	–	4,180,000	
4층 84㎡ 고시원 4개	–	2,240,000	
계 710.16㎡ (215평)	100,000,000	14,520,000	

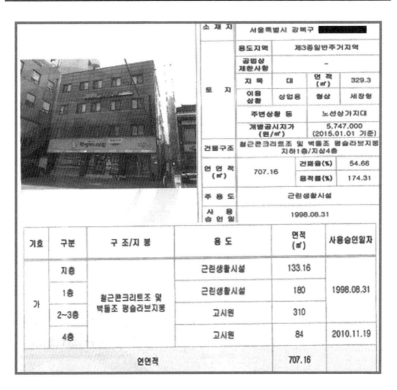

소재지		서울특별시 강북구		
토 지	용도지역		제3종일반주거지역	
	공법상 제한사항		–	
	지 목	대	면 적 (㎡)	329.3
	이용 상황	상업용	형상	세장형
	주변상황 등		노선상가지대	
	개별공시지가 (원/㎡)		5,747,000 (2015.01.01 기준)	
	건물구조		철근콘크리트조 및 벽돌조 평슬라브지붕 지하1층/지상4층	
	연면적 (㎡)	707.16	건폐율(%)	54.66
			용적율(%)	174.31
	주용도		근린생활시설	
	사용 승인일		1998.08.31	

기호	구분	구조/지붕	용도	면적 (㎡)	사용승인일자
가	지층	철근콘크리트조 및 벽돌조 평슬라브지붕	근린생활시설	133.16	1998.08.31
	1층		근린생활시설	180	
	2~3층		고시원	310	
	4층		고시원	84	2010.11.19
	연연적			707.16	

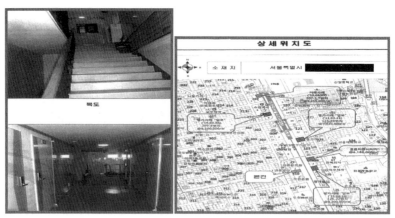

구 분		표 준 지
소 재 지		
면적(㎡)		455.5
지 목		대
용도지역		3종일주
이용상황		상업용
도로조건		광대소각
형상/지세		세장형/평지
기 타		-
공시 지가	기준일	2015.01.01
	단가 (원/㎡)	6,180,000

고시원은 전전세로 수익을 내는 사람도 있다.

건물을 임차 투자는 수익률은 30~40%대로도 높아진다. 임대하면 투자비용도 월간 수익이 올라갈 수 있어 수익률은 30%~40%까지 가능하다. 경매 낙찰로 제3종 일반주거지역 또는 제2종 근린 생활 시설에 고시원 투자로 월 4% 이상 수익이 가능한 틈새 투자 상품이다.

필자가 관리하는 고액 자산가는 8층 이상에서 운영 중인 노래방 혹은 안마시술소 중 감정가 8억 원의 경매 물건을 찾아 5억 원대 낙찰, 고시원으로 용도 변경해 2억 원 정도의 리모델링 비용을 들여 운영하는 고객이 있다.

공동으로 사용할 수 있는 주방과 화장실·세면실·세탁실 등을 꾸밀 경우 264㎡만으로도 30~40개의 임대용 고시원 방을 마련할 수 있다.

임대의 경우 초기 투자비용으로 보증금(5천만 원)과 공사비(2억5천만 원)를 합해 3억 원이면 가능하며 월 수익은 1억4천만 원 정도이다. 1억4천만 원 중 상가 임대료(500만 원)와 유지비(450만 원)를 제외하면 450만 원의 순수익이 발생한다. 연으로 환산할 경우 5천400만 원으로, 이는 총 투자 금액(3억 원)의 18%에 달한다.

고시원을 운영하는 투자자 중 90%가 상가 건물을 임대해 사용하는 반면 10%만이 토지를 매입해 고시원 건물을 신축한다. 그러니 경매로 저렴하게 낙찰받아 고시원 또는 원룸으로 수익을 창출하는 틈새 물건을 찾아보자.

일반건축물대장(갑)

두 번째 사례도 필자의 자산 관리 설계로 자문을 해 준 사례이다.

1년에 한 채씩 오피스텔을 늘리는 방법

– 지렛대의 원리를 이용한다.

– 경매보다 저렴한 오피스텔에 과감히 투자해 임대 수익을 올린다.

다음은 오피스텔 1년에 1채, 10년에 10채, 연봉 2천536만 원 증가시키는 재테크 노하우이다.

필자는 용인여성문화회관에서 매주 수요일 Pm : 19:00~21:00 「재테크 및 자산 관리」 강의를 했다. 강좌를 듣던 학생의 사례를 예로 들어 보자.

고OO H(46세) 연봉 4천5백만 원 월 평균 300만 원 수입이다.

필자의 재테크 및 자산 관리 강의를 듣고 실천에 옮긴 한 수강생이

3년 후 전화가 왔다.

"교수님 말씀을 듣고 5년에 걸쳐 종잣돈 1억 원 목표로 했는데 운 좋게 3년 만에 1억 원을 모았습니다. 바쁘시겠지만 투자처에 대한 조언을 얻으려고요. 시간 좀 내주시겠어요?"

그 수강생은 초등학교 교사로서, 이론을 실천에 옮기는 모범 수강생이었다. 필자도 강의에서는 종잣돈 모으는 방법을 이야기하지만, 실제로 10년이 걸려도 못할 일을 그녀는 3년 만에 해낸 것이다.

종잣돈의 위력. 1억을 10% 수익에 투자하면 1천만 원이다. 재무 관리와 복리의 원리를 알면 종잣돈을 모아 더 빨리 부자가 될 수 있다.

첫째, 저축 금액을 늘려라

높은 수익률이라면 더 빠르게 돈을 모으려다 그 돈을 다 잃는다.

월 적립금	이자율	만기금
100만 원	15%	12,975,000원
110만 원	15%	13,557,000원
10만 원을 더 저축한 것이 높은 이자를 받는 것보다 582,500원 이익이다.		

둘째, 가계부를 작성하라. 항목과 절세 목표를 세울 수 있다.

셋째, (불필요한)보험료를 줄여라.

넷째, 선저축 후지출(소득의 60%)하라.

다섯째, 수익에 따른 만기금 차이가 크다는 사실을 확인하라.

월 적립금	이자율	적립기간	만기금
110만 원	10%	5년	82,775,000원
110만 원	5%	5년	74,387,500원
같은 기간이라 하더라도 이자율에 따라 8,387,500원 이익이다.			

저축을 늘리는 것을 기본으로 삼고 수익성 재테크를 찾는다면 자산이 불어나는 속도는 상당히 빨라진다. 1천만 원 투자한 사람은 100만 원이다. 종잣돈의 투자 급액에 대한 실감난다. 나는 그 실천 비법을 듣고 싶었다.

"어떻게 그렇게 빨리 시드 머니를 모으셨어요?"라는 나의 말에 "박사님 강의를 듣고 몸소 실천에 옮겼어요."라고 답했다.

"월 300만 원 중 50만 원으로 생활비와 교통비를 충당하고 월 250만 원씩 3년 조금 넘게 투자한 예금만으로 1억 원을 만들었어요. 모두 교수님의 실행 가능한 재테크 및 자산 관리 강의 덕분입니다."

1억 원보다 더 중요한 것은 실천이다. 점심은 간단하게 샐러드나 야채를 싸가지고 다녔고, 불필요한 모임에 참석하여 지급되는 경비를 줄였다. 단, 직장에서 회식은 빠질 수 없었다. 직장에서 최고의 재테크는 '승진'이라는 저자 강의 내용을 숙지하고 있었기 때문이다.

소액으로 투자가 가능한 방법으로 종잣돈 1억 원으로 수익형 오피스텔(주거용) 8채를 구입해 주었다. 매가는 4천만 원 급매로 공실률이 적은 역세권에 오피스텔이다.

대출을 이용하여 지렛대 원리로 레버리지 효과를 누리기 위해 감정가(매매가) 대비 70%~80%의(LTV-담보비율) 대출을 끼고 매입했다.

매매가 40,000,000원-28,000,000원(대출)=12,000,000원 (실제 투자한 돈)

보증금 3,000,000원 / 월 300,000원

1년 월세 3,600,000원-1년 이자 1,064,000원(연3.8%) = 2,536,000원 오피스텔(주거용) 1채당 순수익 2,536,000원 / 9,000,000원(3백만 원 보증금 차감) = 28.18% 수익률이다.

만약 대출을 받지 않았다면 3,600,000원(1년 월세)/ 40,000,000원 = 연 9% 수익률이다.

대출을 받으면 레버리지 효과와 매매 시 수월하게 부동산 거래가 가능하기 때문이다. 4천만 원보다는 1천2백만 원을 투자하고 월세를 30만 원씩 받는 방법이 훨씬 더 수월하기 때문이다.

2,536,000원, 8채면 연봉 20,288,000원이 늘어난다. 1년에 1채씩 오피스텔(대출받았을 때)이 늘어난다. 만약 월세를 쓰지 않고 복리식 적금으로 가입한 금액이면 1년에 한 채씩 오피스텔을 늘릴 수 있다.

처음에는 이 교사와 현장에 방문하여 필자가 매입한 물건을 보여주며 현장 학습을 진행하였다. 그 현장 물건 중 부동산에서 며칠 전 필자가 매입해서 월세 수입 중인 부동산을 적당한 가격에 매매하라는 연락이 왔다. 필자가 매입했던 상가형(1-3층 근린 상가) 아파트(4-9층)형진프라자(소형 아파트)를 적당한 가격에 매각을 했다.

매수인은 수원에 거주하는 32세의 아가씨가 매입했는데 임대 수익형 부동산을 찾고 있었다. 이 매매 계약서를 보면 과거 미래 투자가 아닌 현재 이 가격이면 투자가 가능하다는 것을 증명하고 싶다.

인천광역시 남동구 ○○동 ○○3-3 ○○프라자 8층 802호

건물 27.81평방미터

대지 1578.5분의 9.43평방미터

인천광역시 남동구 ○○동 ○○3-3 ○○프라자 주상 복합 아파트 8층 802호

재매각 차익 24,000,000원

건물 27.81평방미터 (전용 면적), 대지 1578.5분의 9.43평방미터

매수자 수익률 분석 (수익률 20.35%)

44,000,000원+792,000원(복비 및 등기비) = 44,792,000원−30,000,000원(MCI 대출), 연 4%

월세 300만 원/月300,000원, 1년 월세 3,600,000원−1,200,000원(연이자) = 2,400,000원 / 11,792,000원 = 20.35%(수익률)

    필자의 저서 『新돈의보감, 평범한 샐러리맨, 투잡 경매로 5년에 10억 벌다』에 보면 소형 오피스텔로 직장에 다니면서 경매와 NPL로 두 번째 월급봉투를 챙기는 방법에 대해 소개했다.

    임대용 소형 부동산, NPL 투자 등 투잡으로 뛰어들기 안성맞춤인 고수익 투자비법들이다. 큰 목돈 없이 누구나 할 수 있는 방법이다. 투 잡을 원하는 모든 직장인, 은퇴를 앞두고 노후를 걱정하는 사람이라면 망설이지 말고 지금 당장 시작해야 한다.

수익형 부동산으로 월세 받고
연금형 부동산으로 100세를 준비하라

수익형 부동산으로 월세를 받고 연금형 부동산으로 100세 준비할 것은 무엇이 있을까? 사상 유례가 없는 저금리에 안정적인 수익형 · 연금형 부동산 수요는 갈수록 늘어나고 있다. 부동산 경매를 공부한 사람이라면 이런 물건만 공략하겠지만 그렇지 않은 투자자는 상가를 분양받아 재임대를 주거나 권리금을 주고 수익형 상가를 인수하여 월급처럼 수익을 내는 사람도 있다.

분양을 받은 경우 권리금 부담이 없고, 시세보다 저렴하게 매입할 수 있다는 점 때문에 투자자 및 실수요자들에게 인기가 높다.

수익형 · 연금형 부동산을 찾는 투자자들이 흔히 찾는 부동산은 상가(상가, 시장, 점포, 근린 상가 및 아파트·주상복합·오피스텔·아파트형 공장 상가)이다. 수익형 · 연금형 부동산은 상가로서의 활용가치가 높은 상가를 찾기는 쉽지 않다. 상가에 대한 수요가 높은 만큼 수익률이 보장된 상가 건물이 매매로 나오면 매물로 팔릴 가능성이 높다.

간혹 입지도 좋고 괜찮은 물건은 권리금이 높다. 그 이유는 역시 마땅한 투자처를 찾기가 쉽지 않기 때문에 권리금을 주고라도 은행에 맡기는 예금 금리보다 3-5배 이상 높기 때문이다. 그렇기 때문에 경매시장에서 최고가 입찰자가 되어 수익형 부동산으로 자산 가치 상승으로 용도 변경과 구조 변경으로 수익을 내는 방향으로 바뀌고 있다.

예를 들어 층별로 영세 임대 업체들이 입주해 있는 소규모 상가를 낙찰받아 쪼개서 임대를 주어 수익을 내는 경우도 있고, 트인 상가 또는 오픈형 상가를 여러 호실 낙찰받아 하나로 합쳐서 대형 음식점으로 변경해 수익을 내는 경우도 있다. 아니면 단독 주택을 낙찰받아 근린 상가로 용도 변경을 한다거나, 대지로 만들어 수익형·연금형 부동산을 새로 신축하는 경우도 있다.

물론 변화를 통해 수익을 극대화시킬 수 있는 안목과 노력이 중요하다. 하지만 이 정도 노력 없이 큰 수익을 기대할 수 있을까? 수익성이 좋으면서 가격도 저렴한 상가 물건은 흔하지 않다. 하지만 그런 와중에 경매를 기회로 삼아 여러 노력을 통해 고수익을 내는 사람이 늘어나고 있다. 경매라는 제도를 과정 중 일부로 생각하고 수익을 내기 위한 다양한 방법을 고민해 볼 필요가 있다. 부동산 자체를 저렴하게 구매할 수 있는 제도 자체가 큰 기회의 시작일 수는 있지만 완성일 수는 없다. 노력 없는 수익은 없다.

수익형·연금형 부동산의 필수 요소

수익형·연금형 부동산의 필수 요소는 무엇일까? 저금리에 수익형 부동산이 인기라지만 지역별, 양극화 현상이 심하다. 그렇다면 성공적인 수익형 부동산 투자의 필수 요소는 무엇일까?

수익형·연금형 부동산의 필수 요소는 역(驛) 주(駐) 물(水)이 있는 곳이 좋은 요소라고 한다. 풍수지리학적으로도 물은 돈을 이야기하지만 사람이 생활하는 데 없어서는 안 될 필수적인 요소이기 때문이기도 하다.

과거 말을 타고 다닐 때에도 말이 쉴 곳, 즉 현대에는 주차하기 좋은 곳 그리고 살기에 좋은 곳은 환경적으로 쾌적하고 보안이 잘 되어 있는 곳이다. 또한 이런 요소를 갖춘 곳을 테마로 한 수익형 상품의 인기도 좋다.

먼저 역세권은 주거를 결정하는 데 필수 요건인 직주근접(職主近接)에 적합하며, 주력 소비층인 20~30대 '마이카 족'이 급증하면서 주차여건은 상가 매출에 상당한 역할을 한다. 역(驛)세권은 수익형 부동산의 영원한 투자 1순위다. 단일 역보다는 지하철 2개 이상 노선을 동시에 이용할 수 있는 멀티 역세권이 인기다. 멀티 역세권에 위치한 수익형 부동산은 활황기에도 높은 관심을 받지만, 불황기에도 강해 꾸준한 주목을 받고 있다. 그 다음은 주차장이다. 최근 '수익형 부동산' 시장에 주차 여건이 화두로 등장하고 있다. 즉 얼마만큼 주차 수용 능력을 갖췄느냐에 따라 분양 성패나 우량 임차인 확보가 달라지기 때문이다.

물론 좋은 입지에 있느냐에 따라 수익률은 물론 향후 가치가 달라지기도 하지만 입지 여건 못지않게 주차 여건을 얼마나 확보했느냐가 수익형 · 연금형 부동산 투자의 핵심 포인트로 떠오르고 있다. 물 테마도 수익형 부동산에 단골로 등장한다.

물이라는 친근한 소재를 활용해 타 상품들과 차별화를 꾀하고 피로와 스트레스에 지친 현대인들에게 휴식과 여유를 느낄 수 있게 해준다는 이점이 있기 때문으로 풀이된다.

최근 분양 업계에 워터(Water) 마케팅 바람이 매섭게 불고 있다. 워터(물) 마케팅이 분양 시장에 이슈로 떠오른 것은 대한민국의 대표적인 복합 상가인 코엑스 몰의 아쿠아리움, 63빌딩 특화 시설인 아쿠아플라넷63, 부산 해운대 아쿠아리움, 최근 개장한 잠실 123층 롯데월드타워 아쿠아리움 등의 사례를 보았을 때 물 마케팅의 조성이 상권 활성화와 집객력이 큰 도움이 되었기 때문이다.

바다나 강, 호수, 하천 등 '물' 관련 조망권 여부도 수익형 · 연금형 부동산에서 가치를 인정받고 있다. 업무용 및 상업용 부동산도 종사자들의 업무의 효율성, 소득 수준이 높아지면서 정신적 · 육체적 휴식 공간의 질적 향상, 주 5일제의 정착으로 가족 간의 외식 문화 확산 등으로 조망권에 대한 관심이 주거용 부동산에서 수익형·연금형 부동산 전반에 확대되고 있음을 증명하는 것이다. 상가도 전망이 좋은 주변 상가나 공원 인접 테라스 상가, 최상층부의 스카이라운지 등은 전체 평수를 분양받아야 하는 적지 않은 투자금이 필요함에도 높은 인기를 보이고 있다.

오피스텔, 분양형 호텔, 지식산업센터 등도 본격적인 조망권 프리미엄 시대에 접어들었다. 즉, 수익형·연금형 부동산은 역세권, 주차장, 물 등의 영향을 많이 받는다.

수익형 · 연금형 부동산 성공적인 투자 방법

경기 침체는 부동산 장기 침체로 이어진다. 이때 투자자들의 고민이 깊어진다. 재테크 투자 타이밍을 놓치고 투자 상품에 대해 많은 고민을 한다. 재테크가 쉽지 않게 되면서 수익형 상가는 물론 연금형 부동산에 관심이 많지만 불황 여파에 시장을 관망하는 경우가 늘어나고 있다. 불안한 시장에서 어느 곳에 투자를 해야 할까? 고민에 고민은 주름살만 늘어난다.

과거 재미를 보던 실수요자들조차 부동산 투자에 선뜻 나서지 못하고 있는 이유는 시절 좋던 과거의 부동산 시장이 활성화되기 힘든 구조인 만큼 보유를 해도 수익률과 가치가 높은 수익형 · 연금형 상품을 생각하게 만든다.

저금리 시대, 부동산 불황에도 안전한 수익형 · 연금형 부동산을 선별적으로 고르는 투자 전략은 무엇이 있을까? 불안한 부동산 경기 그리고 가계 자금 증가를 줄이기 위한 부동산 정책 등 부동산 투자에 선뜻 우량 매물을 고르기 위한 성공적인 투자 방법이 필요하다. 목표

수익률을 맞추고 미래에도 투자에 후회를 하지 않을 효과적인 전략을
세워야 한다.

수익형 · 연금형 부동산을 고르는 방법을 알아보자.

첫째, 불황에 강한 수익형 · 연금형 부동산을 찾아라. 장기 불황일
때는 현금화할 수 있는 투자가 유리하다. 월급처럼 매달 꾸준한 임대료
가 나오는 수익형 상품이 '차익용' 부동산보다 훨씬 유리하다. 특히 요
즘 인기 있는 수익형 · 연금형 소형 부동산(소형 상가)은 안정적 임대 수
요로 인해 꾸준한 수익을 올릴 수 있어 불황에 강한 상품으로 꼽힌다.

수익형 · 연금형 부동산의 경우 임대 소득은 연 3~4%대에 불과하
지만 환금성이 뛰어나다. 베이비부머 시대의 은퇴와 더불어 소자본
자산가들이 투자 대열에 적극 합류한 데 따른다. 그리고 역세권을 가
까이 둔 도심 내 수익형 · 연금형 부동산이 인기 있는 이유는 재매각
차익이 쉬울 뿐만 아니라 급할 때 자산을 처분하기 쉽기 때문이다. 편
리한 교통이나 접근성, 주변 환경 요인이 불황기 투자에 유리하다.

수익형 · 연금형 부동산은 시세 차익을 기대할 수도 있지만 지속적
인 수익률을 보고 투자하기에 불황 여파에서 한발 비켜 비수기에도
가격이 강한 하방경직성(하방경직성(下方硬直性) 또는 가격의 하방경직성은
수요공급의 법칙에 의해 내려야 할 가격이 어떤 사정으로 내리지 않는 것을 의미한
다.)을 보이기 때문이다.

안전한 수익형 · 연금형 부동산을 고르려면 분양 물건 중에 임차가

이미 맞춰진 물건을 찾는 방법도 좋다. 이미 수요자가 있어 임대가 들어오는 부동산을 찾는 것, 즉 '선임대 후분양' 상가나 오피스텔 등이다. 필자가 관리해 주는 고액 자산가는 30년 넘게 건축주 분양을 하면서 이번에 파주에 상가를 짓고 "선임대 분양을 내주고 후에 매매를 하니 더 잘 분양이 되었다."라는 말을 필자에게 말한 기억이 난다.

상가나 오피스텔의 임차인 계약이 먼저 이루어진 다음 일반에 분양하기 때문에 수익률을 확인한 후 안정적으로 투자할 수 있는 장점이 있다. 또 이미 완공된 건물을 분양받기 때문에 시행사 등의 부도나 사기에 따른 위험 부담도 그만큼 적다. 그러나 일정한 계약이 있는 분양은 위험할 수 있다.

즉, 수원시 영통구에 전용 면적 7평, 분양가 1억7천5백만 원에 월 임대료 65만 원(2년 보장) 대출 1억2천만 원(연 4.5%) 조건의 분양 오피스텔이 있다. 이때 대출금 이자는 매달 45만 원이다.

그렇다면 실 투자금액은 5천만 원이다. 대출을 채무 인수할 경우 5천만 원 투자하고 매달 20만 원의 이자가 통장에 들어온다. 수익률을 계산하면 20만 원/5천만 원 = 10%이다.

분양 조건대로 2년 동안 임대가 꾸준히 나간다면 수익률 높은 투자처로 문제가 발생하지 않는다. 그러나 임대가 나가지 않는다면 관리비와 대출금 이자를 고스란히 수분양자가 부담해야 하는 리스크가 존재하므로 철저한 분석이 필요하다. 2년 후 해당 부동산 가격이 올랐다면 문제가 되지 않겠지만 대부분 오르지 않고 수익률만 보고 투자할 때 위험이 존재할 수 있으니 조심하여야 한다.

상가 분양에서 주로 볼 수 있던 '선임대 후분양' 마케팅 전략이 아파트를 포함해 주상복합, 오피스텔, 근린·단지 내 상가에도 적용돼 눈길을 끌기도 한다. 고가의 월세 수요가 많은 도심 지역의 특성을 반영한 다양한 마케팅 기법이지만 공실을 없애고 확정 수익률을 확보해 투자 즉시 안정적인 수익으로 이어지는 장점이 있다. 투자자들이 공실 우려 때문에 분양받는 것을 꺼리자 아예 임차인을 들이고 난 뒤 공급하는 방식으로 전환하는 것이다.

달달한 수익형 · 연금형 부동산, 투자 유의점은 무엇인가?

100세 시대, 여유로운 노후 생활을 위해 열심히 준비하고 새로운 재테크를 찾고 있는 사람들이 늘어나고 있다. 수익형 · 연금형 부동산이 뜨고 있는 이유이다.

필자는 27세 직장에 취직해 3년 만에 악착같이 1천만 원을 모았다.

"이 돈으로 무엇을 할까?"

고민을 많이 했다. 같이 근무하시는 김 대리님이 경매를 알아봐 줄 테니 경매에 투자해 보라고 권했다. 그 당시만 해도 90%까지 융자가 가능했던 시절이었다. 그러나 필자는 그 돈으로 자동차를 구매했다. 남들이 자동차를 타고 다니는 모습을 보니 폼 나 보였다.

차가 너무 갖고 싶어서 아무 망설임 없이 자동차를 구입했으나 지금 생각하면 너무나도 후회가 된다. 그때 부동산을 알아서 투자할 생각했다면 더 빨리 노후 대책을 마련할 수 있었을 것이다.

그 시절에는 누구나 부동산에 관심을 가졌던 때였는데 왜 필자만 그런 생각을 안 하고 있었을까, 많이 후회가 된다. 필자가 아는 사람들만 해도 여럿 부동산에 투자를 했고 적은 금액으로 높은 수익을 얻어 현재는 걱정 없는 노후 준비를 해 놓은 사람들이 많이 있다. 어느 정도 여윳돈, 즉 종잣돈이 있으면 이제 필자는 수익형·연금형 부동산에 투자하라고 권하고 싶다.

그렇다면 소액투자로 높은 수익률을 기대할 수 있는 수익형 부동산이 있을까?

수익형 부동산은 월세 나오는 부동산, 안정적으로 현금흐름이 있는 부동산이다.

과거에는 시세 차익 시대였다면 현재는 임대 수익을 얻는 시대로, 부동산의 트렌드가 변화되고 있다. 과거에는 높은 금액으로 매물을 사서 큰 차익을 얻는 리스크가 많은 투자를 선호했지만 지금은 소액으로 높은 수익을 얻는 안정성을 선호한다.

2017년 경제 성장률 2.6%대의 저성장과 1.9%대 저금리 기조로 인한 경제적 변화, 고령화 시대 및 베이비붐 세대의 은퇴 시기에 맞물리는 사회적 변화와 전세, 월세로의 전환 등의 부동산 시장 변화로 인해서 수익형·연금형 부동산이라는 말이 부동산 투자에서 대세처럼 변해 가고 있다. 수익형 부동산의 대표 상품으로는 소형 아파트를 비롯한 투룸, 빌라, 오피스텔, 상가 등 작은 평수대의 주택이다.

수익형·연금형 부동산 투자를 할 때 꼭! 현장 답사를 기본으로 하고 결정해야 한다. 매물에 대한 정확한 정보, 주변 지역 개발 계획,

교육, 업무, 문화, 생활 인프라, 경제적 활성화 지역인지, 수요와 공급 변화, 상품의 특성과 장래성, 입지적 특성, 세제 혜택 등 매물에 대한 모든 가치를 분석해야 한다. 부동산은 수익을 창출하는 투자이기 때문에 항상 신중하고, 관심을 가지고 접근해야 한다. 투자할 때 가장 중요한 것은 안정성과 수익성이다. 공실률 없이 계속해서 월세를 받을 수 있는지, 투자해서 어느 정도의 수익률이 나오는지 먼저 따져보아야 한다. 은행의 저금리로 인해서 수익형 부동산에 이목이 집중되고 있기 때문에, 기본적으로 은행의 금리보다는 높은 수익률을 얻는 것이 투자자 입장이기 때문이다.

안정성을 가지고 가려면 입지한 지역에 역세권이 있는지, 유동 인구가 활발한지에 대해서 체크해야 한다. 아무리 인테리어도 좋고 깔끔하고 매물이 싸다고 한들, 보는 사람도 없고 살 사람도 없다면 대출금만 매달 빠져나가는 낭패를 보게 될 것이다. 매물 근처에 항상 역세권이 있는지 꼭 확인하고 투자의 길로 출발해야 한다.

수익형 부동산 투자할 때 꼭! 주의해야 할 점이 있다. 바로 확정 수익률 몇 퍼센트 같은 지나치게 과대 포장된 수익성 상품 광고에 주의해야 한다. 분양률만 높이려고 수익률을 부풀려서 광고하는 경우가 대부분이기 때문에 액면을 그대로 믿기보다는 꼼꼼히 따져보아야 한다. 수익형·연금형 부동산의 기대와 가치는 사그라지지 않고 있는 추세이다. 강남 은마 아파트 등 재건축 아파트까지 탄력을 받고 있다. 미래 개발 지역으로 시세 차익까지 덤으로 얻으며 적은 금액으로 높은 수익을 얻어 가기 바란다.

A급 수익형 연금형 부동산을 고르는 TIP

상권	스토리와 개발 재료를 가진, 발전 가능성이 있는 상권을 고를 것
입지	배후 인구, 직장인, 유동 인구 등 수요 규모가 중요한 곳을 찾을 것
접근성	도로, 대중교통, 접근성과 전면, 층 수 등 고객 동선이 수익 좌우
목표 수익률	비용, 공실, 감가상각, 가치 하락 등을 간과하지 말 것
상임법	권리금, 임대 기간 등 달라진 상가임대차보호법을 숙지할 것
매각차익	매각 차익을 내리면, 희소성과 처분 환금성을 따질 것
안정성	초보 투자자라면 상권 성숙도와 수익 안정성을 우선 시 할 것

　월세를 받아 고정 수입을 만들려고 수익형 부동산에 투자한다고 해서 무조건 임대 수익률만 따지면 위험에 대비할 수 없다. 상가든, 주택이든 땅 지분을 가지고 있는 부동산이어야 향후 가치 상승도 기대할 수 있고, 처분할 때도 손실을 볼 위험이 덜하다.

　'따박따박' 월세를 받는 수익형 부동산이 인기다. 오피스텔과 상가, 분양형 호텔 등 종류도 다양하다. 주택 중에서도 월세를 받을 수 있는 소형 주택이, 땅 중에서는 집도 짓고 상가에서 월세도 받는 점포 겸용 단독 주택 용지의 인기가 많아진 시대다. 월세 받는 부동산도 팔때 제값을 받을 수 있어야 투자 리스크를 줄일 수 있다. 당분간 계속 인기를 끌 수밖에 없는 이유는 고령화로 은퇴 후 수입에 대한 관심이 많고 부동산 시장도 집값이 오르기 기대하기 어려워지는 방향의 저성장세로 접어들고 있기 때문이라는 게 큰 이유다.

요즘은 신규 분양 아파트나 기존 아파트도 월세를 받을 수 있는 소형 아파트가 가장 관심이 많은 상황으로 수익률이 높아 봐야 연 4% 안팎이지만 가장 리스크가 적은 것이 소형 아파트이다. 수익형·연금형 부동산에 투자할 때 가장 중요한 점으로 임대 수익률과 함께 매각 차익을 꼽을 수 있다. 원하는 때에, 부가 가치를 높여 되팔 수 있어야 임대 사업의 리스크를 덜어낼 수 있다는 것이다.

다소 투자 자금은 크더라도 땅 지분을 가지고 있고 상가 등으로 리모델링해 임대할 수 있는 노후주택 등을 잘 살펴볼 만하다. 실질적인 자산 가치 상승으로 매각 차익도 기대할 수 있는 상품을 골라내는 선구안이 필요하다.

이런 예로 서울 이태원 경리단길 한 노후 주택의 경우, 과거엔 총 보증금 1억 원, 월세 400만 원을 받던 3층 단독 주택이었지만, 리모델링을 거쳐 1층에 상가를 넣어 총 보증금 8천만 원, 월세 800만 원으로 임대료를 높인 경우를 들었다. 수익률이 연 2.8%에서 5.5%로 오른 데다 되팔 때 투자 차익도 기대할 수 있는 경우다.

최근 택지 시장에서 인기가 많은 점포 겸용 주택 용지 역시 땅을 받은 뒤 되팔거나, 집을 지어서 팔 때 등 투자금 회수하는 시점을 고민해야 한다. 해당 택지 지구의 상권이 어느 정도 성숙했는지가 투자 판단의 관건이다. 아울러 점포 겸용 단독 주택 용지에 투자를 할 때도 역세권 주변에서 동네 상권이 될 만한지, 학교 주변이 아니라서 업종 제한이 없는지 등을 따져야 한다. 이주민 보상 필지와 가격을 비교하면 무리한 투자를 피할 수 있을 것이다.

최근 공급 물량이 쏟아져 나온 오피스텔에 대한 투자에는 다소 유보적인 입장을 보였다. 1억~2억 원 비교적 소액으로 투자를 할 수 있지만 2011년 이후 전국적으로 26만 실 정도가 집중 공급돼 원하는 임대 수익을 얻기 어려운 경우가 생길 수 있다는 이유에서다. 오피스텔은 최근 분양가도 많이 올랐기 때문에 새로 공급되는 신규 물량보다 입주한 지 4~5년 된 기존 상품 가운데 안정적으로 임대 나가는 것을 고르는 게 좋다.

다만 너무 노후하면 매각이 어려울 수 있기 때문에 15년차 정도에는 교체하는 게 좋다.

 사례분석 4

물건주소지: 강남구 역삼동 749-10번지. 대지 53평 1층
주택 7억 원에 매입했다.
그리고 건물 신축비 6억 총 투자금 13억 원이다.

풀 옵션 원룸형 방 1호실당 월세가 800,000원이다.
1층 방4개: 3,200,000원
2층 방4개: 3,200,000원
3층 방4개: 3,200,000원

4층 방3개: 주인세대 거주

(1층~3층) 총 임대 방 수 12개 × 800,000원,

임대 금액 월 960,000원이다.

1년 임대 수수료 115,200,000원이다.

만약 총 투자금 13억 원을 정기 예금으로 은행에 예치했다면 정기 예금

이자는 세전 1년 이자 (연1.8%) 23,400,000원, 월 이자 1,950,000원이다.

만약 이자 소득세(연15.4%) 세금을 제한다면 1,640,700원이다.

115,200,000/13억=투자 수익률 8.86%

융자 6억 원의 대출을 활용하여 레버리지 효과를 생각했다면, 대출금 이자 연 4% = 2천4백만 원일 때,

순수 투자 자금(자기 자본)13억-6억(융자) = 7억 원

연 임대료 115,200,000원-24,000,000(연 이자) = 소계 91,200,000원이다. 91,200,000원 / 7억 = 13.03% 수익률이다.

대출 활용한 지렛대 원리를 이용하여 레버리지 효과를 살펴보면 수익률은 더 높아진다. 매매 시 시세 차익을 계산해 보자. 현 시가 35억-13억(투자금) = 22억 원이다.

본 물건지 풀 옵션은 숟가락까지 모두 있다. 몸만 들어가면 되고 주인이 직접 이불 베개 세탁은 물론 모든 풀 옵션 서비스가 제공된다.

PART
02

수익형 부동산
성공적인 투자법

수익형 부동산은 어떤 물건에 투자해야 하는가?

임대 수익형 부동산 잘 고르는 투자 방법은 무엇일까?

먼저 필자가 겪은 수익형 부동산(원룸텔)사례를 통해 수익형 부동산 투자법에 대하여 알아보자.

 사례분석 5 소액투자 지존 수익형 원룸텔 투자법 (수익률 16.44%)

인천광역시 연수구에 거주하는 전직 공인중개사 김 모 씨(53, 여)는 최근 인천 남동구 간석동의 원룸텔 구입하여 수익형 원룸텔 임대업 목적으로 필자의 금융 기관에 방문하여 대출 의뢰했다.

"이 부동산 원룸텔인데 대출이 얼마나 나올까요?" 라며 밝은 웃음으로 대출을 의뢰한다.

"매매가는 얼마인가요?"

"네, 7억 원에 매입하려고 하는데 잔금 부족해서 잔금 대출을 받으려고요."

필자가 매매 잔금을 참고하여 정식 감정을 해 보니 6억 원~7억 원×

1/2=3억 원(대출한도) 방 개수가 많은 부동산은 낙찰가 1/2이상 배당받지 못하므로 감정가의 1/2을 차감하면 대출 한도다.

18개 투룸 1개 총 19(룸) 원룸텔 1실(전용 16.5㎡형) 개당 3천7백만 원 가격이다. 이 물건을 사들여 월 653만 원의 임대 수익을 얻을 목적이다.

김씨는 "여윳돈이 적어 값이 싼 원룸텔을 구입했는데 수익이 괜찮아 만족한다."며 부족한 자금은 대출을 받아 처리하겠다고 말했다.

다가구 주택(원룸텔)

인천광역시 남동구 간석동 142-12번지 (원룸 18세대, 투룸 1세대 총 19세대 대 216 ㎡, 건457.31㎡)

(지층118.85㎡)5가구 원룸월세보증금 30만 원/月300,000원×5개
=1,500,000원(101-105호)

(1층 118.85㎡)5가구 원룸월세보증금 30만 원/月350,000원×5개
=1,750,000원(201-205호)

(2층 118.85㎡)5가구 원룸월세보증금 30만 원/月350,000원×5개
=1,750,000원(301-305호)

(3층 118.85㎡)2가구 원룸월세보증금 30만 원/月350,000원×2개
= 600,000원(401-402호)

1가구 투룸 월세보증금 30만 원/月550,000원×1개
= 550,000원(403호)

1가구 원룸 월세보증금 30만 원/月350,000원×1개
= 380,000원(404호)

소 계 : 보증금 120 만 원/ 月 6,530,000원

(대출받지 않았을 때 수익률- 11.1%)

6,530,000원×12월=78,360,000원/700,000,000원

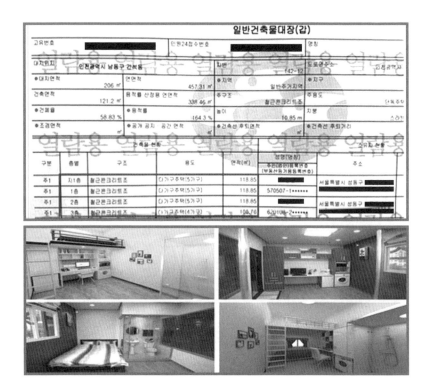

=11.1%(수익률)

(대출받았을 때 수익률-16.44%)

대출금 300,000,000원, 연 4.2%, 연이자 =12,600,000원

78,360,000원-12,600,000원=65,760,000원/400,000,000원

=16.44%(수익률)

오전에 대출 의뢰해서 대출 OK 승인을 해 줬으나 오후에 다시 찾
아왔다.

"이 지역이 상인천초등학교 재개발 구역인데 요것들이 말을 안 하고 집을 팔아먹으려 했네요. 나쁜 것들. 재개발 승인났다고 현수막 걸려 있더만…"

7억 원에 매입하고 재개발 구역이 확정되면 3~4억 원 보상받고 아파트 입주권과 분양권 하나 받고 끝난다.

조합원 분양가 평당 1천2백만 원, 일반 분양가 1천2백5십만 원으로 프리미엄의 이익도 받지 못하기 때문이다. 도심의 상가나 오피스 한두 개 층을 사거나 빌려 원룸텔로 리모델링한다든가, 땅을 사서 신축하면 수익은 더 커진다.

필자의 또 다른 지인은 인근 상가를 6억 원에 사들여 원룸텔 40실을 만들었다. 공사비 3억 원은 대출을 받았다. 현재 공실률이 10%지만 월 1,260만 원(1실당 월세 35만 원)의 임대 수입이다. 월 대출 이자 400만 원과 운영비를 빼면 매달 860만 원(수익률 연 17%)을 챙긴다.

건축 기준이 완화된 원룸텔이 대표적인 소액투자 상품으로 떠오르고 있다.

건축법상 용도 분류에 포함되지 않았던 고시원이 제2종 근린 생활 시설(바닥 면적 1,000㎡ 미만)로 인정받은 2016년 7월 이후다. 원룸텔은 전국에 2만5천여 실이 있는데 2017년 5천여 실이 생겨난 것으로 추산된다. 대학·학원가 등 임대 수요가 넉넉한 곳에 몰려 있다.

투자금 1억 미만 – 연간 10% 안팎 수익 가능

원룸텔은 고시원·고시텔·미니룸·리빙텔 등으로 다양하게 불린
다. 대부분 전용 6.6~16.5㎡형으로, 방 안에 샤워실·화장실이 있
고 주방·세탁실은 공동으로 사용한다. 도시형 생활주택의 원룸형과
같은 형태지만 규제가 적어 투자자들이 선호한다. 예컨대 도시형 생
활주택은 60㎡당 1대의 주차 공간을 만들어야 하지만 원룸텔은 134
㎡당 1대의 공간만 설치하면 된다.

원룸텔 투자 시 주의점 – 등기 여부 따져보고 투자해야

그러나 원룸텔이 안고 있는 문제도 많으므로 사거나 분양받는 사람
은 꼼꼼히 체크해야 한다. 원룸텔은 대부분 구분 등기가 아닌 지분 등
기 방식으로 분양되는 경우도 있다. 구분 등기는 건물의 일정 부분에
대한 소유권이 인정되지만 지분 등기는 건물이 있는 땅에 대한 소유
권만 인정된다. 지분 등기의 경우 나머지 공유 지분자의 동의 없이는
팔거나 용도를 바꿀 수 없어 재산권 행사에 어려움이 따른다.

원룸텔은 한 건물 안에 여러 명의 소유주가 있어 분양 후 체계적인
관리가 어려울 수 있으며 분양 업체가 준공 후 지속적으로 관리할 수
있는지 확인하는 게 필요하다.

기존 건물을 매입하거나 신축해 사업을 하려는 투자자는 지역 선택
에 신중해야 한다. 대학가나 역세권 등 1~2인 가구가 많은 곳에서만

수요를 끌어 들일 수 있으므로 사전에 시장 조사를 확실히 해야 한다.

100세 시대 수익형 부동산을 갖고자 하는 욕망은 시간이 지날수록 더 늘어날 것이다. 기존 가진 사람들만 더 크게 수익을 올렸던 투자 패턴이 변했고, 이제 개인도 투자할 수 있는 수익형 오피스텔이 뜨고 있기 때문이다.

주택과 토지 시장이 장기적인 불황으로 수익을 내지 못하는 상황에 국내 경제의 저금리 현상이 맞물리면서, 매달 월급처럼 수익을 받을 수 있는 수익형 오피스텔 투자자들의 패러다임이 소형 오피스텔로 변하고 있기 때문이다.

수익형 오피스텔은 공급 과잉 우려에도 저금리 기조로 인해 은행 이자율보다 높은 상가나 오피스텔 등 수익형 상품에 대한 투자 관심도는 꾸준하다.

투자 전문가들은 안정적인 임대 수익을 바라는 부동산으로 바뀌면서 퇴직한 베이비부머들의 투자 대상으로 수익형 부동산이 인기를 끌고 있다고 말한다. 유망 투자처로 대형 부동산보다 중소형 아파트와 상가, 주거용 오피스텔을 선호하면서 거액 투자자들의 자산 구성이 원룸 주택, 오피스텔·상가·빌딩 등 투자의 안정적인 면을 중요시하고 있음을 보여주고 있다.

일반 투자자들도 더 이상 시세 차익에 의한 이득보다 안정적이며 정기적 임대 수익을 기대할 수 있는 수익형 부동산에 대한 선호도가 높아졌다.

상가는 부동산 분양가가 높아지고 임대 수익은 줄어 들어 거래는 늘어도, 수익률은 하락하고 있다. 중소형 상가와 오피스텔 등 손 바뀜이 잦은 수익형 부동산의 매매가는 오르고 거래는 증가하는 대신 대형 임대형 부동산의 수익률은 주춤한 상태다. 특히 수도권과 지방 광역시 일대의 대형 상가와 업무 빌딩의 경우 빈 사무실이 늘면서 수익률이 감소하는 추세이다.

이런 현상은 공급 과잉과 경기 침체에 따른 수요 감소가 맞물려 수익률이 떨어지고 있는 탓이다. 부동산의 임대료가 상승하면서 지속적으로 공실률이 늘고 있다. 향후 임대 부동산의 공급도 점점 늘어날 전망이어서 임대 수익률은 점차 떨어질 전망이다. 특히 미분양 물량과 시행사 보유 부동산들이 늘어나 매매나 분양가를 크게 낮추는 '땡처리' 물량이 크게 늘어날 전망이다.

또 유동성 위기에 몰린 회사 · 건설사 보유의 상가나 오피스텔, 도시형 생활주택의 경우 자구책을 마련하기 위해 미분양 물량을 조기에 매각해 유동성을 확보하는 자산 할인 매각에 나설 가능성이 높다.

상가는 고정적인 선호 계층이 있는데다 상권 성숙에 따라 안정적이고 높은 수익을 거둔다. 따라서 신규 투자자들의 수요가 늘어나 투자 대세로 이어질 가능성이 높다.

공급 물량 급증으로 분양률이 저조하거나 공실률이 높은 광역시, 지방 중 · 소도시보다는 풍부한 개발 호재를 갖추고 폭넓은 수요층을 확보해 일정 부분 임대 수익률을 기대할 수 있는 수도권 및 개발지 인근의 공공 분양 또는 유명 건설사 분양을 노리는 신규 투자자들이 늘어날 전망이다.

오피스텔 공급량 늘어 수익 저조

오피스텔은 수익형 부동산의 대세로 자리 잡으며 투자자들로부터 인기를 한 몸에 받은 상품이다. 그러나 올해 오피스텔의 수익성 보장에 물음표가 찍힐 가능성이 높다.

부동산114에 따르면 오피스텔 임대 수익률은 전국 6%, 서울 5.4%, 경기 5.9%로 2002년 집계 시작 이후 최저 수준을 기록했다. 매매가 역시 해마다 하향세를 기록하는 등 임대 수익률과 매매 가격이 동반 하락하고 있어 수요 쏠림 현상은 줄어들 전망이다.

입주 물량 급증에 따라 오피스텔의 전반적인 수익 전망은 앞으로도 그다지 밝지 않다. 2015년 4분기 오피스텔 분양 물량은 전국 5,534실로 지난 2분기 1만1,327실에 비해 51%가량 줄었지만 기존 미분양 물량이 오래 적체돼 있어 소진에 어려움을 겪고 있다.

2016년 분양 물량만 1만3,148실이다. 공급이 넘쳐 임대료 하락과 공실 증가로 수익성이 떨어져 투자자 찾기가 쉽지 않을 전망이다. 입주 폭탄에 따른 공실 증가로 수익성 악화가 심화되고 있다.

TIP :

수익형 부동산 투자 5계명
첫째, 공실률 · 수익률
둘째, 초기 투자비용
셋째, 취득세 · 소득세
넷째, 부대 시설 부담
다섯째, 과장 광고 여부

1~2인 가구의 주거 안정과 도심 소형 주택 공급을 위해 2009년부터 인·허가된 도시형 생활주택은 소액투자용 임대 주택 사업자에게 인기가 높다. 도심 입지에 교통이 편리하고 분양가가 저렴한 주택의 경우 오피스텔의 대안 상품으로 인기가 높아질 전망이다.

도시 주택의 월 평균 임대료로 월세는 보증금 2천7백만 원에 월 40만 원 정도이며 무보증 월세의 경우 세입자 절반이 67만2천 원 정도를 지출해 월세 수준이 매우 높은 상품에 속한다.

임대 수요 풍부하고 공급 적정한 곳 선별

부동산 침체 속에서도 승승장구해 오던 수익형 부동산이 브레이크 없는 공급에 발목이 잡혀 이제 수익률은 완만한 하락세를 맞을 것으로 보인다. 특히 기존 수익형 상품의 대표 격인 상가·오피스텔과 도시 주택의 자리를 불황기 틈새 상품이 이어 갈 가능성이 높다.

사무용 빌딩의 한 층을 다양한 규모로 나눠 분양하는 섹션·미니 오피스, 지식 산업 센터, 주차장 상가, 상가 주택, 게스트 하우스 등 틈새 상품이 인기를 끌 전망이다.

소형 상가와 오피스텔, 원룸 주택 등 수익형 부동산의 기상도는 대체로 '맑음'이다. 부동산 침체에도 임대 수익을 노리는 투자 수요가 늘어 인기가 지속될 전망이다.

저금리 시대에 은행 정기 예금 금리의 2~3배가 넘는 고정 수익을 기대할 수 있고, 불황의 긴 터널을 지나고 나면 인플레이션이 올 수 있다는 이유에서다. 경기 침체가 예상될 때 고정적이고 안정적 수입을 확보하는 수익형 부동산으로 갈아타는 전략이 좋은 투자 방법이다.

고수익 임대 상품에 투자하려면 수익형 부동산에 쏠리는 유행에 편승하지 말고 임차 수요가 보장되는 상품이나 역세권 등 입지가 우수한 지역을 선별한 후 투자에 나서야 한다. 유명 건설사의 분양 상품은 저렴한 가격에 풍부한 개발 호재를 갖추고 넓은 수요층을 확보해 높은 수익률을 기대할 수 있다. 검증되지 않은 새로운 틈새 임대용 상품에 투자할 때는 단기간의 유행 종목은 아닌지 꼼꼼히 들여다 본 후 투자를 결정해야 한다.

◆ 분양호실 24층53호(C타입) 예약자: 제 님

전용 면적		분양 면적		주차대수	전용률
㎡	평	㎡	평		%
28.495	8.62	64.260	19.44	1,155대	44.34

분양금액	공급가격	분양단가	계약금10%	부가세 (VAT)7.2% (부가세포함)	총 분양가 (부가세포함)
	₩149,500,000	₩7,690,910	₩16,026,400	₩10,764,000	₩160,264,000

납부방법	구 분	날 짜	납부금액	부가세	합 계
	계 약 금 10%	청약(계약시)	₩14,950,000	₩1,076,400	₩16,026,400
	중 도 금 1차 10%	무이자	₩14,950,000	₩1,076,400	₩16,026,400
	중 도 금 2차 10%	무이자	₩14,950,000	₩1,076,400	₩16,026,400
	중 도 금 3차 10%	무이자	₩14,950,000	₩1,076,400	₩16,026,400
	중 도 금 4차 10%	무이자	₩14,950,000	₩1,076,400	₩16,026,400
	중 도 금 5차 10%	무이자	₩14,950,000	₩1,076,400	₩16,026,400
	중 도 금 6차 20%	시님(준공3개월전)	₩29,900,000	₩2,152,800	₩32,052,800
	잔 금 20%	준공시	₩29,900,000	₩2,152,800	₩32,052,800

◆ 예상 임대수익률

구 분	금 액	비 고			
분양금액	₩149,500,000				
M 증 금	₩10,000,000	분양가의 10% 내외			
예상 월 임대료	₩650,000	(분양가-보증금)의 수익률 5~11%			
연수익금	₩7,800,000	월 임대료 × 12개월			
대비용	대출 無	대출 40%	대출 50%	대출 60%	비 고
대출금	없음	₩59,800,000	₩74,750,000	₩89,700,000	대출금액
대출 이자(년)		₩2,093,000	₩2,616,250	₩3,139,500	연 3.5%적용
대출 이자(월)		₩174,417	₩218,021	₩261,625	월이자
실투자금	₩139,500,000	₩79,700,000	₩64,750,000	₩49,800,000	분양가(대출금포함)
실수익금(년)	₩7,800,000	₩5,707,000	₩5,183,750	₩4,660,500	년수익=년대출이자
월수익금(매월)	₩650,000	₩475,583	₩431,979	₩388,375	월수익=월대출이자
수익률	5.6%	7.2%	8.0%	9.4%	순수익/실투자금

◆ 분양 청약금 납부계좌 안내

구 분	은 행	계 좌 번 호	예 금 주
계약계좌번호			
준 공시계약 실투자금	계약금 16,026,400	부가세 10,764,000	5,262,400 광림산업(주) 분양대행단

본 오피스텔 분양 수익률 표이다. 필자가 근무하는 지점에서 중도금 대출을 하는데 인하대 앞 문정 헤리움 주거용 오피스텔 분양 예상 임대 수익률이다.

같이 근무하는 직원들이 한 건씩 분양받았다. 전용 면적은 19.44 평방미터, 공유 면적과 주차 대수까지 포함하면 44.34평방미터이다.

그러나 신규 분양 가격은 160,264,000원이다. 계약금 10%만 납입하고 중도금 60%는 준공까지 무이자로 시행사에서 지급한다. 대출을 40% 받으면 수익률은 7.2%이며, 60%를 받으면 수익률은 9.4%이다. 보증금 1천만 원/ 월 65만 원이며 780만 원이다. 그러나 필자는 분양가도 높고 월세도 높다며 계약금 10%만 투자한 후 1년 후 1천만 원의 프리미엄을 받고 투자하는 여직원들에게 플랜이 옳지 않다고 설명한 후 모두 해약하고 계약금을 돌려받았다. 단 한 사람만 테라스가 있는 곳이라며 투자를 한 내역을 필자가 받았다.

수익형 오피스텔
소액투자 방법

경기 침체와 장기가 불경기가 지속되면서 금리가 1%대에서 벗어날 기미를 보이지 않고 있다.

초저금리 시대라고 하는 이유는 낮은 금리가 지속된 적도 없고 중산층으로 올라가는 현실을 벗어나기도 하늘에 별 따기만큼 어려워졌다. 이런 초저금리 시대에 수익형 부동산 시장은 다른 그 어떤 부동산 시장보다 각광을 받고 최근에는 투자계의 큰 손들도 수익형 부동산에 관심을 갖고 눈을 돌리고 있다.

그렇다면 수익형 부동산이 왜 이렇게 인기가 있을까? 수익형 부동산은 예전처럼 호황이 계속돼 시세가 올라 시세 차익으로 사두기만 해도 이득을 보는 게 아닌 안정적으로 임대 수입을 받는 형태의 부동산을 말한다. 수익형 부동산에서 가장 중요한 세 가지는 바로 안정성과 환금성 그리고 수익률이다. 안정성과 수익률이 적절히 조화를 이뤄야 좋은 수익형 부동산이라고 할 수 있다. 안정성이 높지만 수익률이 낮은 경우, 수익률이 높지만 안정성이 낮은 경우 모두 수익형 부동산으로서의 가치가 없을 것이다. 그렇다면 수익형 부동산 종류는 무엇이 있을까? 들어 보면 여러분 모두 익숙할 것이다. 우리가 사용하는 서비스들이 모두 수익형 부동산이다. 자세히 나누자면 수익형 부동산은 주거용, 상업용, 업무용, 토지용으로 나눌 수 있다.

하나 하나 수익형 부동산을 나눠 보도록 하자.

1. 주거용

쾌적하고 편리한 주거시설을 이용해서 임대 수익을 얻는 수익형 부동산으로서 오피스텔(주거용), 다가구 주택, 한 지붕 두 가족 임대아파트, 아파트형 공장, 고시원, 모텔, 당구장, 독서실, 사우나, 레지던스 호텔 등이 있다. 가장 안정적이고 평범한 수익형 부동신으로 소액두자로도 부담 없이 수익을 얻을 수 있다는 게 특징이다.

2. 상업용

오피스라고도 하는 상업 시설 이용처로 임대 수익을 얻는 형태로 모든 상가 종류가 바로 상업용 수익형 부동산이라고 볼 수 있다. 필자는 상업용 시설 중도금 대출을 많이 취급했다.

분양 시 계약금 10~20% 중도금 대출을 40~60% 받아 시행사에서 준공까지 통상 18개월 동안 이자를 내준다. 무이자이다. 그리고 준공이 떨어지기 6개월 전에 분양권 매매 그리고 분양권 증여를 하여 수익을 내고 있으며 준공 시 직영 또는 임대료로 은행 금리 3-4배 이상 임대 수익을 얻고 있다.

3. 업무용

업무용 시설은 건축법상 공공업무 시설과 일반 업무 시설로 구분되어 있다. 그러나 부동산개발의 실무 편의상 일반 업무 시설과 오피스텔로 구분하기도 한다.

분양상품으로서 오피스텔의 개발 사례가 빈번했기 때문이다.(오피스텔도 일반 업무 시설에 포함된다.)

건축법에서 정의하는 업무 시설의 개념의 다음과 같다.

구 분	개 념
공공업무 시설	국가 또는 지방 자치 단체의 청사와 외국 공관의 건축물로서 제1종 근린 생활 시설에 해당하지 않은 것
일반업무 시설	금융업소, 사무소, 신문사, 오피스텔 그밖에 유사한 것으로서 제2종 근린 생활 시설에 해당하지 않은 것

업무 시설 개발이 가능한 용도 지역은 도시 지역내에서는 중심상업 지역과 일반상업 지역에서 가능하고 일반주거 지역, 준주거 지역, 근린상업 지역, 유통상업 지역, 준 공업지역의 경우 조례에서 허용할 경우 건축이 가능하다.

비도시 지역은 일정규모 이상의 업무 시설은 사실상 개발이 불가능하고 수도권지역의 경우에는 수도권정비법에 의하여 공공청사의 신축이 제한되고 일반 업무 시설의 경우에도 일정규모 이상인 경우 과밀부담금을 부담하여야 한다.

업무 시설의 입지조건

구분	입지조건
공공업무 시설	– 이용자의 접근이 용이하고 교통이 편리한 곳 – 공무 수행에 적합한 환경 – 유사 시설의 집약 – 이용자 편익시설(주차장, 휴게소, 구내매점, 공중전화 등)의 확보 등이 우선될 수 있는 곳
일반업무 시설 (오피스텔 포함)	– 도심, 상업 중심가로서 교통이 편리한 곳 – 도로에 2면 이상 접한 곳 – 전면도로가 20m 이상인 곳 – 직사각형 지형

업무 시설의 개발 사업은 용도의 특성상 분양성이 높지 않아 적극적으로 활용되지 못하고 있으며 이에 따라 자체사옥으로 개발하거나 임대 목적으로 신축하는 경우가 일반적이라 할 수 있다.

이러한 이유로 업무 시설의 사업성 여부는 분양성보다는 임대 수익성에 초점을 맞추어 임대 수익률이 시중 은행의 정기 예금 금리보다 상회한다거나 현가할인된 임대 수익이 영(0)보다 크다고 가정할 때 투자 수익성이 높다고 판단하고 업무 시설의 개발 사업에 대한 사업성을 평가하는 것이 보통이다.

최근에는 리츠 회사나 부동산 펀드가 임대 사업용으로 개발 사업을 추진하는 사례가 증가하고 있는데 시행사 입장에서는 자금 조달의 용이함과 사전 일괄 매각을 전제로 진행이 되기 때문에 개발에 따른 기대 수익률이 다소 낮더라도 안정성이 확보되기 때문에 선호하는 사업 추진 구도다.

물론 시행사의 눈높이(기대 수익)가 높으면 리츠 등과 연계된 사업

구도는 추진되기는 어렵다. 업무 시설에 해당하는 사무실이나 공장 등을 임대하여 수익을 얻는 것이다. 규모에 따라서 소액부터 거액까지 다양한 투자가 가능하다.

4. 토지용

토지용 수익형 부동산은 토지를 통한다고 한다.

우리가 흔히 생각하는 논, 밭, 수목원과 같은 개념뿐만 아니라 주차장이나 캠핑장도 모두 토지용 수익형 부동산이라고 할 수 있다. 토지를 활용해서 수익을 내기 때문에 건축비가 적어서 최근 전망이 있는 분야 중 하나이다.

수익형 부동산이 어떤 것인지 그리고 어떤 종류가 있는지 이제는 알았을 것이다.

성공적인 수익형 오피스텔 투자를 위한 4가지 조건

성공적 오피스텔 투자를 위해서는 다음 사항에 유의할 필요가 있다.

첫째, 직주근접이다. 입지가 그만큼 중요하므로 체크하라는 것이다. 보증금을 월세로 환산하는 비교도 중요하지만 대형 업무 지구와 접근성이 좋은 위치의 중심 업무 지구와 주요 대학가에는 공실이 없기 때문이다.

둘째, 초역세권 매물을 선택하라는 것이다. 주요지역, 환승역, 역과의 거리는 500m 이내, 가까울수록 더욱 좋다. 입지 좋은 곳의 오피스텔은 임대 수익뿐만 아니라 추후 시세 차익까지 함께 갈 수 있다.

셋째, 소형 평수를 골라라. 1, 2인 가구가 증가하고 있다. 오피스텔은 거주용으로 편리함을 추구하는 소형 가구 수요가 가장 높다.

넷째, 신축 오피스텔을 선택하라. 노후된 건물의 감가상각 및 유지, 보수, 비용과 수요자들의 선호도와 추후 매도를 생각한 투자를 해야 한다.

다섯째, 수요자 및 주변 매물을 체크하라. 대학가 주변이라면, 원룸 형태의 수요가 많다. 그러나 주변에 원룸 공급이 많다면, 투룸으로 희소성을 높일 수 있다.

여섯째, 매매가 대비 전세가가 높은 곳을 체크하라. 오피스텔 1평당 매매가와 매매가 대비 전세가가 높은 곳의 수요가 많아 투자하기가 좋으며 추후 가치가 오를 수 있다.

수익형 임대 수요 물건 찾기,
초보자도 쉽게 성공하는 투자법

수익형 임대 부동산의 성공적인 부동산 투자 비법은 강남 재건축이 최근 급락하다 보니, 주변에선 팔지 못해 안달이 났다.

깅님 재선축 시장은 2017년에도 불황이다. 초과 이익 환수제가 부활되면서 여러 가지 규제가 다시 되살아나고 있기 때문이다.

경기나 인천 수도권의 소형 주택 분양 시장은 살아서 움직일 가능성이 높아 보인다. 내 집을 마련하는 기회를 삼아도 좋을 듯하다.

지방 도시 부동산에 대해서도 하락세로 보인다. 수익형 부동산에 대해서는 아마도 자금은 부동산 시장을 이탈하지 않을 것으로 보인다.

수익형 부동산을 잘 고르는 방법은 안정성이 가장 중요하다. 빌라는 경기가 안 좋아지면 아파트와 달리 잘 안 팔리고 가격도 내려간다. 이런 것을 고려해야 한다. 다음은 수익성이 중요하다. 현재 기준으로 보면 5%의 임대 수익은 나와야 투자에 적합한 물건이라고 볼 수 있다.

무엇보다 중요한 건 위치와 인프라다. 큰 수익을 내는 투자자 누구도 개발 호재가 있는 지역만 투자했다. 강남 투자는 장기 투자를 했다. 이런 투자의 비법을 잘 가지고 투자해야 안전하다고 볼 수 있다.

TIP :

> 수익형 부동산 구매 시 유의점
>
> 첫째, 안정성
>
> 둘째, 수익성
>
> 셋째, 입지(위치) · 인프라

절세를 위한 주택 임대 사업자 등록
사업자 투자법

부동산을 임대하는 경우 사업자 등록을 낸 후 부가가치세와 소득세를 신고 납부하도록 하고 있다. 하지만 **주택 임대**의 경우에는 부가세법상 면세에 해당하므로 소득세만 신고 납부하게 되어 있지만 사업자 등록을 강제하고 있지 않다. 정부에서는 주택 임대 활성화 차원에서 투기 목적이 아닌 장기 임대 목적으로 주택을 취득한 후 임대하게 되는 경우 취득 시부터 양도 시까지 각종 세금을 비과세 또는 감면해 주는 특례 조항을 두고 있다.

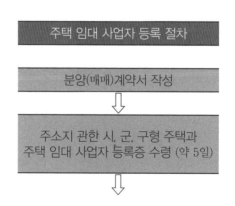

주택 임대 사업자 등록증 수령

주소지 관한 세무서
면세사업자 등록(당일등록)

일반 임대 주택의 경우에는 사업자 등록 의무가 없지만 세금 감면 혜택을 받고자 하는 경우 주택 임대 사업자 등록을 반드시 하여야 한다.

임대 주택을 취득하는 경우 취득세 및 재산세 등 지방세 감면

임대 사업자가 임대 목적으로 공동주택 등을 건축하는 경우 또는 최초 분양받는 경우에 한해 전용 면적 40㎡ 이하는 취득세 및 재산세 면제, 전용 면적 40㎡ 초과 60㎡ 이하인 경우 취득세 면제, 재산세 50% 감면을 적용한다. 단, 감면 혜택을 받기 위해서는 지방 자치 단체에 장기 임대 주택 사업자 등록을 취득일로부터 60일 이내에 하여야 하고 취득한 후 4년 이상 반드시 임대하여야 한다.(오피스텔 등 준 주거 공동 주택도 해당)지자체에 장기 임대 주택 사업자 등록을 낸 후 관할 세무서에도 주택 임대 사업자 등록을 하였다면 종합부동산세, 임대 관련 소득세 및 양도 소득세 감면 혜택도 받을 수 있다.

종합부동산세 및 소득세 관련 혜택

종합부동산세는 주택(주택 부수 토지 포함)의 경우 주택 공시가격이 6억 원

(1세대 1주택자는 9억 원)을 초과하게 되면 부과가 된다. 다만, 과세기준일인 6월1일 주택 임대 사업자 등록이 되어 있다면 합산 과세 시 배제(합산 과세 배제 신청은 매년 9월 말까지)하여 임대 사업자 등록된 임대 주택에 대해서는 12월에 납부할 종합부동산세를 납부하지 않는 것이다. 물론, 이 경우에도 임대 주택은 사업자 등록 후 5년 이상 임대하여야 한다.

세법에서는 국민 주택 규모 이하 및 기준 시가 6억 원 이하의 소형 임대 주택을 3호 이상 임대하는 경우 임대 사업에서 발생한 소득세의 30%에 상당하는 세금을 감면한다. 다만, 2014년 세법 개정을 통해 2천만 원 이하의 소규모 주택 임대 소득에 대해서는 2016년까지 비과세하고 현재 개정 세법 안에 따르면 2019년까지 비과세하는 것으로 예정되어 있다.

양도 소득세의 세제 혜택

거주 주택 외에 다른 주택은 장기 임대 주택 요건을 갖추고 거주 주택을 2년 이상 보유 및 세대 전원 2년 이상 거주를 한 후 양도하는 경우에는 1세대 1주택 비과세 규정을 적용받을 수 있다.(고가 주택제외) 위와 같이 임대 주택에 대해서는 사업자 등록 의무는 없지만 각종 세법에서는 임대 주택 사업자 등록을 통해 취득세, 재산세, 종합부동산세, 임대소득세, 양도 소득세를 다양하게 감면받을 수 있는 제도가 마련되어 있다. 다만, 감면 혜택을 보기 위해서는 장기 보유 등 여러 가지의 요건을 갖추어야하고 사업자 등록을 함으로써 신고 납부 및 건강보험료 등 부과가 발생할 수 있으므로 절세 효과와 이에 대한 기회비용을 면밀하게 따져서 결정해야 할 것 같다.

저금리 영향으로 베이비부머 퇴직자 및 은행에 맡겨놓은 자금은 마땅한 투자처를 찾지 못하고 대내외 불확실 등으로 부동자금도 증가한다. 이 같은 상황에서 투자 대안으로 수익형·연금형 부동산이 주목을 받고 있지만 투자 시 몇 가지 주의해야 할 점이 있다. 대표적인 수익형·연금형 부동산 중 근린 상가, 오피스텔의 경우 베이비부머 은퇴 세대들이 가세하면서 월급과 같은 임대 사업을 목적으로 주목받고 있다.

특히 시장이 전반적으로 불확실할 때도 안정적인 임대 수익을 얻을 수 있는 수익형·연금형 부동산이 선호되고 있다. 근린 상가는 비교적 투자금 1억~3억(실투자 금액) 이상으로 높다. 배후 수요 대비 상업·업무 시설 공급 비율이 낮은 곳(6% 이내)을 선택해야 한다. 대단지 아파트 내 상가 거리에 테라스를 접목시키는 스트리트형 상가들과 새롭게 조성되는 신도시 상권이 인기가 높다. 요즘 신축 건물들은 선임대 후분양이 인기가 높다. 투자 경험이 적다면 이미 임대가 이루어진 선 임대 상가를 분양받는 것이 안정적이다.

오피스텔은 분양가(부가세 제외) LTV 60% 대출을 받아 실투자금이 3천만 원~1억 원대 소액투자가 가능한 상품이다. 계속적인 1인 가구의 증가로 오피스텔도 인구 유입 대비 그동안 공급이 적은 일부 지역의 경우 괜찮지만, 전반적으로 매년 수익률이 은행에 예치하는 것보다 6~7%로 3배 이상이기 때문이다.

택지개발 3년 이상 지역이나 평택 대기업 이전지, 관공서 이전 예정지, 대학가 대학로 주변 등 인구 유입이 활발한 지역이 좋고 교통, 지하철 역세권 도보 10분 이내 지역이 좋다. 최근 필자가 중도금 대출 의뢰가 들어 온 곳은 의정부역 주변 아띠랑스였다.

주변에 롯데마트와 의정부역 그리고 서울 근접이 용이한 외곽순환도로 교통이 좋았으며 복층으로 구성된 오피스텔이 개방감이 좋고 두룸형, 테라스 형으로 수요가 많았다. 분양가는 1억2천만 원~1억3천만 원에 융자는 7~8천만 원, 보증금 1천만 원/월세 40만 원~50만 원으로 실투자금은 5~6천만 원에 수익률은 7~8%로 분석되었다.

주차 면적은 오피스텔보다 완화 효과를 얻을 수 있는 도시형 생활주택은 오피스텔처럼 3~5천만 원대 소액투자가 가능하다. 결혼을 안 하고 혼자 밥을 먹는 1인 가구가 증가되는 현실이니 1~2인 수요가 많은 업무 시설, 대학가 주변, 역세권 등에 투자하는 것이 좋다.

그러나 최근 비교적 저렴한 분양가와 주차 요건 강화로 공급이 줄고 있어 수익률은 보합 또는 소폭 하락으로 예상된다. 규모가 작아도 오피스텔처럼 유사한 인테리어로 조성되고 가구 수 대비 주차 대수 규모가 많은 곳을 중심으로 수요가 따를 것으로 보인다.

주택이 몰려 있어 건물 간 간격이 너무 좁은 곳이나 골목 안 외진 곳은 피해야 한다. 최근 4차 산업 혁명이 이슈가 되고 있다. 지식산업센터는 1~2억 원이면 투자가 가능하다. 입주 업종에 대한 제안은 있지만 특히 기업에 대한 지원이 높아지고 있기 때문에 전망이 좋다.

2017년까지 수도권 과밀억제권역에서 성장관리권역으로 이전한 업체에 한해 법인세가 100% 감면되고 이후 2년간 50% 감면된다.

대표적으로 서울의 구로, 가산, 송파 문정지구나 위례신도시, 미사신도시, 안양, 안산 등에 집중되고 있다. 지하와 교통이 불편한 곳은 피하는 것이 좋고 교통이 편리하고 어느 정도 생활 시설이 조성된 곳을 선택해야 한다. 분양형 호텔(레지던스텔 등)은 5천만 원~1억 원으로 투자가 가능하다. 외국인 관광객이 계속 증가 추세로 관광지뿐만 아니라 산업 단지 인근, 대기업 밀집 지역까지 공급이 확대되고 있다.

노후 대비 재테크 일환으로 주목받고 있지만, 공급 과잉으로 일부 지역을 제외하고 약세로 접어들었다. 인천, 영종도, 강원도, 가평, 청평, 원주, 제주도 등 휴양지, 공항이나 유명 관광 지역, 대기업 인근 입지가 좋다. 대부분 위탁 기간이 2년 이내로 하고 있는 '호텔전문 경영회사'가 위탁 운영을 하는지, 수익률 보장 기간, 객실 구분 등기가 유리하고 지분 등기는 가급적이면 피해야 한다. 지분 등기는 지분율이 적어 권리를 주장하기 힘들다.

수익형 부동산 투자로
망하는 이유는?

　서울 송파구 잠실에 거주하는 50대 후반의 직장인 김 씨는 회사 정년퇴직을 앞두고 노후 대비 목적으로 2016년 3월 미사 신도시 신축 상가의 분양대금 50%를 금융권의 대출을 활용해 분양받고 임대업을 시작했다.

　실제 부동산임대업은 소득률이 높아 세 부담이 커서 배우자 등과 공동 명의로 상가를 취득하는 것으로 하고 사업자 등록을 하면 소득을 분산할 수 있어 절세할 수 있다는 세무대리인의 충고를 듣고 김 씨는 배우자와 공동 명의로 사업자 등록을 하였다.

　대출 이자를 임대 수입에서 꼬박꼬박 지불하고 남은 수익이 제법 쏠쏠하던 차에 2017년 종합소득세 신고 때문에 평소 거래하던 세무사 사무실을 방문해 소득세 신고를 마쳤다. 그런데 관할 세무서에서 김 씨가 소득세 신고 내용 중 지급 이자는 필요경비로 인정되지 않는다며 지급 이자에 대한 세금을 추징했다. 이유를 살펴보자.

자기 자본보다 대출 최대한 활용

퇴직을 앞둔 장년층은 물론 20~30대 청년층도 수익형 부동산 시장에 몰리고 있다. 사람의 기대 수명이 늘어나고 있지만 돈 걱정 없는 노후 생활을 보내기에는 아직 부족한 연금 제도 때문으로 분석된다. 자신의 회사가 아닌 이상 정년이 되면 현업에서 퇴직을 해야 하고 연봉 및 급여는 더 이상 받을 수 없다.

결국 생계를 유지하기 위해 새로운 직업을 찾아야 한다. 그러나 현재 청년실업률이 사상 최대치를 갱신하는 등의 상황에서 노년층을 받아주는 곳은 그리 많지 않다.

그렇다고 창업을 하자니 퇴직금을 담보로 모험을 하기도 두렵고 진퇴양난이 아닐 수 없다. 그래서 노후 대비용이나 재테크로 사람들이 상가나 오피스텔 등 수익형 부동산에 눈을 돌리고 있는 실정이다. 수익형 부동산 투자의 경우 100% 자기 자본을 가지고 투자하기보다는 최대한 대출을 이용해 투자하는 방식이 대부분이다. 대출을 이용한 투자방식은 지금처럼 초저금리 시대가 지속된다면 수익형 부동산 투자의 수익률을 높이는 데는 현명한 투자로 보인다.

사업 자금 대출 이자 절세 혜택 챙겨야

절세 방법으로도 꼽힌다. 사업 자금 마련을 위해 대출을 받았다면 대출 이자를 필요경비로 처리하여 세금을 줄일 수 있다. 대출금의 경우 소득세 계산 시 경비 처리가 되지 않지만, 대출금에 대한 이자는 경비 처리가 가능하기 때문이다. 그러나 뭐든지 과하면 독이 되는 법, 수익형 부동산 투자에서 대출 이자를 경비 처리할 때 주의사항에 대해서 살펴보자. 우선 자산을 초과하는 대출금은 이자에 대한 경비 처리가 불가능하다는 점이다. 현행 소득세법에서는 '부채가 사업용 자산을 초과하는 금액에 대한 지급 이자는 필요경비에 산입하지 않는다.'고 규정하고 있기 때문이다.

대출금이 사업용 자산을 초과하지 않는다고 생각해 무턱대고 이자를 계속 경비 처리하는 것도 위험한 행위다. 대부분 사업용 자산은 시간이 지날수록 감가상각이 일어나 자산 규모가 줄어든다는 점을 간과한 사업자가 종종 저지르는 실수 중 하나다. 감가상각을 감안해 자산보다 대출금이 더 많아지지 않도록 주기적으로 자산을 점검하고, 초과분의 대출금부터 갚아 나가야 한다. 또 이자로 지출했음을 증명하는 증빙서류를 갖추고, 반드시 장부에 기재해야 한다. 여기서 주의할 점은 경비율로 소득금액을 추계 계산한 것은 경비로 인정하지 않는다는 것이 세무전문가들의 조언이다.

사용용도에 따라 필요 경비 여부 결정

마지막으로 김 씨 부부처럼 부동산 임대 공동사업을 위해 부동산 취득 관련 출자자금에 소요된 차입금의 지급 이자는 경비 처리를 할 수 없다는 점이다. 부동산을 취득하기 위해 대출한 금액은 임대 공동

사업장의 총 수입 금액을 얻기 위한 목적이므로 직접 사용된 부채에 대한 지급 이자로 볼 수 없다는 것이 그 이유다. 수익형·임대형 부동산 투자 시 대출을 받을 때 자금 용도에 따라 필요 경비로 인정 여부가 결정된다. 그러므로 자금용도를 객관적으로 밝혀 지급 이자 처리 되는지부터 확인 후 절세가 가능하다는 것을 알아야 한다.

수익형·연금형 부동산에 대출금이 포함될 경우 증여 시 부담부 증여세 절세효과가 있지만 양도세 부담이 있으므로 증여세와 양도 소득세 차이만큼 어느 쪽이 절세 가능한지도 확인하는 것이 매우 중요하다. 이외도 실제 투자금도 줄어든다는 장점도 있지만 공실 리스크를 줄여주는 입지인지도 꼭 따져본 후 투자에 임해야 한다.

수익형 부동산 세금이 궁금하다

상가 투자, 상가 주택 세금

부동산은 취득, 보유, 양도단계에 세금이 발생한다. 취득 단계에서는 취득가액의 4.6%(중과세는 12%) 상당의 취·등록세가 발생한다. 그리고 건물 공급가액의 10% 상당 부가가치세와 상가 취득자의 증여세가 발생할 수 있다.

보유 단계에서는 매년 6월 1일 기준으로 재산세 종합부동산세가 부과된다. 임대 보증금 및 임대료에 대해 부가가치세가 발생하고 임대 소득에 대하여 종합소득세가 발생할 수 있다. 양도 단계에서는 부가가치세가 발생하고 양도 소득세가 발생하며 권리금 문제가 발생할 수 있다.

인천에 거주하고 있는 K씨는 부천 중동에 근린 상가를 구입했다. 건물공급가액 1억 원, 토지 공급가액 2억 원, 부가가치세 1천만 원이다. 이럴 때 취득세는 얼마일까?(단, 취득세율은 4%라고 한다.)

여기에 쟁점은 부가가치세를 제외할 것인지 아니면 포함될 것인지의 문제다. 결론은 3억 원에 4%인 1천2백만 원이다. 지방교육세 0.6% 추가 시 180만 원으로 총 1천3백8십만 원으로 부가세를 제외한 4.6%이다. 주택을 유상으로 취득하면 취득세율은 얼마일까? 1~3%가 적용된다. 주택은 상가(오피스텔 포함)보다 취득세율이 낮다. 주택은 주택 거래 활성화 차원에서 1.2%로 인하되었다.

 이 상가 적용 임대 수익률이 6%라면 월에 얼마 정도 임대 수익이 발생할까? 부가가치세를 제외한 투자 금액이 3억 원이면 이에 6%를 적용, 연간 1천2백만 원이다. 이 수익은 세전 수익이 되므로 여기에 소득세(지방소득세 포함)를 차감하면 세후 수익률을 계산할 수 있을 것이다. 근로 소득자는 임대 소득이 합산되어 과세되므로 이 부분을 고려하여 명의 등을 분산하여 투자해야 한다.

 이 상가를 1년 후 4억 원에 양도했다, 세율은 40%라고 할 때 양도소득세는 얼마일까?(단, 기본 공제만 적용한다.)

구분	금액	비 고
양도가액	4억 원	
−취득가액	3억 원	부가가치세 미환급 시 취득가액에 포함
=양도차익	1억원	
−장기보유특별공제	0	보유기간 3년 이상 시 적용
−기본공제	250만 원	
=과세표준	9,750만 원	
× 세율	40%	1~2년 미만 보유 시 적용
−누진공제	0원	
산출세액	3,900만 원	이외 지방소득세 (구 주민세)10% 부과됨

건대 인근의 다가구 주택을 상가 주택으로 구조 변경하여 월세 수입을 올리던 유해진 씨는 최근 다른 투자처가 생겨 자금 마련 계획으로 기존 부동산 매각을 위해 부동산을 찾았다가 매매를 포기했다.

수익형 부동산으로 월세를 많이 받기 위해 건물의 상가 부분을 확대해 양도 소득세 폭탄을 맞을 수 있다는 소리를 들었기 때문이다. 나잘란 씨는 5억 원에 매입한 다가구 주택 일부를 최근 상가로 구조 변경 하였다. 수익형 연금형 부동산으로 구조 변경하여 수익률이 오르자 상가 주택은 호가 10억 원 이상으로 상승했지만 상가 면적이 전체 건물 면적의 60%를 넘으면서 세율이 치솟아 지금 팔면 양도세 6천5백만 원을 물어야 했기 때문이다.

기존 다가구 주택이었다면 9억 원 초과분에 대해서만 세율 6%를 적용받아 50만 원 정도의 양도세가 과세된다. 다가구 주택을 상가 주택으로 변경하면서 세금이 100배 이상 뛰게 된 것이다.

상가 주택은 다가구 주택에서 적용받던 1가구 1주택 양도세 비과세 혜택을 받기 힘들 수 있어 '세테크' 측면에서 주의가 필요하다. 단독 주택이나 다가구는 2년 이상 보유 시 1가구 1주택 양도세 비과세, 양도 차익의 80%까지 장기보유 특별공제 등 다양한 세금 혜택이 있다. 반면 상가 주택은 주인이 거주하더라도 세금 혜택이 제한적이다.

상가 투자를 할 때 가장 고려되어야 하는 것은 현재 내가 동원할 수 있는 자금이 얼마나 되느냐를 정확하게 파악하는 것이며, 매수 시 세금까지 모두 고려하여 무리하지 않는 선에서 투자해야 올바른 투자라

할 수 있을 것이다. 대출을 전혀 받지 않고 투자를 원하는 사람도 있지만 대출을 전혀 고려하지 않으면 수익률은 6% 이상 넘기기 쉽지 않다. 요즘 같이 저금리 시대 훗날 시세 차익을 얻거나 다른 이유가 있어 매매할 때 대출을 받는 것이 유리하다. 상가는 크게 분양 상가와 통 상가 그리고 상가 주택으로 나뉜다. 또 다르게 구별하는 방법으로 근린 상가와 아파트 단지 내 상가, 상가 주택과 주상복합형 아파트와 오피스텔 상가, 마지막으로 상업 지역에 위치한 상가가 있다.

근린 상가란 주거 지역과 가장 가까운 지역에 위치한 상가로 통상 도보로 10분 안에 위치한 집근처의 상가로서 크게는 아파트 단지 내 상가 또한 근린 상가에 포함 될 수 있다.

근린 상가의 가장 큰 장점으로 주거 지역과 가깝기 때문에 비교적 안정적인 매출이 발생함으로 단지 내 상가 등에 비해 상대적으로 저렴한 가격에 상가를 살 수 있다. 단점으로는 부근에 대형 마트나 쇼핑몰 등이 있는 경우, 같은 업종이 너무 많이 들어와 있는 경우 등 안정적인 매출이 보장되지 않는 경우가 있다.

아파트 단지 내 상가란 말 그대로 아파트 안에 위치해 입주민들과 접근성이 가장 좋은 상가이다. 역시나 가장 큰 장점은 아파트와 가장 가깝게 위치하기에 가장 안정적인 매출이 이루어진다.

다만 높은 분양가로 인해 높은 수익률은 기대 할 수 없다. 단점으로는 근린 상가와 마찬가지로 대형 마트 등이 있는 경우 소수 업종을 제외하고는 안정적인 매출이 보장 되지 않는다. 상가 주택이란 쉽게 말해 동네 즉 주택가 안에 있는 건물 전체가 주택이 아닌 1층 또는 2

층까지를 상가로 쓰고 3층과 4층엔 집이 있는 건물들이다.

요즘은 개발지나 재건축 등으로 새로 짓는 상가 주택은 대개 다세대 주택의 1층에 상가를 2층과 3층에 주거 공간을 넣은 건물들이 주를 이루고 있다. 장점으로는 주인이 직접 거주하면서 세를 받을 수 있다는 것이 가장 크며 세입자와 상가 관리가 편하다는 것이다.

주의할 점은 상가 면적과 주거를 위한 집의 면적을 비교하여 상가 면적이 넓으면 상가 주택은 상가로 본다. 반대로 집의 면적이 더 넓다면 집으로 본다.

세금과 관련된 이야기에 꼼꼼히 따져 봐야 한다. 단점으로는 투자 금액 대비하여 높은 수익률을 기대할 수 없으며 주거를 위한 세입자가 있기에 관리 또한 집주인이 부담해야 한다.

그래서 살면서 세를 받는 것이 아닌 단순히 투자가 목적인 경우 상대적으로 낮은 수익률이 나오는 상가 주택은 손대지 않는 것이 좋다. 상업 지역에 위치한 상가인데 상권이 형성되는 지역에 위치한 상가로서 높은 수익률과 안정적인 투자 수익을 기대할 수 있으며 개발지의 경우 상권이 형성되기 전이라면 미래 가치에 대한 기대 수익 또한 노릴 수 있다.

단점으로는 상권이 이미 형성되어 있는 경우 상대적으로 미래 투자 가치를 기대하기 힘들며 상권 파악을 잘못하여 상권이 제대로 형성되지 않는 입지는 안정적인 투자 수익을 보장할 수 없다.

이러한 리스크를 최소화하기 위하여 입지 및 상권 분석이 필요하다.

오피스텔 및 도시형 생활주택 투자와 세금

수익형 · 연금형 부동산은 주거용 오피스텔이다. 소액으로 투자가 가능한 오피스텔은 매매 가격이 시중 금리 상승에도 불구하고 상승하고 있다. 이와는 상반되게 올해 서울 오피스텔의 연간 임대 수익률이 4% 선으로 내려가면서 사상 최저치를 기록했다.

이에 오피스텔 투자의 적신호가 커졌다. 이는 은행 정기 예금 금리가 1%대 중후반을 넘기지 못 하고 있어 예금 금리 두 배 이상의 수익을 낼 수 있는 오피스텔에 대한 투자 수요가 지속되고 있다는 분석이다. 오피스텔은 다른 수익형 부동산에 비해 초기 투자금이 많지 않다는 것도 꾸준한 수요의 원인으로 꼽았다.

부동산 전문 업체 조사에 따르면 올 1분기 기준 서울 지역 오피스텔의 임대 수익률이 연 4.96%로 나타났다. 원래 오피스텔 투자는 2002년을 정점으로 임대 수익률이 매우 높았지만 이로 인한 공급 과잉과 오피스텔 가격 상승으로 지지선인 5%대가 무너졌다.

오피스텔은 준 주택으로 지정되고 주택임대 사업자 세제 감면 대상에 포함됐다. 청약도 필요 없고 대출 규제도 없어 대중적인 수익형 상품으로 자리 잡았다. 또한 마땅한 투자처도 없는 것이 오피스텔 매매 가격 상승의 요인이 됐다.

현재 오피스텔의 투자 수익률이 현저히 떨어진 상황임에도 오피스텔 매매가 올 1분기에 0.24% 상승했다.

오피스텔 매매가 상승한 곳은 서울 종로구, 강남구가 0.46%, 경기 성남 0.35%, 부산 0.23% 등이다. 서울 종로구 오피스텔의 3.3㎡당 매매가가 1,220만 원이고 다음으로 강남구가 1,181만 원이다.

오피스텔 매매가가 하락한 곳은 거의 모든 지역에서 하락해 대전 -0.21%, 충남 -0.05%, 충북 -0.31% 등이다. 오피스텔 임대 수익률이 가장 양호한 곳은 강북권이 5.96%, 금천 5.76%, 동대문 5.59%, 성동 5.52%, 관악 5.38% 등이다.

오피스텔 임대 수익률이 떨어진 곳으로는 신규 입주 물량이 많은 강남구와 마곡지구가 있는 강서구 등이다.

강서구 마곡지구 올해 입주 물량은 총 6,974실, 송파구 문정지구 3,247실 등으로 송파구 문정지구의 경우 연 4.49%로 25개 자치구 중 수익률이 가장 낮다.

특히 '인천 두손 지젤 M'은 27㎡형 매매 가격이 1억 2천만 원인 반면 월세는 보증금 1천만 원에 월세 45만 원으로 연간수익률은 4.5%에 불과하다. 그러나 대출을 받으면 수익률은 7-8%로 올라간다.

'송파 파크 하비오 푸르지오'는 27㎡형 매매 가격이 2억2천만 원인 반면 월세는 보증금 1천만 원에 임대료가 70만 원 선으로 연간 수익률이 3.97%에 불과하다. 이밖에 은형구의 오피스텔 수익률도 하락세가 두드러진다.

'마곡역 힐스테이트 에코동익'도 전용 22㎡형 매매 가격이 1억7천만 원으로 보증금 1천만 원에 임대료는 45만 원 선으로 연 수익률이 3.7%에 불과해 투자 수익이 거의 없다고 봐야 한다.

이 같은 결과로 볼 때, 강남구의 경우 매매가는 올라가고 임대 수익률은 떨어지는 현상이 분명하게 보인다. 오피스텔 투자의 문제는 공실에 대한 리스크가 있고 세금 등을 고려하면 실제 임대 수익률이 더 낮다는 것이다.

또한 미국 금리 인상이 연내 2번 이상 예상되고 있기 때문에 월세 수익률에 큰 영향을 미칠 가능성과 함께 매매 가격이 떨어질 가능성이 있다. 이에 따라 섣부른 투자로 손실을 보거나 실질 수익이 거의 없는 상황이 될 수도 있다.

기존상가와 신규 상가 세금 체계 비교

절차	기존상가 취득	신규분양
취득 시	−부가가치세 :10%(일반과세자), 3%(간이과세자), 0%(비사업자) −취득세 : 취득가액(VAT제외)의4.6% (고급 오락장 13.4%)	−부가가치세 10% 발생 (시행사에 의해 공급되므로) − 취득세 : 좌 동
세금계산서 수수	− 일반 과세자가 공급하는 경우 (간이 과세자는 발급 불가) − 토지는 계산서 발급 (미 발급하더라도 불이익 없음)	− 토지 계산서는 발급 건물은 선택사항
사업자 등록과 부가가치세 환급	−사업자 등록: 사업 개시일로부터 20일내 등록, 사업 개시 전도 가능 −부가가치세 환급을 위해서는 계약과 동시 등록하는 것이 유리하다.	− 좌 동
보유 중	− 재산세(매년 6월 1일 기준), 고급오락장은 4% 중과세 −종합부동산세(토지공시지가 80억 원 초과 시 부담	− 좌 동
임대 시	− 임대료에 대한 부가가치세 (임대 보증금에 대해 별도 과세) − 임대 소득세 : 다음 해 5월 중 신고 (단, 성실신고 사업자는 6월까지 신고)	− 좌 동

양도 시	−상가 양도 또는 폐업 시 잔존재화에 대해 부가가치세 검토, 일반적으로 상가 잔금 청산 후에 폐업하는 것이 바람직 −양도 소득세 : 양도일이 속하는 달의 말일부터 2개월 이내 신고	− 좌 동
폐업 신고	−폐업 신고 : 상가 양도 후 폐업 신고 −부가가치세 신고 : 폐업일 속한 달의 말일부터 25일 이내	− 좌 동

포괄 양수도 계약 : 사업에 관한 모든 권리와 의무를 사업 양수인에게
그대로 이전하는 계약

폐업 시 잔존 재화 : 폐업 시 남아 있는 재화(물건 등)

수익형 부동산 절세 비법

수익형 · 연금형 부동산 투자는 불경기에도 안정적인 수익을 얻을 수 있는 만큼 세금 문제도 고민을 해봐야 한다. 다른 부동산과 마찬가지로 수익형 부동산도 취득할 때부터 양도할 때까지 지속적으로 세금이 발생한다. 다만, 일반적인 부동산과 구별되는 가장 중요한 포인트는 부동산을 사업자의 지위에서 취득하게 된다는 점이다.

수익형 부동산 취득 시 취득세가 부과된다. 수익형 부동산의 취득세는 주택에 비해 다소 높은, 근린 상가 취득가액의 4.6%인데 이 세율은 취득세에 부과되는 농어촌특별세와 지방교육세를 합한 것이다.

여기에 소유권 이전 등기를 위해 쓰이는 비용 등을 생각하면 대략 취득금액의 5% 남짓이 거래 비용이다. 대부분 상가 분양 시 임대용 사업자 등록으로 부가가치세를 환급받는다. 요즘같이 가계자금 억제

정책일 때 사업 자금으로 대출이 가능하다. 수익형 부동산을 최초 분양받는 경우 건물 부분 금액에 10%의 부가가치세가 부과된다.

중도금 대출은 부가가치세를 제외한 금액에 50~60% 시행사가 등기일, 입주일 중 빠른 기일까지 이자를 부담하기 때문에 무이자라고 한다.

이때 부가가치세는 다시 돌려받을 수가 있는데, 이는 수익형 부동산 투자자는 말 그대로 임대 수익을 얻을 목표로 투자하는 사람이고 결국 사업자에 해당하기 때문이다. 보통 분양받을 때 계약금 납입과 동시에 임대 사업 등록증을 내고 부가세를 환급 받는 절차를 행한다. 부가가치세 부담이 사업자 등록 전에 이미 발생한다면 환급을 받을 수 없기 때문이다. 상가 취득은 6월 1일 이후에 하면 종합재산세를 피해갈 수 있다.

재산세는 1년에 한 번 부과되는데 그 과세 대상은 6월 1일 현재의 소유자가 된다. 따라서 5월~6월 전후로 상가 등을 취득하려는 경우에는 6월 1일 이후로 잔금 납부일을 정하면 그 해의 재산세를 절세할 수 있다. 양도 소득세 절세 방법을 알아보자. 양도 소득세에서 중요한 부분은 감가상각이다. 감가상각은 종합소득세 납부 시, 비용으로 산출하여 종합소득세를 줄일 수 있다. 그러나 양도 소득세 납부 시에는 이때 산정한 감가상각비가 취득가액을 줄이는 요인이 된다.

즉, 2억 원에 취득하여 3억 원에 매각하는 상가의 경우 겉으로는 시세 차익이 없는 것처럼 보이나 만약 임대 기간 중 소득세를 줄이고자 취득가액 3억 원 중 1억 원을 감가상각비로 비용처리 했다면 시세 차익을 계산하기 위해 매도가액 3억 원에서 차감하는 금액은 처음 취득가액 3억 원이 아닌 감가상각비 1억 원을 제외한 2억 원으로 양도소득세를 절감할 수 있다.

'8 · 2 대책'으로 많은 투자자들의 고민은 시작되었다. 부동산을 매입하게 되면 취득할 때 취 · 등록세의 취득세, 보유 시 재산세와 종합소득세, 매매 시 양도 소득세 등 세금을 더 내게 하려는 시도가 많아지고 있다. 그러나 여전히 큰손들은 저금리로 유동성이 풍부해지면서 부동산 장기 투자나 증여에 관심을 갖는 큰손들이 많아졌다.

신도시 토지 수용 보상금 등으로 갑자기 수십억 원의 자산을 손에 쥔 사람들도 주식보다 토지나 빌딩 투자에 관심을 보이고 있기 때문이다.

'58년 개띠'로 대표되는 베이비부머 세대(1953-1963년)가 본격적으로 은퇴시기를 맞이하면서 최근 수익형 부동산 투자 열기가 살아나고 있다. 베이비붐 시기(1955~1963년)에 태어난 세대들이 은퇴 이후 노후에 대한 불안감으로 수익형 부동산에 투자하는 비율이 높아지고 있기 때문이다. 특히 현재 저금리 기조가 지속되고 있어 수익형 부동산은 베이비부머 세대들에게 안전하면서도 고수익을 낼 수 있는 재테크 수단으로 각광 받고 있다.

국토교통부에 따르면 올해 2분기 전국 상업 · 업무용 부동산 거래 건수는 7만7716건으로, 지난해 같은 기간(5만3,665건)보다 약 45% 늘었다. 통계가 집계되기 시작한 2006년 이후 가장 많았다. 특히 수익형 부동산 중에서도 상가에 자금이 몰리고 있다. 한국토지주택공사(LH)가 지난달 19일부터 이틀간 LH 아파트 단지 상가 점포 55곳의 입찰을 받은 결과, 230억 원에 달하는 뭉칫돈이 몰리면서 모두 팔렸다. 평균 낙찰가율은 192.7%로 나타났고, 낙찰가율이 200%를 넘은 상가도 24개나 있었다.

화성 봉담2지구 A4블록 한 점포의 경우 예정가(1억8800만 원)보다 3억8088만 원이 많은 5억6888만 원에 낙찰돼 최고 낙찰가율(302.6%)을 기록했다. 최근 베이비부머 은퇴 이후 인생의 2막을 열기 위해 수익형 부동산에 투자하는 사람들이 늘고 있다. 특히 상가나 오피스텔 등 수익형 부동산은 알짜 물건을 매입할 경우 시장 수익률 초과하는 안정적인 수익을 얻을 수 있어 높은 인기를 얻고 있다.

그중 하나가 저금리 시대 스크린 골프장으로 창업을 꿈꾸는 사람들이 많아졌다. 필드에 나가지 않더라도 취미로 골프를 치는 사람들이 늘어나면서 스크린 골프 인기가 높아졌기 때문이다. 그러나 스크린 골프장 창업에 대하여 정보가 많지 않아 어떻게 시작을 해야 할지 잘 몰라 고민이 많다.

처음에는 스크린 골프 창업에 관한 공부를 좀 해도 어디서부터 어떻게 손대면 좋을지 막막하기만 한다.

스크린 골프 창업은 무엇이 제일 중요할까?

스크린 골프장 창업을 준비할 때 먼저 해야 할 일은 어떤 장소에 매장 오픈할 것인지 부터 조사해야 한다. 다른 사업들과 마찬가지로 스크린 골프장도 입지 선정이 매우 중요한 사업이다.

처음 스크린 골프장을 오픈한 K씨는 경기도 필드 부근에 문을 열었다. 스크린 골프장의 가장 좋은 몫은 골프장 인근이나 도심에서는 아침에 레슨을 받으려는 여성 고객들이 많고, 밤에는 회사원들이 라운딩을 즐기러 오는 곳이 좋다. 요즘 서울 쪽에는 스크린 골프장 수가 너무 많으니 오히려 신도시 쪽이 낫다고 볼 수도 있다.

어느 지역에 창업할 것인지 결정이 된 후에는 입점 희망 지역에 대한 전문적인 상권 조사가 필요하다. 주변 매장들은 어떤 시스템의 기기를 사용하는지, 어떤 스크린 골프가 인기가 있는지 등을 살피는 것이 필요하다. 그리고 스크린 골프장을 오픈 후 어떻게 차별화시킬 것인가를 생각해야 한다. 이점이 가장 중요한 부분 중 하나이다. 대부분의 스크린 골프장들은 새로 오픈하여 새로운 장비인 것과 새 인테리어인 것 외에는 특별한 점이 없다.

그런데 이런 방법으로는 경쟁력을 갖추기가 어렵다. 그렇기 때문에 다른 스크린 골프장과 달리 더 실감나는 스크린 골프 게임을 제공하기 위해 엑스플레이트(경사판)을 설치하는 등의 노력을 더 해야 한다. 그리고 꾸준한 고객 관리하기 위해 주기적인 이벤트도 열어야 한다.

또 스크린 골프 룸 회전율과 더불어 매출 극대화를 위해 부가 수익을 창출할 수 있는 아이템도 있어야 한다. 그리고 스크린 골프 기기 선정이 중요한데, 그 이유는 다른 매장들과의 차별화와 상권 보호를 위해서도 중요하다.

대부분의 스크린 골프 업체는 기기 제조업체이기 때문에 상권 보호가 지켜지지 않는 경우가 많다. 그래서 요즘 매장은 XPGA의 가맹점으로 문을 여는 경우도 있다.

상권 보호가 제대로 지켜지지 않으면 인근 매장끼리 가격 경쟁하거나 스크린 골프장에서 술을 팔거나 도우미를 두는 등 변질된 형태로 영업을 하는 경우가 생기는 경우도 있다. 그리고 업체마다 A/S 보증 기간도 상이하니 이 점 참고해야 한다.

필자의 금융 기관에 방문하여 상담한 내용이다.

필자에게 찾아와 본 대출이 아닌 충남 태안에 폐기물(톤당 과거 30만 원, 현재 60만 원을 받는다고 한다.) 처리장 허가로 추가 자금이 필요하여 송도 신도시 아파트 2건을 공담으로 대출 신청하였다.

우리사장님 우대대출(운전자금)로 (KB 국민시세 85%) 대출했다.

대출한도 하버뷰 KB시세 470,000,000원×85%−30,000,000원(월세 보증금)=369,500,000원−월세 보증금 3천만 원/월 160만 원 임대 중이다. 분양 계약서 확인해 보니 2012년 8월 21일 114.77㎡(분양가 614,300,000원)

대출한도 웰카운티 KB시세 620,000,000원×85%−27,000,000원(소액보증금)=500,000,000원, 분양계약서 확인해 보니 2011년 4월 14일 149.59㎡(분양가 6,690,000,000원) 분양가보다 많이 떨어졌지만 그래도 많이 오른 상황이다.

그리고 스크린 골프장을 운영하고 있는 내역서를 받아 이자 상환 능력 검토서와 대출금 사용 내역표로 개인사업자용도를 확인하고 대출 상환 능력을 검증해야 했다. 그러는 과정에서 현재 스크린 골프장 운영 수익에 대하여 세밀하게 파악해 보았다. 그리고 스크린 골프장 운영 수익에 대하여 알게 되었다. 골프가 대중화되면서 스크린 골프장이 늘어나고 있다. 이번 칼럼은 수익형 스크린 골프장에 대하여 인테리어 비용과 시설비 그리고 수익률 분석에 대하여 알아보자.

 사례 분석 6 수익률 35%(스크린 골프장)

인천시 연수구 ○○동 ○○7-9 2층 전체 232.33평방미터

월매출액 15,000,000원 지출금액 8,000,000원(보증금 4천만 원/월세 170만 원 포함)순수입 7,000,000원 투자금 스크린 골프장 시설비 및 인테리어 2억 원 총 투자금 240,000,000원 월세 700만 원 ×12월 = 84,000,000원/240,000,000원 = 35%(수익률)

(현재 매물로 나와 있는 스크린 골프장 부동산이다.)

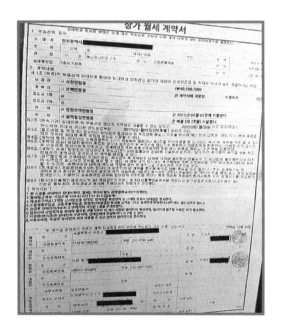

스크린 골프장 인테리어는 기본 공사가 마무리되고 토목공사가 진행 골프공이 잘 구르게 바닥경사면을 잡는다.

타석 밑 공이 올라오는 부분이다. 공이 여러 개가 서로 올라오겠다고 싸우면 안 되니까, 사이좋게 나란히 올라오게끔 공을 하나씩 올려주는 역할을 한다.

공사비를 저렴하게 하여 VIP고객을 소홀히 할 수 없으니 세밀한 부분까지 주인이 꼼꼼히 챙겨야 한다. 내부 쾌적한 공기가 들고 나게 하는 덕트 공사도 주인이 지키고 있어야 더 공사 마무리가 좋다.

스크린 천을 실치하고 있다.

손님들이 대기하는 공간. 기다리며 커피도 한 잔 마실 수 있다. 재미있게 골프를 치고 나서 손 씻고~ 맛난 음식 드시러 Go~ Go~!

이렇게 완성이 되어 간다. 스크린 골프장 인테리어 공사~!

스크린 골프장은 국내 및 해외에서도 활기차게 진행된다.

전 공정을 고객의 요구에 맞게 인테리어가 진행되기에 저렴하고도 신속한 실내 인테리어를 위해 몇 곳의 견적을 받아 그동안 시공한 사진도 살펴보면 좀 더 저렴하게 인테리어를 할 수 있다.

스크린 골프장 인테리어는 컨셉에 따라 다 다르게 진행된다.

스크린 골프장 인테리어는 컨셉에 따라 모두 다르게 진행된다. 보

정용 속옷 진열대는 설치 후 필요한 분에게 매매할 수도 있다.

　스크린 골프장 인테리어는 다양한 견적을 받아 보고 전문 인테리어 업체에 의뢰해야 한다. 그리고 상가와 학원, 식당, 호프집 퓨전음식점과 같이 럭셔리하게 인테리어가 진행되어야 한다. 또한 각 분야별 전문가로 구성, 사업 아이템에 따라 삭 전문가에게 시공을 맡겨야 한다.

　부동산 경매로 또는 NPL로 최고 15%까지 할인받아 유입(직접 낙찰)하여 직영 시 저금리 시대 적은 금액으로 수익형 투자가 가능할 것이다.

PART
03

연금형 부동산
성공적인 투자법

연금형 부동산
투자법

한국 갤럽의 조사에 의하면 직장인 50%가 투 잡을 한다고 한다. 꼬박꼬박 월급 같은 연금이 퇴직 후에도 나온다면 얼마나 좋을까?

한국은행이 기준금리가 올랐어도 당분간은 저금리가 장기화 추세이다. 갈 길을 잃은 개인 투자자 목돈은 은행 대신 수익형 부동산으로 몰리는 분위기다.

특히 대표적인 수익형 부동산인 오피스텔은 은퇴자는 물론 30~40대 젊은 세대들도 투자에 나서고 있다. 이런 상황에 전문가들은 오피스텔 투자 시 공급 과잉, 수익률 하락 등 투자 환경이 만만치 않기 때문에 오피스텔 투자 시에도 입지, 배후 수요, 분양가 등을 꼼꼼하게 따져야 원하는 기대 수익에 한발 다가설 수 있다.

오피스텔은 배후 수요와 상품 구성, 단지 규모 등에 따라 임대 수익률의 큰 차이를 보이고 공실 발생 시 수익률이 하락하기 때문에 인근 기업, 산업 단지, 대학교 등의 수요를 품고 있는 오피스텔을 선택하는 것이 좋다. 수원의 전통 도심이자 최대 중심 상업 지역으로 불리는 인계동에 오피스텔로써 흡족할 만큼 조건을 두루 갖춘 북카페가 임대에 나왔다.

월 매출액 13,000,000원~15,500,000원이다(1일, 40~60만 원). 주말에는 손님이 더 많다. 고정지출비를 물어보니 관리비 55만 원, 임대료 월 200만 원이다. 그러므로 고정지출비는 2,550,000원이 된다.

13,000,000원-2,550,000원=10,450,000원×12월=125,400,000원이다. 북카페 전문업체 YH홀딩스에 신규 북카페 오픈 시 비용이 얼마나 들지 전화로 물어봤다.

전화를 걸었다. 멋진 회사 소개 멘트가 나온다.

"YH홀딩스는 15년 경력의 믿고 맡길 수 있는 창업 인테리어 전문업체입니다." 라며 여자 성우의 목소리가 들린다. 그리고 전화를 받는다.

"안녕하세요. YH홀딩스입니다. 무엇을 도와드릴까요?"

목소리를 들어 보니 30대 초반의 젊은 남자 대표인 듯하다.

"네, 제가 북카페를 운영하려고 합니다. 자본금은 2~3억 원 있습니다. 현재 매출액이 좋은 북카페가 나와 있나요?" 라고 물어보았다.

"네, 사장님 매출액이 좋은데 매물로 내놓지는 않겠죠~. 점포 좋은 곳에 인테리어와 대여 책까지 모든 비용을 들여 1억2천만 원~1천3천만 원이면 가능합니다." 라며 창업 인테리어를 하라는 눈치다. 이것이 돈이 된다는 생각이다.

사실 필자의 지인도 창업컨설팅 무료 강의에 초대하여 창업 가이드라인 설명을 무료로 해주는데 필자가 무엇을 먹고 사냐고 물으니, 우리는 창업하는 분들을 인테리어 업체에 소개하고 수수료를 받는다고 한 기억이 났다.

"그럼 그런 곳이 있나요?" 필자가 궁금해서 더 물어 보았다.

"목이 좋은 곳은 매출액이 1일 150만 원인 곳도 있고, 없는 곳은 20~30만 원 매출액이 있는 곳이 있습니다. 실례하지만 전화하신 분이 살고 계신 곳이 어디인가요?"라며 경상도 사투리의 젊은 대표가 묻는다.

"네, 저는 인천, 부천 쪽에 사는데 왜 그러세요?"라고 대답을 했다.

"네, 사장님이 계신 곳은 임대료가 저렴하니 목 좋은 곳만 잡으면 되겠네요."라며 목 좋은 장소만 찾으면 인테리어와 주방 그리고 산뜻한 인테리어를 해 주겠다는 것이다.

"그리고 2층이 좋고 80평에서 100평이 좋습니다."라며 가격을 조절해 줄 테니 인테리어를 하라는 눈치다.

"그럼 지하는 어떤가요?"

돈이 없는 경우 지하를 찾는 창업자가 있을 것 같아 물어 봤다.

"사장님, 지하도 괜찮지만 다소 쾌적하지 않아 사람들이 많이 선호하지 않습니다." 라며 지하는 피하라는 눈치다.

"사장님 제가 밖인데 사무실 들어가서 더 정확히 설명드리겠습니다. 핸드폰 뒷 번호 8*18로 전화하면 되죠?" 라며 핸드폰 소리에 물소리도 들리고 다른 일을 보고 있는 것 같아 전화를 끊었다.

부천시 신중동에 만화 카페가 매매로 나왔다. 필자가 인터뷰와 현장에 방문하여 알아보았다. 만화방 매매 김아름 씨가 부천시청 인근에서 지상 5층 상가에 만화카페 창업에 관심을 가지고 있었다.

매매업자에게 전화를 했다.

"북카페 만화방 매매/임대 24시간 365일 언제든지 만화카페 창업이나 명의변경(등기이전)까지 오픈(개업 시)도 가능합니다." 라고 한다.

"매물 중 저렴하게 매매하라고 하지 않을 테니 위치 좋은 곳에 북카페나 만화 가게 매물을 찾는데 있나요?"

"네, 매물은 있지만 실제 매매는 주인에게 물어보아야 하며 북카페 상가(임대)를 합니다. 매매는 권리금 포함 3억 원입니다. 보증금은 1억 원이며 권리금 안에는 시설비 만화 및 신간 도서 3만5000권~4만 권이며 기타 시설비도 포함되어 있습니다."

"그럼 보증금 2억 원에 권리금 1억 원이 포함되어 있고 부동산 상가 소유자는 따로 있다는 말씀이네요.?"라고 구체적으로 물어 봤다.

"네, 월 매출액 1,200만 원에 월 임대료 300만 원, 그리고 관리비 등 고정지출비는 80만 원입니다."

필자가 대충 계산해 보니,

12,000,000원－3,800,000원＝8,200,000원 × 12월
＝98,400,000원이다.

98,400,000원/300,000,000원＝32.8%의 수익률이다.

이곳에 실제 투자한 금액은 신간, 구간 서적과 만화 그리고 인테리어 등 모든 집기, 비품 포함이니 수익률은 좋다.

"3억 원 투자하고 월 820만 원이면 좋은 것 아닐까?"라며 혼잣말로 중얼거렸다.

　그런데 매출액의 10% 이상은 신간 구매 비용으로 지출되어야 하며, 24시간 운영이라 인건비가 추가될 수 있었다.

　매출액은 점포 입지 선정만큼 중요한 것은 양질의 도서가 중요했다. 인테리어 비용은 평당 80-120만 원 정도다.

Book+Cafe

　예상 수익률은 수익성에서 입지, 즉 상권과 운영 방식, 카페 등 SNS 홍보 그리고 점포장의 경영 능력에 따라 유동적인 곳이 많았다. 북카페는 최근 등장하기 시작하는 퓨전 카페의 한 형태이다.

　책과 다양한 음료를 동시에 즐길 수 있으며, 이것을 쉽게 말하면 만화방+카페의 개념이라 할 수 있다. 기존 만화방이 노린 고객들이 아저씨들과 학생들이라면 북카페는 거기에 커플과 그 지역 거주민들

도 추가 타깃으로 삼고 있다.

그냥 위의 설명을 들으면 별것 아닌 것 같지만 북카페가 창업하고 나서 안고 가야 할 필요 사항은 생각보다 많다. 먼저 저 많은 책들을 수용할 책장이 들어갈 공간과 카페 테이블을 놓아야 할 공간이 동시에 필요하므로 꽤 넓은 공간이 필요하고, 카페의 특성상 분위기가 중요하므로 인테리어도 충실해야 되며 책장을 채워 줄 많은 양의 책의 책값도 감당해야 한다.

아무튼 이런저런 이유들 때문에 다른 업종보다 창업에 필요한 초기 투자비용이 생각 외로 많이 드는 편에 속한다. 거기다 사정이 이러다 보니 북카페는 조금 불안정한 상태의 서비스 구조를 가지게 되는데 카페 음료에도 집중해야 하고 책에도 신경을 써야 하며 인테리어에도 빠질 수 없다.

현재는 많은 시행착오를 겪고 있는 개척 단계에 들어선 시장이다. 투자 리스크가 높기에 소자본을 가진 개인은 이 사업을 투자하는 것에 대체로 소극적인 편이며, 주로 자본을 많이 가지고 있는 신생 프랜차이즈들끼리 경쟁하고 있다.

일본에서는 이미 많이 대중화된 형태의 퓨전 카페이다. 그래서 퓨전 카페라고 하면 북카페를 떠올리는 일본인이 많다고 한다. 참고로 고양이나 강아지 등 애완견 관련 카페도 추가해 놓는 경우도 있다. 책을 놓치면 책을 좋아하는 고객층이 울고, 인테리어에 소홀해지면 커플 고객이 울고, 음료에 소홀해지면 모든 고객이 다 운다. 대표적으로 인지도가 높은 프랜차이즈들로는 놀숲, 북앤빅뱅, 카페 데 코믹스 등이 있다.

(북카페) 수익률 54%〈Book+Cafe〉

1) 신간구입비: 250~350만 원

2) 인건비 100~200만 원

3) 월세 150~250만 원

4) 식대 등 50~100만 원 컵라면, 과자, 음료

5) 공과금 50~100만 원 전기, 관리비 등

6) 기타 경비 50만 원 유지보수

월 매출액 1,300만 원-850만 원=450만 원/1억 원=54%

100세 시대,
연금형 부동산 투자법이란

　요즘 화두가 100세 시대이다. 필자는 15년 전부터 퇴직 후 새로운 직업에 대하여 고민하고 준비한 것이 사회복지사 자격이었다. 1년 정도 준비하고 사회복지학 자격증을 갖게 되었다. 그때 알게 된 노년학을 연구하는 앤드루스 스콧 교수는 "조금이라도 젊은 나이에 100세 시대 준비하지 않으면 생각보다 끔찍한 노후를 맞이할 것이다."라고 경고한다.

　우리나라 중산층 10명 중 7명이 스스로를 빈곤층이라고 생각하고 있다. 실제 중산층의 40%는 노후에 빈곤층으로 하락할 가능성이 높다. 필자의 직장 선배들의 현직에 있을 때 연봉이 8천만 원 이상이었다.

　그러나 퇴직 후 연봉은 제로이다. 국민연금 수령 나이도 퇴직 후 5년 이상 기다려야 한다. 그러나 지출되는 생활비에 늦게 결혼한 경우 자녀 교육비 부담 등으로, 대부분 또 다른 직업을 찾지만 3년을 넘기지 못하는 경우가 많다.

　국민연금 외에는 노후 대비책을 미리 마련치 못했기 때문이다.

통상 퇴직한 선배들은 만나면 필자는 우선적으로 물어보는 말이 있다.

"지금은 뭐하세요?" 라고 물으면,

"그냥 산에 갔다 사우나 갔다, 막걸리 한 잔 하지~"

처음 6개월 정도 지난 선배님들은 그나마 그런 일들이 재미있고 신나 한다. 그리고 필자에게 한마디 더 한다.

"야~ 자네도 빨리 퇴직해. 스트레스 없이 너무 좋다."라고 말한다.

1년이 지난 선배님께 물어본다.

"요즘은 어떠세요?" 라고 물으면

"야~ 심심해 죽겠다. 마땅히 뭐 할 것도 없고 공인중개사 자격증이 있어 부동산을 차리려고 해도 문제다. 월세도 안 나온다고들 하니."라며 긴 한숨을 내쉰다.

"퇴직 전에 3년 정도 준비해야 해. 미리 미리 준비해라~"라며 아끼는 후배에게 미리 준비하지 않으면 퇴직 후 어찌 살지 고민이 이만저만이 아니라고 말한다.

1988년부터 납입하기 시작해 29년을 납입한 퇴직자 분에게 "국민연금 얼마정도 나오세요?"라고 물어보면

"국민연금 135만 원 나오는데 미리 조기 신청하여 100만 원 정도가 통장에 입금이 된다."고 말한다.

이 금액으로 생활비에 지인들 경조비에 고정비를 지출되면 쓸 돈이 없다. 은퇴 후를 걱정하면서도 48.7%가 노후 준비를 하지 않고 있으며, 30.1%는 준비된 노후 자산이 아예 '없다'고 한다. 이처럼 생활비 마련에 어려움을 호소했고 가계 부채 증가율은 60대 이상 노년

층이 가장 빠른 속도를 보였다. 소득은 늘고 있지만 직장 은퇴 등으로 인한 노후 대책에 대한 불안감은 크다.

노후 준비가 잘 돼 있는 가구는 10가구 중 1가구이다. 최근 어떤 50억 원대 현금자산가는 필자로부터 고시원 대출을 받으며 월 700~800만 원의 수입을 내고 있다. 절세가 가능하고 자녀들에게 1채씩 마련하여 증여한다고 한다.

최근 서울 강남에 거주하시는 고객님은 수원 영통에 있는 럭셔리 고시원을 10억 원에 매입해 필자의 금융 기관에서는 7억 원 정도 고시원 특화 대출을 받았다.

실투자금은 취·등록세 포함해서 3억5천여만 원, 월 고시원 임대료 1,560만 원, 인터넷 사용료, 전기세 등 고정지출비 560만 원을 빼면 실제 순수익은 1천만 원 정도가 된다. 수익률을 계산하면 1년 순임대료 1억 원, 대출금 이자 연 4%로 7억 원, 1년 이자 2,800만 원, 순수익은 7,200만 원이다.

수익률을 계산해보면 7,200만 원/ 3억5천만 원=20.57%이다.

월(月)로 계산해 보면 매달 6백만 원 입금된다.

은행에 3억5천만 원, 입금하면 연 1.8% 이자를 준다고 하면 연 이자는 630만 원, 월 이자는 525,000원이다. 세금 15.4%를 제하면 금액은 더 줄어든다. 이에 비하면 20배 이상의 수입이 된다.

3년 후 부동산 시세가 3억 원이 늘어나 13억 원이고 3억 원의 양도 소득세가 발생해도 양도 소득세를 납입하지 않고 3억 원의 순수익을 얻을 수 있는 절세 방법은 있다.

10억 원에 부동산 실거래 신고를 하고 3억 원 집기, 비품으로 매매 계약서를 체결하면 되기 때문이다.

국민연금공단이 한때 논란을 일으킨 "65세 때, 어느 손잡이를 잡으시렵니까?"라는 광고가 생각난다. 각종 폐휴지를 가득 싣고 손수레(대학생 창업발굴단에서 손수레 끄는 어르신을 돕고자 손수레 측면에 광고를 하도록 하여 손수레를 끄는 어르신을 돕는 아이디어는 참 신선했다. "○○할머니 순대국은 손수레 끄는 어르신을 후원합니다."라고 써서 리어카 측면에 써 붙이고 돌아다니면 순대국밥도 광고가 되고 순대국밥 집에서는 매달 얼마씩 광고비 명복으로 몇십만 원씩 후원해 준다. 즉, 더불어 함께 사는 자본주의 사회를 구축하다 보니 자연스럽게 노블레스 오블리주를 실천하게 되어 누이 좋고 매부 좋은 결과가 된다.) (핸드카트)를 잡고 있는 '65세 때, 어느 손잡이를 잡으시렵니까?'라며 "자신의 노후를 확실하게 보장하는 유일한 연금, 국민연금. 품위 있는 제2인생 국민연금으로 시작하라"고 적혀 있다.

현직에 있으며 출근할 때 아침 일찍부터 이런 광경을 많이 보았다. 그러나 어느 누가 처음부터 폐지 줍는 일을 할 생각을 한 사람이 어디 있었으랴. 살다 보니 남편의 뜻하지 않은 사고, 그리고 사업부도, 각종 질병에 의하여 받아 주는 일자리도 없다. 그나마 손쉽게 할 수 있는 일이 대리운전 아니면 택시기사이고 더 나이가 들어 할 일이 없다 보니 작정하지 않았던 이런 일을 하게 되는 것이 아닐까?

모든 사람들의 로망이 매월 연금처럼 알토란같은 안전한 연금형 부동산을 찾을 것이다. 고수익 틈새 부동산에 대해 관심이 많다 보니 일찍부터 이런 부동산을 준비한 투자자의 부동산 자산 가치는 몇 배로 올랐다.

그러나 매매하지 않는 이유는 이 부동산을 몇 억 원의 시세 차익을 내고도 이런 부동산을 찾기가 쉽지 않기 때문이다.

필자는 이런 100세 시대에 실패 없는 연금형 부동산 투자법을 준비하기 위하여 각종 논문과 CFP 칼럼을 조사하였다. 최근 학위를 받은 국외 해외 논문을 통해 네덜란드, 일본, 미국, 호주, 독일, 오스트리아, 홍콩, 싱가포르 등 자료를 찾았다. 잘못된 연금형 부동산 투자법으로 인해 실패하지 않기 위해서는 전문가의 도움을 받을 필요도 있다. '50대 이후는 새로운 사업이나 투자를 자제하라.' 는 말은 잘못 투자 시 다시 재기하기가 쉽지 않기 때문에 조심하고 또 조심하라는 이야기이다.

그러나 필자의 수익형·연금형 부동산 투자에는 실패하지 않을 투자법을 제시하고 있다. 본 책의 정보를 신뢰하고 잘 활용하여 노후 걱정 없는 수익형·연금형 부동산을 준비하기를 바란다.

100세 시대, 연금형 부동산 투자법이 달라지고 있다

수익형 부동산 투자는 원룸이나 오피스텔의 신축 건물을 많이 보게 된다. 단독 주택을 허물고 신축하는 모습, 주유소를 용도 변경해 13층짜리 주거용 오피스텔을 신축, 분양하는 것을 많이 보게 된다.

공급이 많으면 수요와 유동 인구를 파악하여야 한다. 투자하는 곳이 원룸이나 오피스텔은 대학가 주변이거나 직주근접 지역 역세권 지역이면 수요가 많다.

최근 부동산 시장에서 강세를 보이고 있는 것은 당연 도시형 생활주택 투자와 오피스텔이다. 도시형 생활주택과 오피스텔은 기존 대표적인 수익형 부동산이었던 상가를 빠르게 대체하고 있다.

전 세계적으로 경기 침체가 이어지고 부동산의 거품이 많이 빠지고 있다. 우리나라도 예외는 아니다. 상가의 공실이 늘어나고 있다. 그러나 1~2인가구의 꾸준한 증가, 그리고 정부의 세제혜택에 힘입어 부동산 침체기에도 불구하고 도시형 생활주택의 인·허가 수는 꾸준히 늘어나고 있다.

도시형 생활주택 건축 시 3%대의 저금리로 대출을 받을 수 있었던 주택 건설 자금이 작년 말 종료됨에 따라 올해부터는 도시형 생활주택의 공급량이 줄어들 것으로 보인다.

　이에 따라 시행사의 움직임은 시공사와 신탁사와 연계하여 발 빠른 건축 허가를 받아 선 분양을 서두르고 있다. 그리고 투자를 미뤄왔던 투자자들의 발걸음들이 빨라지고 있다. 그렇다면 좋은 도시형 생활주택을 투자하려면 어떻게 해야 할까?

　먼저, 부동산 투자의 기본인 입지를 고려해야 한다. 위치는 전철역에서 도보로 이동이 가능해야 임차인 모집에 유리하고 주변에 버스 정류장까지 있다면 더 좋다. 오피스텔이나 도시형 생활주택의 임차인들은 대부분 20~30대의 젊은 직장인들, 학생, 신혼부부 등이 많기 때문이다.

　또 남성보다 여성의 거주 비율이 높아 골목이나 모텔 근처의 건물보다는 대로변에 위치해야 좋고 주변에 마트나 백화점, 시장, 극장 등 문화 쇼핑시설이 잘 갖춰져 있고 중심 상업 지역으로 유동 인구가 많은 곳이 임대 시 유리하고 추후 매매가 상승의 여지가 있다.

　둘째로, 도시형 생활주택이 있는 지역의 지역적인 입지를 봐야한다.

　투자하려는 도시형 생활주택이 있는 지역이 앞으로 개발 가능성이 있는지 꼼꼼히 따져봐야 한다. 이미 땅 값이 오를 대로 오른 지역 보다는 앞으로 전철역이 들어와 교통여건이 좋아진다던지 대단지 아파트가 들어와 추후 인구가 늘어난다거나 하는 지역 개발 정보를 꼼꼼히 살펴보는 것이 좋다.

셋째로, 현장 주변의 수요와 공급을 꼼꼼히 봐야 한다.

경제의 기본 원리에 따라 공급이 수요보다 많다면 월세 가격 하락과 추후 매매가의 하락이 불가피하기 때문이다. 따라서 도시형 생활주택 투자 시 현장 주변에 수요·공급 상황을 꼼꼼히 살펴보고 수요보다 공급이 적은 지역이 좋고 상업지 비율이 낮아 더 이상 공급이 힘든 지역으로 알아보는 게 좋다.

연금형 부동산 투자의
장점과 단점을 알아보자

최근 인기를 끌고 있는 수익형·연금형 부동산 분양 광고를 보면 트렌드가 단연 임대 수익이다. 장래의 임대 수익 가능성이 수분양자들의 주관 심사가 되면서 시행사·시공사·신탁사 그리고 분양 회사는 미리 섭외한 임대 관리 회사를 분양 단계에서 전면에 등장시키고 있다.

수익형 부동산의 투자자들은 시행사의 객실 상품을 포함하여 임대 관리 회사의 운영노하우에 대하여 큰 관심을 가지고 있을 것이나 아쉽게도 이들 회사에 관하여 분양단계에서 제공되는 정보가 미흡할 뿐만 아니라 한쪽으로 편중되어 있다.

또한, 수익형 부동산 분양 과정에서 과연 투자자들이 판촉인들로부터 투자 관련 제반 위험 요인 및 위험 정도에 관한 적절한 설명을 듣고 위험을 감수할 의사로 투자하였는지 의문이다. 수익을 기대한 수분양자들에게 수익형 부동산의 분양 및 임대 관리를 묶은 상품은 자본시장법상 투자 계약 증권으로 규율이 가능할 것으로 보인다. 미국 법원들도 긍정하듯이, 우리 법상 투자 계약 증권성 여부의 판단 시에도 실체, 개별 계약들이 아닌 투자 스킬 전체를 고려할 필요가 있다.

우리나라 수익형 부동산 분양 시에 분양을 하는 주체(시행사)가 별개의 임대 관리회사를 세우더라도 전체 투자 스킬을 중시하여 하나의 투자 계약으로 규율할 수 있는 것이다. 그러나 투자 계약의 추상적 문구상 구체적 사례에 적용하기 위해서는 공동 기업 요건 등 문구의 해석 내지 판단이 필요할 수 있다.

최근 판례에 따르면 과장 광고는 분양권 계약이 무효라는 판결도 있다.

연금형 부동산 투자법 초보자
소액투자의 달인이 되어라

남편의 실직으로 생계형 노래방을 창업 예정인 K씨는 노래방 사업의 수익성이 궁금하다. 그러나 '노래방을 창업해서 하루 매출액은 얼마일까?'는 고민해 봐야 할 문제이다. 한 달 매출액은 얼마이고 고정지출비와 일반관리비 등을 제외하고 순이익 얼마나 될까? 고민은 꼬리에 꼬리를 문다.

노래방 매출은 상권과 규모 시설 고객층에 대한 고려 대상이다. 이런 환경에 따라 매출액이 달라질 수밖에 없기 때문이다.

그렇다면 노래방의 주 수입원은 어떤 것이 있을까?

보통 시간당 2~4만 원 하는 노래방의 주 수입원은 연령층을 대상으로 매출액이 주 수입원인데 음료 및 먹거리 판매도 한몫을 한다. 가령 룸이 6개고 평균 5시간 정도 운영되면 하루 매출액은 60만 원이다. 게다가 먹거리 평균 수익은 15% 정도 계산하면 맞을 것이다.

그렇다면 수익을 발행하는데 과연 이익은 얼마나 될까? 매출액에서 일반관리비용 등 고정지출비용을 계산해 보면 알 수 있을 듯하다.

임대료는 평수와 위치에 따라 70-500만 원 정도로 봐야 한다. 인건비 책정도 평수에 따라 차등 책정된다. 아르바이트 비용은 올해부터 개정된 노동법에 따르면 시간당 7,530원을 주어야 한다. 전기세는 통상 50평형 기준으로 20~40만 원이다. 각종 소모품 비용도 별도 계산해 넣어야 한다.

전체적으로 평가하자면 총 매출액 대비 일반관리비 지출은 1/3 정도로 생각해서 창업을 고려하면 좋을 듯하다. 다른 업종보다 원재료 비용이 거의 들어가지 않기 때문에 실패 확률이 적다. 단지 업무의 노력에 따라 매출의 많고 적음이 달라질 수 있다.

어떤 사업이든 어떤 프랜차이즈이든 가장 중요한 것은 시대의 흐름에 적응했느냐 하는 것은 이젠 식상하며 노래만 부르는 시대는 아닌 듯 하다. 스마트폰과 연계된 사업을 하면 아직은 승산이 있다.

성공 포인트는 많은 정보력과 본인의 노력 여하에 따라 달라질 수 있다는 것이다.

필자에게 대출을 의뢰한 고객이 '칼라노래방'을 운영 중이다.

직원들과 1차는 자연산 광어에 소라를 먹고, 2차로 이곳에 들러 매출을 올려 주기로 했다. 18번인 김범룡의 〈친구야〉 노래를 부르고 밖으로 나와 노래방 창업에 대하여 인터뷰를 했다.

"직원들과 매출 좀 올려 주려고 일부러 찾아 왔습니다. 장사는 잘 되세요?" 웃으며 물으니,

"왜요? 한번 해 보시게요."라며 돈이 되니 한번 해 보라는 눈치다.

"처음 노래방을 오픈하려면 비용은 얼마 정도 드나요?" 궁금해서 물어 보았다.

"왜요? 직장이나 잘 다니세요. 흐흐. 저희 같은 경우 30평에 룸 4개, 노래방 기계와 인테리어 비용 등 총 7천만 원 들었습니다."라고 웃으면서 장사는 아무나 하는 게 아닌데라는 눈치로 말해 주었다.

"네, 그럼 매출액이랑 순수익은 얼마 정도 되세요?"

"왜요? 정말로 노래방 한번 해 보시려고요? 카드, 현금 포함해서 음료 및 기타 모두 포함해서 평일과 주말 일 평균 25만 원~35만 원으로, 월 매출액 850만 원 정도 입니다. 우리는 지하라 보증금 2천만 원에 월 120만 원 내고 있어요."라며 비밀을 털어 놓는다.

 사례 분석 7 수익률 92.6% (노래방)

필자가 계산해 보니

8,500,000원-고정 지출비 350,000원-월임대료 1,200,000원 =6,950,000원이다.

6,950,000원×12월=83,400,000원/9천만 원(시설비+보증금)=92.6%의 수익률이다.

"그럼 매매한다면 얼마에 파실 생각이세요?" 건물 소유자가 아닌 임차인의 권리금등 매매 금액이 궁금했다.

"보증금 2천만 원+권리금 9천만 원+기타 비용입니다."라며 필자한테 웃으면서 인수하라고 한다. 남편이 그 옆에서 다른 노래방을 운영하고 있었기 때문이다.

필자는 경매와 NPL 투자를 하는 사람이다. 그렇다면 만약 이런 물건을 경매나 NPL(부실채권)경매로 유입한다면 계산해 보았다. 경매나 NPL로 1억원에 낙찰받아 노래방 기계 및 시설비를 포함하면 8천만 원이다. 이 중 연 4.5%, 7천만 원 대출이 가능하다. 그럼 연 이자 315만 원이다.

그렇다면 실투자금 1억1천만 원이다. 위 사례로 계산해 보면, 83,400,000원-3,150,000원(연 이자)=80,250,000원이다. 연 임대료 14,400,000원 대신 연 이자 3,150,000원만 내면 되니 훨씬 저렴하다. 80,250,000원/110,000,000원=72.95%(수익률)이다.

노래방 사진을 필자가 직접 스마트폰으로 찍었다.

다음날 남편에게 전화를 걸었다.

"어제 사모님이 운영하시던 노래방에 들렀어요."

남편과의 인터뷰 내용이다.

"인테리어 비용과 기계 등 모두 포함해 1억2천만 원이 들었습니다. 룸 4개 큰 방, 작은 방, 중간 방 2개입니다. 작년부터 소방법이 바뀌어 스프링쿨러 설치와 소파와 벽지도 방염으로 해야 해 비용이 2천만 원 이상 더 듭니다. 룸 대여료는 큰 방이 3만 원 중간 방과 작은 방이 2만 원이고 하루 3명만 손님이 와도 보통 2시간 놀다 가니 50만 원 이상 매출액이 됩니다. 매출액 40%~50%의 맥주 등 음료 지출의 비용도 생각해야 합니다. 예를 들어 지금 2층 40평 인테리어 비 1억2천만 원 보증금 2천만 원/월 150만 원입니다. 매출액은 월 1,300만 원/250만 원 임대료-520만 원 음료 등이 지출되고 월 530만 원 수입이라고 생각하면 됩니다."

필자가 계산해 보니

"오후 5시에 출근해 새벽 3시 4시까지…530만 원이라… 63,600,000원 /

140,000,000원=45.42% 수익률이다."

필자의 초등학교 반에서 1등하고 미모까지 갖춘 여자 동창 친구가 용인 동백 지구에서 노래방을 2개 운영한다. 하나는 용인 동백 지구에서 자리를 잡았고 최근 또 다시 하나를 인수했다. 친구의 말이다.

"잘 지내지? 엊그제 오픈한 노래방은 어때? 어떻게 인수하게 되었어?" 라는 필자의 말에,

"응, 잘 지내. 엊그제 추가로 하나 더 오픈한 노래방은 80평 기존 노래방 권리금 1천만 원 주고 인수했고 보증금 3천만 원/월 165만 원 상하수도 전기세 등 30만 원, 월 매출액 1천만 원, 음료 지출비 40%야. 그리고 노래방 기계 앰프 등 교체하는 데 1천만 원이 들었다. 상준아, 노래방도 좋은 상권에 목만 좋으면 돈 된다."라며 친구와 다시 한 번 확인했다.

그 친구의 월 매출액은 10,000,000원-임대료와 고정지출비 5,500,000원=4,500,000원×12월=54,000,000원 / 50,000,000원(투자금)=108% 수익률이다.

처음 이 친구가 오픈한 노래방은 자리를 잡았고, 두 번째 인수한 곳은 매출액 대비 2배의 수익을 내고 있는 친구다.

요즘은 동전 노래방이 인기가 많다. 인건비 절감과 사생활 보호가 가능하기 때문이다.

코인 노래방 창업(동전 노래방 창업) 속 시원하게 알아보자

코인 노래방(동전 노래방) 창업에 대해 궁금해 하시는 분들이 많다.

일단 코인 노래방은 크게 두 가지로 분리된다.

첫째, 부스형과 룸 형식으로 분류된다. 두 가지의 장, 단점이 있다.

부스형 코인 노래방은 가격이 저렴하고 시공이 간단하다.(예를 들어 오락실 옛날 동전 노래방 생각하면 된다.)

룸 형식 동전 노래방은 일반 노래방이라고 생각하면 된다.(일반 노래방이지만 동전 노래방은 아주 작은방이 여러 개 있다고 생각하면 될 듯하다.) 일반적으로 대형 프랜차이즈 점은 가격대가 비싸다.

가맹비 및 철제 부스 태진미디어 포함 5,000만 원으로 가능하며 인형 뽑기 방 오락기 설치도 가능하다. 통상적으로 코인 노래방 1~5개 정도 소수로 설치된다.

코인 노래방 창업은 무조건적으로 싸다고 좋은 것이 아니다

코인 노래방 창업 시 주의 할 점이 있다.

첫째, 일단 코인 노래방을 운영하려면 건축물 용도 2종 근생에 들어간다. 임대 시 알아보면 간단하다. 아니면 용도 변경이 가능한지 이전에 게임장이나 불법적인 것들이 있었는지 구청 건축과에 확인해 보자.

둘째, 학교 정화구역인지 교육청에 전화로 확인해 보아야 한다.

셋째, 코인 노래방은 소방법에 큰 영향을 받는다.(공사비 포함)

1층이 비싸지만 좋다. 2층부터 비상구 3층부터 대피 공간 지하 스프링클러 등 아주 복잡하다. 그 뒤 나머지 복잡한 것들은 인테리어 시공 업체가 다 해 준다.

소방법 등 여러 규제 조건에서 자유롭고 가격이 저렴한 ALC로 칸막이 후 합지 도배 내지는 페인팅이 좋다. 비용도 목공 작업보다 저렴

하다. 벽체 자체에 여러 조각문양도 가능하므로 조금 포인트를 주는 것도 좋다. 이런 컨셉이면 적은 비용으로도 가능하다. 좀 색다른 컨셉이니 주변에서도 좋을 것 같다. 노래방은 일단 소방과 방염이 최우선시 되어야 한다.

그리고 먼저 소방과 방염업체를 선택하여 허가를 받아야만 한다. 기공사도 소방법에 의한 공사를 해야 한다. 또한, 최소한의 방음 효과는 보장할 수 있도록 해야 한다. 스틸 배관과 난연 시디 등, 벽체도 가능하면 도장으로 하면 좋다. 노래방 영상 모니터와 기기는 매입해야 하며 카운터와 연계할 수 있다.

서울 선릉역 수 노래방의 경우 공사에는 노래방 기기와 소방 방염을 제외할 경우, 평당 180만 원이면 바닥을 대리석으로까지 시공 가능하다. 인테리어를 손수 진행하며 간과하지 않아야 할 일이 소방 관련 사항들이다. 노래연습장도 방염 완비 필증이 필요한 다중 이용 업종이기 때문이다. 아래는 노래연습장에 관련된 소방 관련 사항이다.

첫째, 노래연습장 업은 소방법 다중 이용 업소로 분류된 소방 완비, 방염 대상 업종이다.

둘째, 일반적인 소방 시설은 기본이며 노래연습장은 영상 음향 차단 장치가 설치되어야 한다.

영상음향차단장치 - 소방 경보가 울리면(화재가 발생하면) 각 실에 설치된 영상, 음향기기(노래방 화면과 스피커)의 전원이 차단되어야 한다. -업장 내 조명 시설까지 꺼지는 것은 아니다.-

셋째, 피난 안내도 비치 및 피난 안내 영상물 상영 의무시행('09.3.25.) 에 따라 피난안내도 부착과 피난안내 영상물을 상영하여야 한다.

완비 관련

다중이용업의 일반적인 소방 법령을 적용 받는다. 다중이용업의 법령을 다시 찾아보는 번거로움을 덜기 위해 노래연습장에 필요한 사항을 알아야 한다.

연금형 부동산은 자산을 보유한 투자자를 위해 외부 수익 또는 소득을 일으키는 모든 부동산을 말하는 것으로 부동산에 투자하여 자본이익(capital gain)을 얻거나 임대해서 매달 정해진 날짜에 꼬박꼬박 운영 수입(operation income)이 들어오는 부동산을 말한다.

수익형 부동산의 정의를 상업용 부동산으로 한정하여 이용, 구입, 판매, 그리고 관리 등 이익창출 및 임대 수익과 직결되는 정책, 경기, 금리 등 환경적 요인에 민감하기 때문에 투자와 가격 결정에 있어서 상당히 많은 요인이 작용하여 주거용 부동산과는 성격이 다르다.

그러나 주거용 부동산(residential property)도 임대가 활성화되어 있는 미국에서는 상업용 부동산에 포함되어 있다. 주택 및 아파트 단지 전체를 처음부터 임대 목적으로 건축하여 관리·운영하고 소유권을 입주자 개인이 갖지 않기 때문에 아파트를 상업용 부동산에 포함시켜 수익을 내는 원천으로 본다.

우리나라도 최근 기업형 뉴스테이(Newstay)로 중산층의 주거 불안 해소를 위해 주택 임대 사업을 제도화하여 운영하고 있고, 전세 제도는 점차 선진국의 월세 제도 형태로 바뀌고 있다.

'임대인 설문에 기초한 임대 계약 형태 선택요인' 연구에서 재계약 시 전세 임대인 경우 보증부월세로 전환하고, 보증부월세 임대인도 월세 비중을 높이는 이유는 저금리 시대 부동산으로 운영 수익을 창출하고 있으며 국가는 정책적으로 주거용 임대 사업을 지원하고 있기 때문이다.

주거용 부동산도 임대료 수익을 창출하기에 연금형 부동산에 포함시켜 정의하면 '토지와 건물이 함께 공존하고 소유권 이전이 제한이 없는 부동산으로 경제적 가치가 있고, 법률적, 제도적으로 적법하며 소득에 대한 조세법 규정에 맞게 정책과 제도와 경제적으로 시장 환경에 따라 수익률에 영향을 받는 부동산이라고 할 수 있다.

연금형 부동산의 특성은 수익에 많은 영향을 받는다. 수익에 가장 큰 영향을 미칠 수 있는 특성은 각각의 부동산 물건에 따른 개별적인 부동산 특성으로 안정적인 운영 수입 또는 처분 시 자본 이득을 말한다.

또한, 투자 목적, 투자자 자산 현황, 투자 성향, 지역 등에 따라 다양한 특성 차이가 있고, 각각의 개별성과 연관되어 투자자의 욕구에 맞는 입지와 사용 용도, 기대 수익이 취득 후에도 위험성에 안전하고 확실하게 대체 가능해야 하므로 환금성도 중요한 특성이다. 위험 요인을, 산업용 부동산의 중요 특성으로 지역성, 입지성, 건물 특성, 시설 특성, 호실 특성으로 나뉘기도 한다.

이러한 내용을 참고로 연금형 부동산 특성은 다음과 같다.

첫 번째, 부동산은 움직일 수 없는 부동성으로 인해 어디에 위치하고 있고, 왜 그곳에 위치하고 있어야 하는지에 따라 수익률과 연관되어 입지성이 특히 중요하다. 건물요인, 지역요인, 입지요인 중 입지요인을 정리하여 어느 곳에, 그리고 왜 그곳에 위치하여야 하는지에 대하여 연구하여 입지가 수익률에 지대한 영향을 끼친다.

또한, 입지는 대도시 지역과 같은 넓은 지역과 근린 지역(近隣地域)과 같은 도시 블록 단위 그리고 개별적인 장소와 같은 좁은 차원에 따라 수익에 큰 영향을 받는다.

두 번째, 자연적 특성으로 입지성을 토지라고 하면, 토지 위에 물리적인 특성인 개별 건축물도 수익형 부동산에 중요한 특성이다. 또한, 사용하고자 하는 건축물의 용도에 따라 만들어진 건물의 내·외적인 외형성을 말하는 것으로 건물의 규모(대지면적, 연면적), 건물 노후도(경과 연수) 및 편의 시설(주차 시설, 지원 시설) 등 수익과 관련하여 건물특성이 영향이 있어 건물의 중요성을 무시할 수 없다.

마지막으로 부동산은 일반 상품과 달라 금액이 크기 때문에 투자에 신중해야 하며 수익이 발생하지 않을 경우 환금성이 치명적일 수 있다. 부동산은 제도 환경, 경제 환경에 따라 시장 상황에 민감하기 때문에 위험성에 대비하여 갑작스러운 경기 상황에서 팔기가 쉽지 않아 장기간의 가격 동향을 신중하게 예측해야 하며, 다양하게 연관된 부동산 관련 위험으로부터 안전성이 확보되어야 한다.

연금형 부동산의 환금성과 안전성에 대하여 투자 자금의 회수는 원하는 시기에 처분할 수 있는 환금성과 갑작스러운 부동산 환경의 위험으로부터 안전성을 갖는 것이 중요하다.

생계로 시작한 투 잡 재테크 경매로 5년에 10억을 벌다

필자는 재개발 사업이 추진된다는 사실을 모르고 인천광역시 남동구 간석동 상인천 초등학교 재개발 지역에 경매로 낙찰을 받았다.

인천광역시 남동구 ○○동 3○○-4 ○○주택 나동 B01호, 47.5㎡ (14.38평)

사람을 가려서 만나야 한다고 했던가? 그러나 슬픈 일, 기쁜 일 인생을 함께 하고 싶었던 사람이 잘못된 판단으로 보증을 서면서 빚은 감당하지 못할 빚으로 커지고 집안은 쑥대밭이 되었다.

가뜩이나 어려운 가정생활에 빚보증과 대출금 연체는 회복할 수 없는 상태가 되었다.

이 집은 경매로 1,810만 원에 낙찰을 받았던 집이다.

낙찰 후 안양에 살고 있는 친한 친구가 사업이 어려워지면서 친구 집을 경매로 날리고 살 집이 없다며 비가 많이 쏟아지던 날 집에 찾아와 무릎 끓고,

"도와줘 친구야 좀 도와줘."라는 간절한 요청이 있어 이 집에 도배·장판을 해 주고 무료로 살게 해 주었다.

친구는 안양에 빌라 지하를 담보로 필자가 근무하는 금융 기관에서 1,800만 원을 대출해 주었다.

"이자 밀리면 안 돼, 1천만 원 밖에 안 되는 대출 1천8백만 원 해 줘서 연체되면 나도 문제가 될 수 있어."라는 필자의 걱정스런 말에

"이자 걱정은 안 해도 된다."며 큰소리치던 친구가 6개월 동안 이자를 못 내면서 경매 신청을 하게 되었고 결국 다른 사람이 낙찰받아 집을 날렸다.

그리고 비가 억수로 쏟아지는 날 필자의 집에 찾아와,

"어머니와 두 명의 동생이 있는데 갈 곳이 있다."고 "방법이 없겠냐?" 필자도 어려운 가정생활에 친구의 사정은 더 힘들어 보였다.

갈 곳이 없어 늙은 어머니와 2명의 군대도 아직 가지 않은 어린 동생까지 4명 가족이 여인숙 생활을 한다고 생각하니 너무 가슴이 아팠다. '친구가 힘든데 도와주어야겠다.'는 생각으로 필자가 경매로 낙찰받아 놓은 이 집에 보여 주며,

"이 집이면 괜찮겠니?"라는 필자의 말에 내 두 손을 잡으며,

"고마워, 고마워", "이 집 정도면 감지덕지다.", "고마워 평생 이 은혜 잊지 않을게."하며 눈물을 글썽이던 모습이 선하다.

그런데 필자에게 더 큰 문제가 발생했다. 빚 보증으로 전에 살던 집이 경매 처분되고 신용불량자가 되어 갈 곳이 없게 되었다. 하는 수 없이 무상으로 살게 해 준 친구를 찾아 갔다.

필자의 집도 경매로 날리고 친구에게 내어준 그 집 외에는 갈 곳이 없었다. 하는 수 없이 친구에게 찾아가,

"내가 사정이 생겨 살던 집이 경매로 낙찰돼 집을 비워 달라고 하는데 내가 이제 살 집이 없네, 네가 다른 곳으로 이사해서 살 수 있겠어?"라고 어렵게 말을 꺼냈다.

그 집에 살던 친구는 흔쾌히,

"그럼~ 지금까지 무상으로 살게 해 준 것만으로도 고마운데 당연히 이사해야지."라며 필자의 딱한 사정을 이해하고 집을 내어 주었고 그 후부터 이 집에 살게 되었다.

경매 낙찰 후 1년이 지나면 재감정 가격으로 대출을 받을 수 있다. 감정가 4천5백만 원에 2천만 원 대출금을 받았다. 채권 최고액은 2천6백만 원 근저당권 설정되어 있다.

그런데 이 집에 가압류가 2천만 원 들어오고 집안은 카드사로부터 압류가 들어오면서 집행관으로부터 빨간 딱지가 붙여졌다. 3명의 법원 집달관이 어린 아이들이 보는 앞에 별로 가치도 나가지 않는 TV, 냉장고, 장롱에 빨간 딱지를 붙이면서 정말 비참한 생각이 들었다.

여름이면 곰팡이가 늘고 몸길이가 2~7cm 걷는 다리가 30개 달린 절지동물 일명 '돈벌레(그리마)'들이 집안에서 같이 동거를 했다. 비가 오면 빗물이 새는 이 집에서 3년을 살았다. 그러나 필자는 다른 방법이 없었다.

"습하고 따뜻한 곳을 좋아하여 예전부터 부잣집에 자주 출몰한다는 돈벌레가 우리 집에 있으니 좋은 일이 생길거야."이렇게 절대 궁

정 마인드를 잃지 않았다.

필자의 마음이 하늘에 닿은 탓일까? 어느 날 동네 사람들이 수군거리는 소리가 들렸다.

"이 지역에 재개발이 된다." 그것도 인천에서 가장 빨리 된다는 소문이 나돌았다.

그렇다면 집값보다 대출금과 가압류가 더 많아 실익이 없는 이 집에서 단돈 1천만 원이라도 손에 쥐는 방법을 찾았다. "그래, 한 푼이라도 챙겨야 된다."고 생각하고 금융 기관에 돈을 덜 주고 단돈 몇 백만 원이라도 건지려는 욕심에 2천만 원 가압류권자인 레이디 캐피탈 외 다른 채권 추심 팀에 전화를 걸었다.

"저 여보세요. 저는 OOO채무자 남편인데요. 현재 대출 원리금 얼마인가요?"

필자도 금융 기관에 근무하면서 채권 회수팀, 채권 매각팀 채권 관리부서에서 근무하면서 채권 추심과 채권 회수를 하면서 유체동산 압류도 해보고 유체동산 집행까지 해본 경험이 있었다.

그런데도 많이 떨렸다. 솔로몬저축은행에 전화를 할 때는 많이 떨렸다. 은행에서 미수이자 채권까지 저렴하게 채권을 매입해서 금융 기관 직원이 못 받는 돈까지 받아 내는 곳이기 때문이다.

"아 예, 그런데 실례하지만 채무자와는 어떤 관계시죠? 본인이 아니면 채무 금액이나 상황을 개인 신용 정보 비밀유지의무가 있어서 알려 드릴 수가 없는데요?"

그동안 채권추심을 하면서 내가 했던 이야기를 똑같이 듣고 있었다. 그래도 필자는 채권추심하러 채무자 집을 방문했을 때 먹을 게 없고 병든 노모를 모시는 그 모습이 안타까워 라면 1박스를 사주고 온 어린 사람이었는데….

필자는 심리전이 필요하다는 것을 알았다. 그리고 언젠가 읽었던 협상의 달인에 관한 책을 읽었던 기억이 나고 이런 일로 여러 번 전화하면 재개발이 노출되고 뭔가 있는 듯 보일지 몰라서 태연하게,

"아~ 그렇죠. 그런데 저도 같은 금융 기관을 다니고 있고 현재 이 집의 진행 상태를 알려 드리려고요. 가압류한 이 집은 부동산 시세가 없습니다. 지하에 물이 새고 햇볕이 안 들어와 매매가 3천만 원인데도 거래가 안 됩니다. 그런데 이 집에 근저당 설정이 3천9백만 원이 되어 있습니다. 이자도 납입할 능력도 안 되고 가압류까지 들어오고 유체동산 압류도 되어 빨간 딱지까지 붙어 경매가 진행이 되면 레이디 솔로몬저축은행은 한 푼도 못 받아 갑니다."

최대한 비참하게 열흘은 굶은 사람처럼 불쌍하고 힘없는 목소리로 말을 건넸다.

"그런데요. 어떻게 하자는 거예요. 우리는 원금은 다 받아야 가압류를 풀어 드릴 수가 있습니다."

월급쟁이라 타인의 일처럼 퉁명스럽게 말을 쏘아 댔다. 필자는 물러 설 수가 없었다.

"원금의 30%만 제가 퇴직금 중간 정산해서 갚을 테니 책임자와 상의 후 연락주세요. 이대로 경매 진행하면 레이디 캐피탈은 원금 한 푼도 못 받을 거예요. 현장에 와서 확인해 보시면 알게 될 겁니다."

서울에서 인천까지 내려오기가 쉽지 않고 큰 금액이 아니기 때문에 현장에까지 오기가 쉽지 않을 것이란 생각에 단호하게 말을 건네고 전화를 끊었다.

그리고 1주일 후에 담당자로부터 전화가 왔다.

"같은 금융 기관에 다니고 사정이 딱한 것 같아 윗분에게 말을 잘 해서 원금의 30%만 갚고 끝내기로 했습니다."

"아 정말 감사합니다. 그럼 어떻게 해야 하나요?"

고마운 마음에 당장에 돈을 갚을 것같이 말을 했다.

"우리 솔로몬 저축은행 법인 통장으로 돈을 보내시면 바로 법무사를 통해 가압류는 풀어 드리겠습니다."

"감사합니다. 감사합니다. 감사합니다."

몇 번이고 진심으로 감사하다는 말을 건넸고 법인 통장으로 입금시킨 후 말끔히 정리했다. 채권 추심 전문 부서 솔로몬이 이 정도라면 카드사와 레이디 캐피탈의 원금 감면은 더 쉬웠다. 경매 진행하면 못 받을 게 뻔한데 원금의 10%만이라도 정리해야 했기 때문이다.

카드사 및 캐피탈은 필자의 의견을 수락할 수밖에 없다. 1순위 근저당권자가 아닌 가압류권자는 경매실익이 없고 무잉여 가치 물건은 경매를 진행해도 기각이 된다.

빚을 최단 시일 정리하고 등기부등본을 정리해야만 했다. 그래야 집을 매각할 수 있어서이다.

재개발구역은 건물이 10년 경과한 집은 건물 값을 인정하지 않고 대지 지분 값으로 평당 1천만 원까지 올랐다. 정보가 빠른 강남과 용산에서 투자자들이 몰려들기 시작했다.

대지 지분은 9.7평이었으므로 9천7백만 원에 강남 투자자에게 매매를 했다. 대출금 2천만 원, 카드 빚 캐피탈, 솔로몬 등 갚고 남은 금액 3천5백만 원이었다.

이 돈으로 30미터 옆집의 연립 주택을 구입했다. 연립 주택은 지하 1층에 지상 3층으로 된 부동산이다.

인천광역시 남동구 ○○동 3○○-1 ○○주택 ○○2호. 건물 전용 면적은 45㎥(13.62평) 대지 지분은 19.5평이었다.

연립 주택은 주차장이 넓고 뒤뜰에는 정원이 있어 대지 지분이 넓어 투자하기가 재개발 재건축에는 금상첨화다.

본 연립 주택을 135,000,000원에 구입하고 그 집에 이사를 했다.

돈이 많지 않아 대출금 1억 원을 이용하였다.

주차공간은 넓고 좋았지만 너무 낡아서 수리할 곳이 많았다. 그래도 재개발이 되면 모두 철거해야 했으므로 이런 환경은 중요하지 않았다.

그리고 이 집에서 1달을 살았다. 직장에서 일찍 퇴근 후 집 앞 부동산에 들러 차 한 잔을 마시게 되었다.

"안녕하세요? 사장님~"

"아 예~ 어서 오세요."

"이 지역은 재개발이 빨리 진행되는 것 같아요. 주변 부동산에서 난리가 났네요."

나는 부동산 사장의 눈치를 보며 말을 이었다.

"평당 1천만 원까지 가격이 올랐는데, 우리 집도 그렇게 팔아 줄 수 있나요?"

평당 1천만 원이면 대지 지분이 19.5평이므로 1억9천5백만 원이다.

"사장님, 그 집은 연립 주택이라 대지 지분이 넓어 그렇게 가격을 못 받습니다. 다세대 주택이면 가능하지만 단독 주택도 평당 500만 원이거든요."

나는 실망한 듯,

"아~그렇군요."하고 차 한잔 마시고 나오려고 하는데,

"그 집을 평당 1천만 원에 팔아 주면 복비 얼마 주실 건가요?"

오잉~ 그 금액까지 가능하다는 뜻? 기쁨에 찬 어조로,

"당연히 많이 드려야죠~ 복비 3백만 원 드릴게요."

미끼를 던졌다. 부동산으로 부자가 되려면 공인중개사를 황제로 모셔라. 그리고 수시로 탕수육과 짜장면을 사주고 부동산 관계자와 친해져야 한다. 공인중개사를 내편으로 만들어야 나는 부자가 될 수 있다. 갑자기 머릿속에 종소리가 들렸다. 300만 원을 준다는 말에 부동산 사장은 하얀 이 위아래 14개가 보이며 입을 다물 줄 모르며 좋아했다.

그리고 10일 후 부동산 사장한테 전화가 왔다.

"오늘 집 살 사람이 집을 보러 가기로 했습니다. 몇 시에 집에 계시나요?"

가슴이 흥분되었다.

"네, 6시까지 집에 가 있을게요."

그리고 6시에 부동산 사장과 집을 사려고 하는 투자자가 찾아 왔다.

"집이 작아 보이네요."

별로 마음에 들어 하지 않은 말투였다.

"예, 사장님. 그런데 현재 삼성과 LG 자이가 들어오려고 경합 중입니다. 어차피 재개발하면 다 철거하고 새로 아파트가 들어서는데 대지 지분이 중요하지 건물 내용은 중요하지 않죠."

나는 투자 적격 부동산이라는 확신을 주었다.

그리고 집을 보고 돌아간 1시간 후 부동산에서 전화가 왔다.

"다른 집을 둘러 봤는데 이 집이 대지 지분도 넓고 투자 가치가 있다고 하네요. 계약하신다고 하니 도장과 신분증을 가지고 오시죠."

전화를 끊고 이게 뭔 일인가 싶었다. 인생에 3번의 기회가 주어진다는데 첫 번째 기회인가 아니면 마지막 기회인가?

1억3천5백만 원에 매입한 부동산을 1달 후 아직 취득세도 납입하지 않았는데 1억9천5백만 원에 매매를 하다니, 1달 만에 추가로 6천만 원의 시세 차익을 냈다. 그리고 종잣돈이 없었던 터라 이 집(월세 500만 원에 25만 원)에서 매매와 동시 월세 계약을 하며 살았다. 이 돈을 종잣돈으로 본격적으로 상승세를 탄 시점에 부동산 투자를 투잡으로 해 보자는 마음먹었다.

인천 남동구 ○○동 ○○1-1 ○○주택 106호

그리고 이 지역에 500미터 인근에 단독 주택이 매매로 나왔다는 말을 듣고 이 집에 가 보기로 했다.

투 잡 가치투자 연립 주택 매개로 단독 주택 대박 사례

필자는 천주교 신자이지만 과거에 대출을 해주면서 알게 된 대출 채무자 무속인에게 힘든 인생고가 무엇인지 점을 본 적이 있다.

이 무속인은 책에 나오고 인터넷을 검색해 보면 누구나 다 아는 유명한 사람이었는데,

"사주에 금이 많고 목이 많으니 부동산 공부를 꾸준히 해서 부동산 쪽을 투자해도 나쁘지 않을 것 같다."며 이야기를 해 주며 한마디를 더 해 주었다.

"그 집을 보러 갈 때 문을 열고 들어가면 눈을 감고 그 공간을 느껴봐. 그러면 그 집터에 대한 좋고 나쁜 에너지 파장을 느끼게 될 거야. 좋은 에너지 파장이 느껴지면 투자해도 무방할 듯해."

이런 말을 들은 기억이 났다. 실제 이 무속인은 매매가 되지 않는 가게나 집에 들어가 간단한 부적과 처방으로 전혀 팔리지 않는 부동산을 1달 안에 파는 신기가 센 사람이었다. 이 생각을 하고 그 집에 들어가 대문을 열고 방문을 열면서 눈을 감고 에너지 기운이 느껴 봤다. 밖에 큰 개를 키워서 그런지 냄새는 좋지 않았다. 그러나 느낌은 좋았다.

인천광역시 남동구 ○○동 ○○9-16번지

대지 47평 건평은 27평 단층이었고 매매가는 평당 6백만 원으로 2억8천2백만 원이었다. 그 집을 매매가 그대로 계약한다면 나중에 시세 차익을 크게 못 볼 것 같다는 생각에,

"너무 비싼 것 같습니다." 말하고 그 집을 나왔고 부동산 사장과

함께 부동산에 방문했다.

"사장님 평당 5백만 원에 작업 한번 해 보시죠. 이번에도 복비는 2백만 원 드릴게요." 그리고 집으로 돌아 왔다.

6개월이 지난 후 그 집은 주인을 찾지 못했다. 그런데 이 집주인이 개인 사정이 있어 이 집을 비어 놓고 이사를 했다는 소문을 다른 부동산에 가서 알게 되었다. 다시 처음 소개해 준 부동산에 들어가 이 말을 하고 평당 500만 원에 추진해 보라고 권하고 여전히 복비는 200만 원 준다고 했다. 부동산 사장은 그 집 주인의 연락처를 알고 있었고 집 주인에게 전화를 했다.

"사장님 이 가격에는 매매가 안 되니 평당 500만 원에 산다는 사람이 있을 때 파시죠. 그 대신 복비는 받지 않겠습니다."라고 말을 하자.

"재개발 구역인데 좀 더 있으면 팔리지 않을까 했는데 어쩔 수 없네요. 복비를 받지 않겠다고 하니 욕심 안 부리고 팔겠습니다."

그리고 필자는 평당 5백만 원으로 47평, 2억3천5백만 원에 매매계약을 체결했다. 잔금은 돈이 없어 1억7천만 원을 대출받았다.

잔금을 치루고 소유권을 이전받은 후 곧바로 인근 부동산 10곳에 매매로 내놓았다. 그리고 5개월 후 용산에서 오신 주변 부동산 사장 친구가 투자로 이 부동산을 매입하였다. 육군 대령 부인이었다.

"재개발 재건축은 타이밍이 중요해. 가격이 오를 만큼 올랐을 때 팔고 빠져야지."

여유 자금이 많아 과거에 투자로 돈 좀 벌어 본 자신감있는 말투다. 이 부인에게 5개월 후 평당 800만 원에 매매 계약했다.

5백만 원에 사서 8백만 원에 매매했으니 평당 3백만 원의 시세 차익이 생겼다. 47평이니 1억4천1백만 원이다.

재개발 지역에 투자한 부동산은 오르게 되어 있고 낮은 가격에 부동산을 구입 적당한 시기에 치고 빠지기만 하면 돈이 된다고 말로만 알고 있었다. 주택 경기가 얼어붙고 있지만 인천 지역의 재개발 사업에는 훈풍이 불고 있다.

재개발을 추진한 지 10년 만에 관리 처분 인가를 받아 착공을 앞뒀거나 시공사를 새롭게 선정하는 등 인천 지역은 이곳저곳 재개발에 필요한 계단을 하나씩 올리고 있었다. 그러나 재개발 재건축 투자 지역에서 진행되는 재개발 사업이 어떻게 진행되고 있는지 꼼꼼히 파악해본 다음 투자에 임해야 한다.

오피스텔(주거용) 투자로 연봉 2천 5백만 원 올린 사연

빌라 지하를 1천8백1십만 원에 낙찰받아 그 종잣돈을 시발점으로 1년에 3억 원의 수입을 얻은 것이다. 이후 이 지역은 집값이 오를 만큼 올랐다는 감이 와서 이 지역 인근의 오피스텔에 투자하기 시작했다. 이 지역이 이주하면 그 인근 부동산이 반등하여 집값이 오르기 때문이다. 필자의 생각은 적중했다.

인근에 부동산은 주로 오피스텔을 낙찰받거나 때론 경매로 낙찰받는 금액보다 급매로 매입할 때 시세가 큰 차이가 없으면 전세, 월세를 끼고 투자를 했다. 그리고 500만 원 정도 시세 차익이 나면 매매를 했다.

필자는 급매 혹은 경매로 낙찰받은 부동산을 대출을 받아 레버리지 효과로 소액을 투자하여 고수익을 내는 방법을 알고 있다.

이런 고급 정보를 모르는 사람들은 수익률 5.42%~7.12% 수익률(대출을 받지 않았을 경우)이 수익률 10%~14%이상(대출을 받았을 경우)이라는 사실만으로 저금리 시대 월세 수입이 낮다고 판단되어 투자를 했기 때문이다.

소액투자 임대 수익 및 단기차익이 가능한 오피스텔 투자법

인천 남동구 ○○동 ○○2-2 ○○오피스텔 308호. ○○공원 바로 앞에 있는 ○○오피스텔이다. 건물35.14㎡, 대지10.23㎡ 앞에 공원과 주변에 간석역이 있다.

오피스텔 전체가 호실별로 경매로 나왔다. '유치권신고 있음' 건물을 준공하면서 받지 못한 공사 대금을 유치권으로 신고하였으나 정보가 있고 유치권 성립이 되지 않는다는 것을 잘 아는 경매 고수에게는 이 물건이 기회가 되었다. 10건의 오피스텔에 입찰하였으나 6건 낙찰받았다. 오피스텔은 2룸이지만 2룸 식 원룸 오피스텔로 신혼부부가 살기 좋은 물건이다. 관리비도 5만 원으로 저렴하다. 매매와 월세 임대 효성오피스텔 1층에 있는 부동산에 동시에 매물로 내놓았다.

1건당 1천3백만 원~1천5백1십만 원 차액으로 비용을 제하고 7천5백만 원 정도 수익을 냈다. 이 당시에는 종잣돈과 목돈이 필요하여 매매를 했으나 현재는 이 지역이 대지권이 넓어 재개발이 거론되어 조합 설립이 되어 급매로 308호를 인수했다.

인천 남동구 간석동 오거리 주변은 유흥가가 많다. 그러므로 이 인근 오피스텔은 공실률이 적다. 간석동 세연 오피스텔(간석동280-18번지 206호). (건물 27㎡, 대지4.2㎡) 37,100,000원에 낙찰을 받아 월세 2백만 원/300,000원 임대 중이다. 경락잔금대출(연3.8%) 33,000,000원 낙찰가 90% 이용하여 실투자금 4,100,000원, 취등록세 및 채권 낙찰가 4.8%, 1,780,800원 순현금 투자금 5,880,800원이다. 연 월세 3,600,000원-1,254,000원(연 이자)=2,346,000원/5,880,800원=39.89%(수익률)

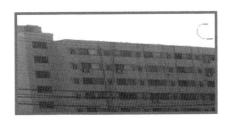

(태형 오피스텔- 수익률 35.81%)

위 세연오피스텔에서 400m 주변의 부동산이다. 이곳 역시 간석 오거리 주변이라 유흥가가 많다. 이 곳 역시 간석오거리역 9번 출구 30m 앞 동암역 5분 거리에 있어서 입지로는 최상이다. 그러므로 공실률이 적다. (단지 상세 정보 총 세대수 42세대 총 동수 1개동, 준공년월 2001년 인천광역시 남동구 인천 남동구 경인로659(220-5번지)태형오피스텔(503호, 전용 면적 25.74㎡, 대지 8.2㎡/308.9㎡)37,100,000원에 낙찰받아 월세 3백/280,000원 임대 중이다. 경락잔금대출(연3.8%) 33,000,000원 낙찰가 90% 이용하여 실투자금 4,100,000원. 취등록세 및 채권 낙찰가 4.8%, 1,780,800원 순 현금 투자금 5,880,800원이다.

연월세3,360,000원-1,254,000원(연이자)=2,106,000원/5,880,800원 =35.81%(수익률)

인천 남동구 간석동 313-3 형진프라자 911호 802호, 704호, 614호. 사진에 형진프라자(소형아파트)이다. 필자는 이곳에서 10채를 매입해서 1세대 당 5백만 원씩 남기고 5천만 원 수익을 남겼다.

인천시 남동구 남동대로 915번길 25 (간석동 313-3번지)단지 총 90세대, 1개동, 1996.03준공, 개별난방(전용 면적 27.81㎡, 대지 8.256㎡/1578.5㎡)이다.

감정가 5천5백만 원을 경매로 3천2백1십만 원에 받았다. 간석동 유흥주점 주변이라 인근에 밤에 일하는 아가씨가 월세 보증금 100만 원, 월 30만 원에 살고 있었다.

낙찰 후 잔금을 치르지 않은 상태에서 현장에 방문했을 때 이 세입자는 "재계약할 수 있어요?"라고 먼저 제안이 들어와,

"당연히 가능하다."고 말을 하고 연락처를 주고받으며 잔금을 치루고 계약을 체결했다. 그리고 1년 후 이 낙찰 물건을 4천5백만 원에 매매했다. 월세를 낀 상태로 월세 수익률을 생각한 투자자가 매입을 한 것이다.

형진프라자 매매 시세와 급매매, 월세 금액을 파악하고 나니 이 지역 물건에 대하여 자신감이 생겼다. 이후 이 물건이 경매로 나오면 좀 더 높은 가격에 낙찰을 받아 5백~1천만 원, 많게는 1천5백만 원 수익을 남기고 되팔았다. 일반 매매는 북향(613호)4천7백만 원, 남향은 6천5백만 원이다. 매건(501호, 407호, 903호)마다 5백만 원~1천만 원을 받고 시세 차익으로 총 매매건 8건 1억 원 이상 수익을 챙겼다.

소액투자로 월세받는 실전 경매이야기를 시작해 볼까 한다.

무피투자의 비밀! 연 300만 원 수익형 부동산으로 대박을 냈다.

오피스텔 1년에 1채, 10년에 10채, 증가시키는 노하우

필자의 「재테크 및 자산 관리」 강의를 듣던 학생의 사례를 예로 들어보자. 회사원인 B(25세) 연봉 3천5백만 원 월 평균 300만 원 수입이다. 필자의 재테크 및 자산 관리 강의를 듣고 실천에 옮긴 한 수강생이 1년 후 전화가 왔다.

"박사님~ 재테크 시작은 종잣돈이라 하셨죠? 강의 듣고 곧바로 악착같이 1억 원 종잣돈 모았습니다. 투자처 컨설팅을 받고 싶은데요. 바쁘시겠지만 시간 좀 내주시겠어요?"

이론상 강의는 그렇게 했지만 정말로 그렇게 실천하면서 10년에도 못할 일을 그녀는 3년 만에 종잣돈을 만들어 낸 것이다.

종잣돈의 위력은 1억 원을 10% 수익에 투자하면 1천만 원이다. 재무 관리 복리의 원리를 알면 종잣돈을 모아 더 빨리 부자가 될 수 있다.

첫째, 저축 금액을 늘려라.
높은 수익률이라면 더 빠르게 돈을 모으려다 그 돈을 다 잃는다.
둘째, 가계부를 작성하라. 항목과 절세 목표를 세울 수 있다.
셋째, (불필요한)보험료를 줄여라.
넷째, 선저축 후지출(소득의 60%)하라.

다섯째, 수익에 따른 만기금 차이가 크다는 사실을 확인하라.

저축을 늘리는 것을 기본으로 삼고 수익성 재테크를 찾는다면 자산이 불어나는 속도는 상당히 빨라진다. 1천만 원 투자한 사람은 100만 원이다. 종잣돈의 투자 금액에 대한 실감난다.

B에게 나는 그 실천비법을 듣고 싶었다.

"어떻게 그렇게 빨리 시드 머니를 모으셨어요?" 라는 나의 말에

"박사님 강의를 듣고 제 속에서 무엇인가 꿈틀거리는 간절한 그 무엇인가에 이끌려 실천에 옮겼어요."라고 답했다.

"월 300만 원 중 50만 원으로 생활비와 교통비 충당하고 월250만 원씩 3년 조금 넘게 투자한 예금만으로 1억 원 만들었어요."

"모두 박사님의 실행가능한 재테크 및 자산 관리 강의 덕분입니다."

1억 원보다 더 중요한 것은 실천이다.

점심은 간단하게 샐러드나 야채를 싸가지고 다녔고, 불필요한 보임에 참석하여 지급되는 경비를 줄였다. 직장에서 회식은 빠질 수 없다. 직장에서 최고의 재테크는 '승진'이라는 저자 강의 내용을 숙지하고 있었기 때문이다.

1억 원으로 수익형 주거용 오피스텔 8채 구입해 주었다. 매가는 4천만 원 급매로 공실률이 적은 역세권에 풀 옵션이 된 오피스텔이다. 레버리지 효과를 누리기 위해서 감정가(매매가)70%~80%(LTV-담보비율)대출받아 매입했다.

매매가 40,000,000원-28,000,000원(대출)

= 12,000,000원 (실제 투자한 돈)

보증금 3백만 원 / 월 300,000원

1년 월세 3,600,000원-1년이자 1,064,000원(연3.8%) = 2,536,000원

오피스텔(주거용) 1채당 순수익 2,536,000원 / 9,000,000원(3백 보증금 차감)

= 28.18% 수익률이다.

만약 대출을 받지 않았다면, 3,600,000원(1년 월세)/ 40,000,000원 = 연9% 수익률이다. 대출을 받으면 저금리 시대 레버리지 효과와 매매 시 수월하게 매매가 가능하기 때문이다. 4천만 원보다는 1천2백만 원 투자하고 월세 30만 원씩 받는 방법이 훨씬 더 수월하기 때문이다.

2,536,000원에 8채면 연봉이 20,288,000원이 늘어난다.

1년에 1채씩 오피스텔(대출을 받았을 때)이 늘어난다.

경기에서 선수의 컨디션과 실력은 중요하다.

그러나 좋은 코치를 만나지 못하면 선수의 훌륭한 기량도 물거품일 수 있다. 인생 올림픽에서도 그대로 적용되는 이야기이다. 어떤 시기에 어떤 멘토를 만나느냐에 따라 인생의 설계가 확연히 달라진다. 하지만 사람은 모두 때가 있는 듯하다. 필자의 강의를 들었고 딱 적기에 이 젊은이는 그 과정을 그대로 실천에 옮겨 결과를 냈던 것이다.

가끔 옛 이야기를 하며 소주 한 잔씩 나누며 즐겁게 살아가는 이 분을 보면 마음이 뿌듯해진다. 기분이 좋아진다. 그냥 살아있어 기쁘고 강의하는 보람을 느낀다.

홈런보다는 번트가 어울리는 오피스텔 투자

"10년에 오피스텔과 원룸텔 10채 늘어나고 연 수익 2,536,000원 1년에 연봉 25,360,000원씩 증가 한다."면 도전하고 실천해 결과를 이루어 내자. 평범한 샐러리맨 급여로 연봉 25,360,000원 올리려면 20년이 걸린다.

그러나 월세를 쓰지 않고 좀 더 금리가 높은 안정된 저축은행에 복리로 이자를 굴리면 어떻게 될까? 매달 250만 원씩 복리 1년 이자? 원리금? 1억 원이 넘는다.

이자를 복리로 적금을 가입하여 투자 수익을 낼 수 있다면, 1년에 8채의 오피스텔이 증가하게 된다. 현실적으로 샐러리맨에게는 불가능한 일이 아니다.

필자는 5채 오피스텔을 이렇게 만들었다. 그리고 5백만 원 시세 차익만 되면 단타로 팔고 저가에 매입하거나 경매로 낙찰받아 이 시스템을 갖추는 것이다.

샐러리맨이 10억을 벌기 위한 방법은 아껴 쓰고 절약에만 있는 것이 아니라 제대로 된 투자와 투 잡으로 수익을 지속적으로 증가시키는 것이다. 이것이 '재테크, 투잡스' 성공 비법이다.

오륙도 56세 정년, 38선 38세 강퇴, 청년 실업 100만 시대, 임금 피크제 등 불안한 미래에 '재테크, 투잡스' 필요성은 두말할 필요가 없다. 직장에서는 자선 단체가 아니기 때문에 내 연봉 이상의 성과가 없으면 찬밥 신세가 되거나 비효율적인 곳에 발령을 내서 온갖 스트레스와 삶의 비애를 겪는다.

〈부자 아빠 가난한 아빠〉의 저자 로버트 기요사키의 말처럼 직장에서 "나는 잘리지 않을 만큼만 일하고, 고용주는 그만 두지 않을 만큼만 일을 한다."로 강퇴당하기 딱 좋은 풍토가 되었다.

이제 돈을 쫓기보다는 돈이 나를 따라 오도록 시스템을 갖추는 것이다. 몇 년 전 직장에서 불미스런 일로 의원면직되는 상무의 경우 퇴직 후 대학에 입학한 딸의 등록금을 마련하느라 무척 힘들었다고 한다. 친구들한테 돈을 빌리는 것도 쉽지 않았고 친·인척에게 어렵게 돈을 마련하여 등록금을 냈는데 직장에 있었으면 자녀 2명까지는 자녀의 교육비 걱정은 하지 않아도 되었는데 교육비가 이렇게 경제적인 부담이 클 줄은 몰랐다고 한다.

"그러게요. 직장에 다니고 있는 저는 그런 생각을 하지 않았는데… 직장에 소속되어 있으면서 불평 불만할 게 못 되네요."

그러자 전에 모셨던 그 상무님은 "그래. 어떻게든 정년을 해. 나오면 아무것도 할 게 없어. 지금 내가 직장을 다니면서 공인중개사 자격증 하나 따놓고 이걸로 평생 먹고 살 줄 알았어. 그런데 지금 부동산 경기가 너무 없어서, 부동산 월세 내기도 힘들어."

교육비 부담은 갈수록 커지고 자녀 취업은 하늘에 별 따기다.

"그런데 어느 날 딸이 돈을 가지고 왔어."

"네, 왜요? 부모님이 힘들게 마련한 등록금인데, 학교를 안 다닌다고 했나요?"

"아니 다행히 딸이 장학금을 받아 왔는데 눈물이 다 나더라고."

"따님이 다행히 공부를 잘해서 효녀네요."

어제 저녁 갑자기 '퇴직'이라는 말이 남 일이 아니라는 생각에 가슴이 답답해졌다. 퇴직 후 할일은? 이런 공포에서 벗어나 풍요로운 노년을 맞이할 방법이 재테크 족, 투잡스 족이 되어야 한다!

종잣돈(Seed Money)이란 씨앗이다. 재테크를 시작하기 위한 기본 금액이다. 부자들은 대부분 기회가 찾아왔을 때 과감한 판단으로 큰돈을 벌었다고 한다. 그런데 그러한 기회를 잡기 위해선 우선 돈이 있어야 한다. 장사도 밑천이 있어야 하고, 투자도 원금이 있어야 할 수 있다. 그런 의미에서 종잣돈이라는 표현을 쓴 것이다.

종잣돈이란 씨앗이다. 돈을 벌기 위해서는 좋은 투자처를 골라 미리 씨앗을 뿌려 두어야 한다. 아무리 어렵게 돈을 모았다고 하더라도 모은 돈을 그저 금고에 넣어만 둔다면 결코 종잣돈이 아니다. 자본주의 사회에서 자본을 누가 빨리 형성하느냐에 따라 게임의 승자가 달라진다. 그러므로 일정한 급여를 받는 샐러리맨에게 있어서 자기 자본을 얼마나 빨리 형성하느냐에 따라 결과는 크게 바뀐다. 이 초기 자금을 종잣돈이라고 부른다.

종잣돈의 위력을 예로 들어 보자.

A라는 사람이 100만 원을 갖고 주식시장에서 50%의 수익률을 거두었다고 하면 이 경우 자산 소득은 50만 원에 불과하다. 그러나 B라는 사람은 1천만 원으로 40%의 수익률을 거뒀다고 할 때 자산소득은 400만 원에 달한다.

수익률만 평가한 실력은 A가 더 좋지만 정작 돈은 B가 더 많이 벌었다. 문제는 1년이 아니라 그 다음 해이다.

A의 자본은 150만 원이지만 B의 자본은 1천400만 원이 된 것이다. 이런 식으로 10년이 지나면 A가 비록 B보다 수익률을 계속 10% 높게 거둔다 하더라도 A는 6천만 원이 채 되지 않는 자본만을 형성하는데 비해 B는 자기 자본을 2억9천만 원을 만들게 된다.

주식 운용은 A가 더 나을지 몰라도 초기 자본 900만 원 차이가 10년 후에는 2억3천만 원의 차이를 가져 온다. 물론 이것은 하나의 예이다. 아무튼 이런 결과의 차이는 초기 자본금, 즉 종잣돈의 많고 적음에 따른 레버리지 때문이다. 그러므로 자본주의 사회 머니게임에서 종잣돈의 중요성은 아무리 강조해도 지나침이 없다.

> 작가가 펜을 놓을 수 있나? 청춘이 멈추지 않으면 심장의 박동은 지칠 줄 모르고 젊음은 사랑의 상처로 삶을 살아간다. 그러나 '언젠간 가겠지 푸르른 이 청춘~' 유행가 가사처럼 이 젊음은 금방 간다. 그래서 종잣돈을 빨리 모아 조금이라도 젊었을 때 노후를 준비해야 한다.

인생 100세 시대! 그 월급에 잠이 와? 투 잡 해야지

장수 사회에 접어들면서 연봉 1억 원이었던 사람이 연봉 1천2백만 원으로 전락했다. 그 월급으로 생활을 할 수 있을까?

필자와 같이 근무하는 직장 선배님 한 분이 33년 직장 생활을 마치고 퇴직을 했다. 그런데 연봉 1억 원 가까이 되던 샐러리맨이 갑자기 수입이 끊겼다. 국민연금도 26년을 납입했지만 연금은 63세부터 나온다. 그것도 150만 원 정도다.

이 금액으로 생활하기란 쉽지가 않다. 30년 이상 직장 생활을 했지만 샐러리맨은 유리 지갑 급여로 월급날이 지나 5일 이전 보험료, 대출금 이자, 각종 공과금이 자동 이체로 인출되고 남는 금액은 없다. 그래서 다음 월급까지 카드로 생활을 한다.

"돈에도 눈이 달려 있다."는 말을 실감한다. 돈을 좀 모을 만하면 집안에 멀쩡하던 냉장고가 고장이 나고, 모시고 살던 노모가 아파 병원에 입원한다. 연말 보너스가 나오는 날 '이 목돈으로 종잣돈을 만들어 재테크 한 번 해야지.' 생각하면 딸이 디스크로 병원에 입원하거나 갑자기 멀쩡하던 이에 치통이 있어 치과에 가면 지금 임플란트를 하지 않으면 뿌리가 삭아 없어져 나중에는 임플란트도 못한다고 한다. 적어도 2~3개 임플란트 비용 300~400만 원은 족히 지출된다. 목돈으로 재테크를 하기보다는 카드빚만 더 지게 된다.

게다가 결혼을 좀 늦게 했다면 등록금과 학원비 등 아이들한테 들어가는 돈도 만만치 않다. 그래서 조금이라도 이르면 이를수록 재테크와 2Jobs을 해야 했다. 부모님이 부자였다면 이런 걱정을 하지 않아도 되었겠지만 필자의 아버지는 중학교 1학년 여름에 돌아가셨다. 남겨진 재산은 한 푼도 없었다.

돌산을 다니면서 일을 하셨고 뒤늦게 사업을 하다 동업자의 배신으로 빚만 남겨 놓으시고 스트레스로 매일 술로 하루 하루를 보내시다 59세 젊은 나이로 결국 간경화로 세상을 떠나셨다.

다른 사람은 직장을 다니면서 동료들끼리 어울려 호프도 한잔하고 주말에는 산과 들로 나들이를 갔지만 필자는 그럴 만한 여유가 없었다.

어느 날 회사에서 단체로 등산을 한다고 새벽부터 모이라고 했다.

"저는 참석을 못할 것 같습니다."라는 필자의 말에,

"아니 왜 그러는데 집에 무슨 일 있어?" 같이 근무하는 과장의 말에

"집에 쌀이 떨어져 가족이 굶게 생겼는데 산에 가야겠습니까? 아르바이트라도 해서 가족들 먹여 살려야죠."라는 말에 함께 근무했던 과장님은 말을 잇지 못했던 모습이 지금두 생생하다.

결혼식도 직장 생활을 시작한 지 3년 만에 해서 모아둔 돈도 없었다.

결국 결혼 자금이 없어서 직장에서 대출을 받아서 결혼을 했다. 대출은 원리금이 같이 상환되는 원리금 분할 상황 대출이라 월급을 받아서 대출금 이자를 내면 집에 가져다 줄 생활비가 없었다.

결국 와이프가 생활비를 같이 벌겠다며 처갓집 근처에서 남편과 잦은 다툼으로 싸우고 이혼을 앞둔 동네 아줌마로부터 비디오 가게를 내줄 테니 인수해서 해 보겠냐는 제의가 있었고 아내는 "이 비디오 가게를 맡아서 한 번 해 보고 싶다."라고 말해서 그렇게 해 보라는 동의를 하고 비디오 가게를 운영하게 되었다.

평일은 새벽 1~2시, 주말에도 새벽 2~3시까지 비디오 가게는 문을 열어야 했고, 여름 휴가철에는 더 늦게까지 연장해서 비디오 가게 문을 열어야 했다.

비디오 가게를 시작한 지 2년 정도 되었다. 손님이 끊기기 시작했다. 그 이유를 알아보니 50미터 반경에 500원짜리 대형 비디오 가게가 들어오면서 매달 100~200만 원 손해에 사람 몸만 상하는 것 같

아 신프로 비디오 테이프 1개당 24,500원에 구입한 테이프를 땡처리로 800원씩 덤핑으로 넘기고 가게 문을 닫았다. 2년 만에 2천만 원빚을 더 지게 되었다.

주식의 대가 워런 버핏은, "주식 투자는 작은 눈덩이를 산 위에서 굴리다 보면 산 아래까지 내려오기도 전 중간쯤에 눈사람만큼 커지게 되는데, 이때가 타이밍이다."라고 했다.

무릎에서 주식을 매입해서 허리나 어깨에서 팔아야 돈이 된다. 대부분의 투자자들은 이 느림의 법칙을 모르고 3~5년 이내 팔아 버리고 좀 더 오랜 인내력이 있는 사람의 호주머니로 돈이 이동한다. 기다림의 미학이랄까?

이례적으로, "탄탄한 수익 구조를 가진 기업에 적절한 가격으로 투자할 경우, 장기적으로 연복리 투자 수익률이 15% 혹은 그 이상 되는 곳에 투자해야 한다."고 했다.

그러나 필자는 수익은 고사하고 적자만 늘어났다. 빚은 IMF를 겪으면서 더 늘어났다.

대출금 이자가 연 15%가 넘어섰다. 투자 목적으로 매입한 인천광역시 연수구 연수동 582번지 연수풍림아파트 103동 100x호 32평형을 종잣돈이 없어서 대출 가능한 최대한의 대출금을 활용하여 투자목적으로 집을 사 놓았다.

부동산으로 여기저기에서 돈을 벌었다고 하니 필자도 여기저기 말만 듣고 경제의 흐름과 부동산 경기 동향이 뭔지도 모르는 사회초년생이 남들이 돈 된다는 말에 투자를 한 것이다.

그러나 그 집에서는 단 하루도 살아 보지도 못하고 몇 달 후 IMF가 오면서 월급 1/3을 이자로 내야 했고, 이자를 감당하지 못하고 결국은 3천만 원의 손실만 남기고 아파트를 처분해야 했다.

그러나 필자는 이런 상황에서 생계형 경매를 시작하여 투잡 경매로 5년에 10억을 벌었다. 그리고 그 내용을 소재로 하여 〈新돈의보감, 평범한 샐러리맨 투잡 경매로 5년에 10억 벌다〉의 책을 출간했고 NPL경매 소액투자로 강의를 진행하고 있다.

잘 고른 연금형 부동산
억대 연봉 안 부럽다

무피투자로 월세 35만 원 받다

　필자는 인천 남동구 구월동 12xx번지 현대 와이드빌 오피스텔 경매에 참여했다가 2등으로 패찰하였다. 해당 사건 부동산의 다른 호수가 경매로 나와 있어 인근 ○○부동산에 가격 조사 차원에 들어갔다.

　공인중개사에게, "이 지역에 경매로 나온 물건이 있어서 찾아 왔습니다."라고 정중히 인사를 하고 부동산에 들어가 명함을 건넸다.

　"안녕하세요? 사장님. 요즘 부동산 경기가 안 좋아서 많이 힘드시죠?"라는 말에 부동산 관계자는, "그렇죠 뭐…."

　공인중개사인지 아니면 부동산에서 일을 배우는 실장인지는 모르겠지만 통명스럽게 단답식으로 답을 해줬다.

　"여기 ○○오피스텔이 경매로 나왔던데, 매매 사례와 급매로 나온 부동산이 있는지 알고 싶습니다. 그리고 월세로 내놓을 경우와 전세로 내놓았을 때 가격을 알 수 있을까요?"

인터넷 서핑하고 있는 사장님에게 물어봤다.

임장 활동의 필수 사항이 현장 방문으로 인근 부동산에 들러 가격을 알아보아야 하기 때문이다. 그러나 부동산 사장은 별 반응이 없다.

"이곳은 관리비가 비싸다고 소문이 나서 입주를 잘 안 합니다. 그리고 경매로 나와서 저가로 낙찰되는 이유가 공사대금 문제로 유치권이 걸려 있어서이지요."

필자는 이곳이 감정가가 높음에도 낮게 낙찰되는 이유를 알았다.

"이곳에 급매로 나온 물건이 있는데 한 번 보시겠어요? 경매 낙찰가 예상 금액이나 이 물건이나 별 차이 없는 가격인데."

필자는 경매로 낙찰 가격에 급매로 부동산을 매입할 수 있다면 당연히 이사 비용과 명도 문제에 신경을 쓰지 않아도 되었기에 급매 물건을 검토해 봤다. 그런데 깜짝 놀랐다. 내가 입찰에 참가하여 패찰한 부동산이 1년 후 급매로 나온 것이다. 매매 가격은 3천5백만 원이었다. 나는 경매로 낙찰받는 가격에 그 물건을 계약했다. 그리고 전세로 살고 있는 세입자를 내보내고 대출을 받았다. 그리고 월세를 주었다. 경락 잔금 대출은 낙찰가의 90%까지 받을 수 있다.

본 부동산의 경락잔금대출은 낙찰가가 31,500,000원이므로 28,000,000원까지 받을 수 있었지만 당시에 이 집을 낙찰받은 소유자는 경락잔금대출을 이용하지 않았다. 그리고 1년 후 재감정한 가격은 74,000,000원으로 3천만 원 대출을 받고 월세는 5백에 350,000원 월세를 주었다. 말로만 듣던 '무피투자'이다.

금융 기관 대출 담보여력 산정방식

감정가 × 융자비율 − 주임차(지역별 최우선변제금)

즉, 74,000,000원×80%−27,000,000원= 32,200,000원이 대출 가능금액이다.

매매가에서 대출금과 월세 보증금을 이용하니 실제 투자 금액은 제로이다. 이자는 연 4%로 1년 이자 120만 원 월세를 1년으로 환산하니 420만 원이었다. 이자 120만 원을 공제하니 300만 원의 월세가 추가 수입으로 발생되었다.

3천5백만 원에 매입하고 대출금 3천만 원 월세보증금 500만 원, 그렇다면 무피투자, 투자한 금액은 취·등록세와 20만 원의 복비가 전부이다. 거래 부동산에서 당연히 해 주어야 하지만 난 새로운 개연성이 있는 사고에 대하여 확인 차 직접 계약당일 등기부등본을 발급받은 비용이 전부다.

같은 지번에 316호를 매입하고 302호까지 추가 매입하였다. 은행에 맡기기보다는 저금리 시대 수익형 부동산이 승산이 있어 보였기 때문이다. 이 오피스텔을 구입하면서 한 가지 안 중요한 사실이 있다.

소 재 지	인천 남동구			도로명주소			
경매구분	임의경매	채 권 자	디에스아이피				
용 도	오피스텔	채무/소유자			낙 찰 일 시	08.08.01 (31,500,000원)	
감 정 가	74,000,000	청 구 액	3,425,069,082		종 국 결 과	08.11.20 배당종결	
최 저 가	25,882,000 (34%)	토 지 면 적	10.25 ㎡ (3.1평)		경매개시일	07.06.14	
입찰보증금	10% (2,538,200)	건 물 면 적	34.85 ㎡ (10.54평)		배당종기일	07.09.17	
조 회 수	(단순조회 / 5분이상 열람)	·금일 1/0	·금회차공고후 55/1	·누적 173/1			조회통계
조 회 분 석	·7일내 3일이상열람자 0		·14일내 6일이상열람자 0				(전국법원전용)
주 의 사 항	·재매각물건·유치권	특수件보	기신청				

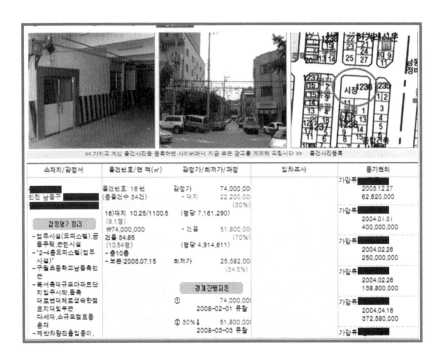

<< 가지고 계신 물건사진을 동록하면 사이버머니 지급 보존 광고를 게재해 드립니다 >> 물건사진등록

소재지/감정서	물건번호/면적(㎡)	감정가/최저가/과정	임차조사	등기권리
인천 남동구	물건번호:16번 (총물건수 84건) 16)대지 10.25/1100.5 (6.1평) ₩74,000,000 건물 34.85 (10.54평) -총10층 -보존:2006.07.15	감정가 74,000,00 · 대지 22,200,00 (30%) (평당 7,161,290) · 건물 51,800,00 (70%) (평당 4,914,611) 최저가 25,382,00 (34.3%) 경매진행과정 ① 74,000,00 2008-02-01 유찰 ② 30%↓ 51,800,00 2008-03-03 유찰		가압류 2003.12.27 62,620,000 가압류 2004.01.31 400,000,000 가압류 2004.02.26 250,000,000 가압류 2004.02.26 138,800,000 가압류 2004.04.16 372,980,000 가압류

감정평가 요지
- 업무시설(오피스텔),공
동주택,근린시설
- '2~4층오피스텔(업무
시설)'
- 구월초등학교남동측인
근
- 북서측대규모아파트단
지입주시작,등축
대로변대체로성숙한밀
포지대및부근
다세대,소규모혼용존
존재
- 제 반차량진출입용이.

오피스텔 전용 면적 34.85㎥(10.54평) 대10.25㎥(3.1평)과 301호는 27.42㎥인데도 가격은 같았다. 이런 부동산을 매입하려는 사람은 오피스텔 평수가 똑같다고 생각하겠지만 다양한 평수와 가격을 비교해봐야 한다. 또 한 가지 중요한 사실은 이곳에 침대, 냉장고, 쿡탑, 전자레인지, 에어컨, 드럼세탁기가 모두 풀옵션으로 되어 있는 오피스텔과 그렇지 않은 오피스텔의 가격이 같은 가격으로 부동산에 매물로 나와 있었다는 것이다. 이런 사실을 확인하고 투자한다면 그 만큼의 손실은 줄일 수 있을 것이다.

그렇다면 본 부동산과 같은 부동산이 현재도 그 가격에 매매된다는 말인가? 매매되고 있다. 동암역, 간석역, 간석오거리역, 구월동 등등.

역세권과 200미터 미만의 버스 정류장에 있는 오피스텔 급매로 매매를 알아보기 바란다. 입지가 중요한 만큼 공실률을 줄이기 위함이다.

주변 부동산에서 필자가 소유하고 있는 부동산을 4천5백만 원에 팔라며 전화가 온다. 마음만 먹으면 그 가격에 언제든지 바로 팔 수가 있다. 나는 저렴한 가격에 사는 루트를 알고 있다면 300~500만 원 남기고 팔아도 용돈벌이는 된다.

부동산의 최고 가치는 '입지'이다.

인천광역시 서구 석남동 00지번의 위치다. 대지 85평 건물 390평이다. 이 건물에 1층 '석남 지점'에서 필자가 근무했던 곳이다.

1992년에 전주에서 유명한 한의사가 막 준공을 마친 이 부동산에 투자를 했다. 매입가는 14억 원이다. 이 건물이 매물로 나왔다. 매매가는 얼마일까? 지금 매매가는 13억5천만 원이다. 이 가격에도 매수자가 나타나지 않는다. 이 돈으로 다른 곳에 투자를 했다면 5배 이상은 오르지 않았을까? 부동산의 위치는 이렇게 중요하다. 역세권 및 직주(직장과 주거 지역)근접한 부동산의 가치는 공실률도 줄이고 시세 차익도 더 낼 수 있다.

연금형 부동산과 경매는
뗄 수 없는 관계이다

먼저 수익률을 알아보자.

투자금 45,000,000원 매매가.

등기비 1,200,000원

복 비   250,000원

총금액 46,450,000원 ①

대출금 30,000,000원 신탁 혹은 MCI대출도 가능 ②

1년이자 1,200,000원(연 4%)

매수자 수익 분석

①-② - 16,450,000원 5,000,000원(월세보증금) = 11,450,000원 ③

1년 월세 4,200,000원-1,200,000원 (이자) = 3,000,000원 ④

3,000,000원/11,450,000원 = 26.20% 수익률이다.

이 정도 수익률을 낼 수 있는 곳이 있다면 투자해 볼 만하지 않을까?

그러나 필자에게는 투자 금액 없이 매달 25만 원씩 월세가 입금되고 있다.

사례 분석 8 수익률 18% (오피스텔)

　　인천 동암역과 간석역 주변 그리고 안산 소형 평수의 분양가는 6~7천만 원이었다. 대지 1평 남짓, 건물 3평이다. 경매 낙찰가 4천5백만 원, 급매는 4천만 원인 물건이다. 그러나 필자가 구입한 오피스텔은 동암역과 구월동 소재 오피스텔이다. 역세권 직주근접 물건으로 풀옵션 오피스텔을 선택했다. 대지 3평 건평 8평~11평이다. 도시형 생활주택 오피스텔, 상업용 오피스텔 건평 전용면적 28㎡~34㎡이다.

　　경매와 급매로 4천만 원에 구입한 오피스텔 대출은 필자가 근무하는 금융기관에서 받았다. 2천만 원~2천5백만 원까지 융자가 가능해 레버리지 효과를 내기 위해 대출을 받았다. 4천만 원, 대출 2천만 원 금리 연 3.5%이다. 10개, 2억 원, 연 3.5% 1년 이자 7백만 원이다. 월세보증금 5백만 원/월 35만 원이다. 오피스텔 10개 구입 가격 4억 원이 필요하다. 그러나 대출금으로 지렛대 원리 활용하면 2억 원만 있으면 된다. 그리고 보증금 5천만 원 공제하면 1억 5천만 원이다.

　　10개 오피스텔 1년 월세 35,000,000원−7,000,000원(이자)=27,000,000원의 연봉과 수익이 생긴다. 수익률은 27,000,000원/150,000,000원=연 18% 수익률이다.

　　1억5천만 원을 은행에 맡기면 연 1.8%이다. 1년 세전 이자 2,700,000원이다.

　　소득세 · 주민세 15.4% 세금 415,800원 공제하면 세후 이자는 2,284,200원이다.

그리고 이 물건을 4천만 원에 매입 또는 경매로 낙찰 받아 5백만 원씩 남기고 매매하면 시세 차익으로도 충분한 매력이 있다.

필자는 이런 부동산 투자에 새로운 감각이 생겼다. 처음부터 그랬던 건 아니었다. 이 글을 읽는 독자는 '이 금액이 과연 가능할까?' 라고 의문이 생길지 모른다. 그러나 지금이라도 동암역 주변에 가보면 4천만 원으로도 급매 또는 경매로 낙찰이 가능한 물건이 많이 있다.

조심할 일은 급매로 구입할 때 꼭 풀옵션이 가능한 물건 그리고 월세 계약이 체결된 부동산 찾기를 권한다. 지금은 저금리 시대에 따라 월세가 30만 원까지 내려왔다. 주변에 신축 오피스텔과 원룸텔이 많이 생기다 보니 경쟁이 생겼다.

간혹 오피스텔의 공실률과 세금 문제에 의문이 생긴다.

공실률에 따라 관리비 지출과 재산세 문제로 고민이 생긴다.

그러나 역세권 주변은 공실률이 적다. 재산세 문제도 '오피스텔 용도 변경 신고서' 를 세무과 과세표준팀에 제출하면 된다. 해당 서식은 구청에 있다. 주거용 오피스텔을 인정받기 위해서는 소재지 시·군·구청에 주거용을 확인할 수 있는 거주자 주민등록등본, 임대차 계약서, 전기·수도·가스요금 영수증으로 사실 입증하면 된다.

주택(토지, 건물)전체 공시지가 60%에 대한 세율이 0.1%~0.4%이다. 반면 업무용 오피스텔은 건축물과 토지에 대해 공시지가 70%에 대한 세율은 건축물은 0.25%를, 토지는 0.2%~0.4%를 적용하기 때문에 재산세가 2배 이상이므로 주거용 용도 변경 신고서로 재산세를 줄일 수도 있다.

최근 갈 곳을 잃은 단기 부동자금이 사상 처음으로 900조 원을 넘어섰다. 저금리로 시중에 돈은 많이 풀렸지만 투자 등을 통해 선순환이 되지 못한 채 시중 자금이 현금성 자산으로 남아 있기 때문이다.

각 업계는 이들 자금이 어디로 흘러갈지 촉각을 곤두세우고 있다.

일각에서는 적지 않은 자금들이 수익형 부동산이나 주식 등 자산시장으로 옮겨갈 것으로 전망하고 있다.

미국 발 금리 인상이라는 변수는 여전히 남아 있지만 오르더라도 급격한 금리 인상은 없을 것이라는 시각이 많아 자금의 흐름이 수익형 부동산으로의 쏠림 현상은 지속될 전망이다.

수익형 부동산 업계에서는 사람이 몰려 임대 수요가 풍부한 지역을 주목할 것을 권유하고 있다. 사람이 모이는 곳은 임대 수요가 풍부해, 안정적인 수익을 기대할 수 있기 때문이다. 대표적으로 임대 수요가 풍부한 곳은 대기업 투자 지역, 대학가, 행정 타운 조성 지역, 환승 역세권, 대단지 조성 신도시·택지 지구, 외국인 선호 관광지 등이다.

먼저 대기업 투자나 이전이 이뤄지는 지역은 인구가 유입되고 아파트 등 주택가격에 우선적으로 반영되며, 수익형 부동산 또한 지역 상권이 발전함에 따라 공실은 줄어들고 수익률 상승으로 이어지게 된다. 돈과 사람을 몰고 다니는 대기업의 특성상 투자가 확정되면 그 일대는 투자자들의 관심이 높아지게 마련이다.

대학가의 경우 상권이 형성되기 좋은 역세권에 위치한 경우가 많고 단골 고객 확보가 용이하다. 캠퍼스 내 기숙사 부족 등으로 인한 대학생 수요 확보가 수월하다. 역세권에 공급되는 수익형 부동산은 임대 수요가 풍부하고, 불황기에도 가격하락의 위험이 적다는 장점이 있다. 특히 환승 역세권인 경우 사통팔달의 교통의 요지로 향후 시세 차익도 가능하다.

행정타운 조성 지역도 임대 수요가 풍부하기는 마찬가지다. 도청, 시청, 구청, 법원, 세무서, 출입국관리소 등과 같은 대형 관공서의 이전과 산업 단지의 조성이 해당 지역의 부동산에 불러오는 영향은 실로 막대하다. 근본적인 이유는 지역 내 인구의 증가다. 관공서나 산업 단지가 들어오면 당장 상주인구가 늘어나며 뿐만 아니라 각종 행정 민원 처리 민원인과 산업 단지 방문자 등 유동 인구가 풍부해진다.

대단지 아파트 밀집 지역인 신도시나 택지지구의 경우 젊은 신혼부부 등 소비력을 갖춘 경우가 많아 상권 활성화의 기대감이 높으며 최근 외국인 관광객이 국내 침체된 내수 경기의 버팀목 역할을 하고 있는데 외국인 선호 관광지의 경우는 떠오르고 있는 수익형 부동산의 핫 플레이스로 꼽힌다.

하지만 부동산 업계에서는 수익형 부동산은 트렌드에 민감한 상품인 만큼 지속적인 성장 산업인지, 단기간의 공급이 과도하지 않은지, 임차인이 선호하는 입지인지 등을 종합적으로 따져 투자에 임해야 한다고 조언하고 있다. 안정적인 임대 수요를 위해서 수익형 상품의 공급이 전무하거나 몇 년간 적었던 지역을 주목해야 하는데, 희소성 면에서 가치가 높아 투자자나 임차인의 선호도가 높다.

금리가 오를 것을 감인해 사기 사본의 비중을 높이는 투자 전략이 요구된다. 기준 금리 1%대 저금리 시대에 안정적인 수익이 나오는 선 임대 오피스텔이 인기인데 선 임대 후 분양 '수익형 부동산'은 투자자가 직접 임차인을 찾아야 하는 부담이 없고, 일정 기간 임대 수익이 보장된다는 장점을 가진 투자 상품을 말한다.

수익형 · 연금형
토지 투자법

올해 투자 전문가들은 토지에 관심을 가져야 할 때라고 말한다. 지방, 11개 혁신도시 완성으로 토지 개발 지역이 많이 늘어났고 주거 지역의 팽창으로 그린벨트를 해제하는 지역이 많기 때문이다.

하지만 수익형 부동산 · 토지는 옥석을 잘 골라야 실패를 줄이고 손실을 막을 수 있다. 수익형 · 연금형 부동산 투자 결정을 위해서는 다양한 특성 요인이 고려되어야 한다.

토지 투자 결정 특성은 상업용 부동산(토지) 투자 결정을 위한 수익형 · 연금형 부동산으로 볼 때 부동산 범주에 포함하는 부동산 투자 결정 특성을 고려하여 투자위험, 수익성, 환금성, 입지, 주변상권, 정보 활용의 적극성 및 정보 수용 성향, 투자 대상물에 대한 인식 성향, 토지 위에 지어질 건물의 시공사 브랜드와 시행사, 시공사, 신탁사의 신뢰도가 중요하다고 할 수 있다.

지금까지 수익형 부동산은 일반적으로 이자율이 낮은 것을 대비하여 은행보다 높은 이자를 받기 위한 수단이 많았다.

얼었던 대지에 날씨가 풀리면서 숨죽여 겨울잠에 들었던 개구리가 깨어나며 대지가 움트고 있다. 덩달아 나무와 풀들이 하나 둘씩 깨어나기 시작하면서 어김없이 계절은 벚꽃과의 재회를 시작으로 여기저기 울긋불긋 꽃들의 잔치이다.

필자는 만물이 생동하는 봄을 가장 좋아한다. 새로운 시작을 할 수 있는 정책과 더불어 새로운 투자의 세계가 열리기 때문이다. 투자는 정보가 있는 사람과 그렇지 않은 사람 간의 호주머니 돈의 이동이다. 예측과 방어선을 접할 수 있기 때문이다. 이처럼 토지 투자는 새로운 정보를 활용하여 차별화 전략이 있어야 한다.

"목적 없는 투자는 해가 되며, 가치 없는 투자는 손실을 불러 온다. 가치 안에 기회가 숨어있다."는 투자가의 대부 워런 버핏의 말은 비단 주식에만 한정 짓는 것이 아니라 토지 투자에도 적용된다.

수도권에 투자를 한다면 오피스텔 5%, 상가 8%, 오토캠핑 12%, 카라반 20% 이하로 측정된다.

오피스텔과 상가는 입지가 매우 중요하지만 캠핑과 관련된 여가시설은 주위의 관광이 결합되어야 사람들의 방문이 낳고 계절별 사람들의 방문율이 각기 다르기 때문에 주위의 환경을 철저히 조사하면 글램핑 유입을 늘릴 수 있겠다. 최근 수익형 토지로 글램핑 투자가 유행하고 있다.

필자가 조사한 경기도 일대와 최근 남해 땅끝마을에 방문하여 바다를 바라보는 산 아래 글램핑 예상 수익률은 다음과 같았다.

○○글램핑 예상 수익률					
SEASON	일수	숙박률	숙박일수	이용금액	소계
성수기	30	0.9	27	200,000원	5,400,000원
주 말	82	0.8	65	180,000원	11,700,000원
평 일	253	0.3	76	100,000원	7,600,000원

　토지 세금은 감면이 최고의 절세법이다. 토지 중 농자는 4년 이상 재촌 자경한 후 대토하거나 8년 이상 재촌 자경하면 양도 소득세를 감면받을 수 있다.

　현재 필자가 조사한 이곳 글램핑은 주말마다 가족 단위로 사람들이 많이 찾아온다. 폭포가 떨어지며, 물이 흐르기 때문에 텐트를 가지고 놀러 오는 사람들이 많다. 또한 캠핑을 할 수 있도록 지정해 둔 장소이기에 날씨가 더워질수록 사람들이 많아진다. 계절별로 차이가 나지만 봄에서 가을 사이에 사람들이 많이 찾는다. 여기에서 기회가 존재하는데 투자를 가능하게 하는 두 번째 요인이다.

　주변에 소비를 할 수 있는 시설이 없기 때문에 놀러 온 손님들이 팔봉 글램핑 매점을 이용한다. 여가를 즐기는 사람들에게 각종 채소와 고기, 술을 판매하는데 여기에서 차별화 전략을 적용하면 수익을 더 극대화할 수 있다.

　현재는 필요한 물품을 판매하고 있는 실정인데 여름철에 놀러 오는 관광객을 대상으로 파라솔 및 의자를 대여해 주거나 냉커피 및 음료를 판매한다면 매점에서 나오는 수익률이 더 높아진다. 토지 가격이 상승하기 위해서는 토지의 경쟁력과 희소성, 한정성, 특별성, 가격을 꼭 따져 보아야 한다. 평택 부동산 시장을 예를 들어서 따져보자.

첫 번째, 토지의 경쟁력이 상승하기 위해서는 인구 유입이 필수적으로 따라붙는다. 즉, 다른 타 지역의 토지보다 가격 면에서 경쟁력이 높다는 뜻은 그만큼 상품으로서의 가치가 높다는 점이다.

두 번째, 토지의 희소성과 한정성은 늘어나지 않고 한정적이라는 점이 존재한다. 토지 위에 건물을 짓기 때문에 토지는 건물이 들어설 수 있도록 판판하게 가공하지 않으면 건물은 들어설 수 없다.

또한 토지는 이곳에서 저곳으로 옮길 수 없다. 건물은 부수고 새로 지을 수 있지만, 토지는 부술 수도 새로 만들 수도 없는 특징을 지닌다.

세 번째 토지는 특별성과 접목하여 가격을 형성한다. 농림지의 특성상 이용하는 목적이 뚜렷하기 때문에, 세금을 산정할 때도 농림지는 세금을 적게 측정한다. 따라서 농림지의 특별성은 낮은 공시지가를 제시한다.

반대로 도시 지역의 가격은 높게 측정되는데 도시라는 특별성에 따라 인구가 이동하는 지역이 다르기 때문에 서울시 안에서도 가 구에 따라서 가격이 다르게 측정된다.

마지막으로 이제마 선생님은 〈사상 의학〉에서 사람의 체질마다 치료법이 다르다고 이야기했다. 사람마다 체질이 달라 처방이 다르듯이 토지에도 다른 화장법이 있어야 한다. 즉, 사람에 따라 다른 처방을 내린다는 점인데 이와 동일하게 토지에서도 여러 가지 체질이 있기 때문에 처방 또한 다르게 내린다.

예를 들어 삼성 고덕 산업 단지와 미군 기지는 인구 유입은 동일하지만 그에 따른 토지의 이용 목적은 다르다. 미군 기지를 중점으로 본다면 렌탈하우스가 주를 이루지만, 삼성 고덕 산업 단지로 넘어가면 아파트 분양권 협력업체에 따른 저평가 토지를 매입하는 목적이 크다고 할 수 있다. 따라서 토지에도 여러 가지 체질에 따라 투자의 목적과 기간 설정도 달리해야 한다.

평택 부동산 시장을 조사, 분석하면서 토지의 체질에 따라서 가격의 형성이 다르게 형성되고 희소할수록 가격이 높게 측정된다. 이에 따라서 주변의 변화 시점을 명확히 분석한다면 저평가 지역을 발견할 수 있겠다.

내가 원하는 투자의 원칙과 미래의 가치를 따져보고 저평가 지역을 권유하고 있다. 현재는 토지를 매수하는 시기이지만, 가을 지나고 겨울이 되면 새로운 가격을 위해 준비하는 시기로 새로운 가격과 모습으로 우리를 반긴다. 우리나라의 4계절 중에서 겨울이 지나면 꽃봉오리가 눈을 비집고 나오게 된다. 그리고 봄이 되면 눈에 넣어도 아프지 않을 것 같은 예쁜 꽃이 피기 시작한다. 모내기가 끝나면 농약을 주고 피를 뽑아 주고 가꾸고 땀을 흘리다보면 반드시 결실을 맺는 가을이 온다. 토지 투자는 제대로 된 화장을 해야 가치 투자를 높일 수 있다.

연금형 부동산 투자를 위한 추가 TIP

부동산 투자는 투자 주체의 동기, 의도, 주어진 환경 등에 따라 금

전 등을 투자하고 그에 따른 반대급부 수익을 기대하는 의사 결정행위이다. 투자의 정의는 '경제적 이익을 목적으로 자금을 투입하여 부동산에 관한 권리 및 이익을 취득하는 행위로 부동산 자산을 매입하거나 개발 및 개량하는 활동'이다.

부동산 투자는 개인이나 단체가 투자할 자본을 가지고 투자기간 동안에 경제적 대가나 개인적인 만족을 제공받는 투자 대상을 찾는 데 관심이 있는 것이다. 투자의 대상은 우리 주위에도 여러 가지가 있으나 투자 대상의 성격에 따라 직접적으로 부동산제품에 투자하는 실물투자(real investment)와 간접적으로 부동산 관련 펀드, 리츠, 주식, 채권 등 유가 증권에 투자하는 재무적 투자(financial investment)가 있다.

이러한 부동산 투자의 개념을 종합하여 연금형 부동산 투자를 정리하면 '개인이나 단체가 투자 목적, 투자 대비 기대 수익률에 따라 미래의 자본적 이익을 극대화하거나 부동산 상품을 임대하여 정기적인 운영 수익을 창출하는 것'이라 할 수 있다. 연금형 부동산 투자를 위한 투자 팁은 다음과 같다.

첫째, 부동산 환경 요인은 정책적인 규제, 경기 사이클, 모두 수익형 부동산 투자에 유의한 영향 관계가 있다. 영향력 크기는 정책변화 환경이 경기 사이클 측면보다 더 높게 나타난다. 이는 국내·외 경기 변동 등 경제 상황은 투자 수익률과 밀접한 영향 관계가 있어 위험에 따른 안전성과 환금성을 대비하기 위한 것이라고 할 수 있다.

둘째, 부동산 수익과 직결되는 연금형 부동산 특성 요인으로 수익성, 안정성, 입지성과 관련하여 수익성과 입지성은 유의한 영향을 미치고 있었으나, 외형성은 유의하지 않은 결과로 나타났다. 이는 응답자의 투자 목적은 은퇴 후 여유로운 삶의 질을 위해 부동산에 투자하는 것으로 수익성이 가장 큰 영향력을 발휘하는 것으로 나타났다. 여기서 수익은 주로 운영에 따른 임대 수입으로 은퇴 후 삶의 질에 중요한 역할을 하는 시대임을 알 수 있다.

셋째, 입지의 중요성은 역시 부동산 투자에 중요한 유인 역할을 하는 것으로 투자 부동산 물건이 어디에 위치하고 있고, 왜 그곳에 위치하고 있어야 하는지에 따라 수익률과 밀접한 관련이 있다.

넷째, 안정성은 수익형 부동산 투자에 있어, 투자하고자 하는 개별 건물의 물리적 특성으로 내·외부의 크기, 면적, 시설을 말한다. 부동산에 투자하는 목적이 꾸준한 운영 수익이므로 외형성도 중요한 요인이기 때문이다.

다섯째, 수익형 부동산 투자는 은퇴 후 삶의 질에 유의한 영향을 미친다. 이는 대부분은 현재 경제 상황과 은퇴 후 생활이 모두 불확실성이 크기에 꾸준하고 안정적인 현금이 유입되는 수익형 부동산에 투자하여 은퇴 전·후에 소득 격차를 해결하기 위한 한 가지 방법으로 부동산에 투자를 계획하는 것으로 판단할 수 있다.

올바른 수익형 투자법
1할의 승부(원룸텔) 투자법

본 물건의 사례는 인천광역시 계양구 효성동 2번 종점 북동쪽에 있는 물건이다. 필자의 금융 기관에 거래하는 법무사 조 사무장이 물건을 가져왔다.

"형, 이 물건 대출이 얼마나 나올 수 있어요?"

조 사무장의 친형도 법무사 사무실에서 일하면서 필자와 알고 지낸 지는 20년 이상이다.

"글쎄 룸이 많아서 대출을 많이 받으려면 신탁 대출로 해야 할 것 같은데…" 라며 신탁 대출을 권했다.

신탁 대출은 감정가 80%까지 대출이 가능하지만 주택 임대차 보호법을 적용받지 못하기 때문에 임차인은 최우선변제금도 보호받지 못한다. 처음 부평구청 공무원이 본 물건을 매입하여 수익형 부동산 목적으로 매입하려고 했으나 심경의 변화가 있어 영등포구청 직원이 매입하고 대출을 의뢰하였다.

필자가 현장에 방문하여 집 구조를 살피고 층별로 사진을 찍었다.

그리고 건축물 관리 대장을 발급받으니 건축물 관리 대장에는 다세대 주택으로 되어 있으나 층별로 개별 원룸텔로 매매와 임대가 가능하도록 개별 등기가 되어 있었다.

"이런 방법으로 다세대 주택 구조 변경하여 사용하는 방법도 있구나." 같이 근무하는 송 대리가 말을 건넨다. 토지는 243평방미터, 건물은 144.97평 용적률 233.61이다.

인근 부동산에 방문해 보니 재건축 이야기가 나온다.

수익형 부동산으로 가격도 좀 높여 받을 수 있다고 한다. 역시나 수익형 부동산은 가격을 높게 받을 수 있다는 것을 다시 한 번 확인하게 되었다.

 사례 분석 9

인천시 계양구 ○○동 2 ○○아트빌

건물 1층 9.34평방미터

　　　2층 139.06평방미터 (5세대)

　　　3층 139.06평방미터 (5세대)

　　　4층 139.06평방미터 (5세대)

　　　5층 141.04평방미터 (4세대)

원룸 17개, 투룸 2개 합계 19개 원룸텔이다.

감정가 830,000,000원

17개 원룸 5백/250,000원=4,250,000원×12월=51,000,000원

　　　투룸 1천/500,000원=1,000,000원×12월=12,000,000원

보증금 105,000,000원/63,000,000원

대출 830,000,000원×70%-105,000,000원=476,000,000원

대출 연 4.5%=21,420,000원,

63,000,000원-21,420,000원=41,580,000원/249,000,000원

=16.69%(수익률)

　결론적으로 본 물건은 고정적인 월 임대료와 안정적인 수익이 보장되는 원룸텔로 실 투자금은 대출금과 보증금을 제하면 2억4천9백만 원이다. 2억4천9백만 원을 투자하고 매달 3,465,000원을 받는 투자법이다. 원룸텔로 구조 변경했기 때문에 수익형 부동산으로 매매가도 제대로 받을 수 있다. 만약 은행에 예치했다면 373,500원을 받았을 것이다. 그러나 이런 수익형 부동산을 만들고 임대 수익을 받게 되면 매매의 어려움도 없다. 즉, 환금성과 수익성이 좋게 된다는 것이다.

PART 04

해피 Banker의 수익형 · 연금형 부동산
투자법 비밀노트 공개

　　수익형 부동산 대표 상품인 오피스텔이 공급 과잉 영향으로 인기가 빠르게 식고 있다. 반면 탄탄한 배후 수요를 갖춘 역세권 상가에 투자자들이 몰리고 있다. 한국감정원 발표 자료 '상업용 부동산 임대동향 조사'에 따르면 지난해 집합 상가(건축 연면적 50% 이상을 임대하고 있는 상가 빌딩)의 연간 투자 수익률은 평균 6.93%로 수익형 부동산 중에서 가장 높았다. 지역별로 제주도(8.5%)와 부산(8.17%)은 연간 수익률이 8%대를 훌쩍 넘었다. 이에 반해 오피스텔 수익률은 공급 과잉 영향으로 하락 추세다.

　　지난해 전국 오피스텔의 평균 임대 수익률은 5.35%로, 2007년 6.76%에서 2008년 6.45%로 떨어진 이후 9년째 하락세를 보이고 있다. 올 1분기 서울 지역 오피스텔 임대 수익률은 4.96%로 관련 통계가 만들어진 이후 처음으로 5%대가 붕괴됐다. 반면 지하철이나 기차역에 가까운 역세권 상가는 불황기에도 높은 유동 인구를 기반으로 승승장구하고 있다. 실제 지난해 4분기 동안 경남 창원역(2.55%), 서울 홍대와 합정(2.44%), 경기 병점역(2.35%), 경기 수원역(2.27%), 서울 명일역(2.27%), 부산 동래역(2.16%) 인근에 있는 상가는 평균 2%대 투자 수익률을 달성했다.

　　특히 경기 평택역 일대 집합 상가는 지난해 연간 투자 수익률이 10.11%를 기록한 바 있다. 이에 따라 올해 분양을 앞둔 역세권 상가가 투자자의 눈길을 끌고 있다. 경기도 고양시 삼송 택지 개발 지구 M2블록에 고품격 유럽형 스트리트 테마 상가 '비스타 에비뉴' 상가는 지하 1층~지상 3층, 3개 동 연면적 1만7631㎡ 규모로 조성된다.

　　상가 상층부에 입주하는 '삼송2차 원흥역 동원 로얄듀크 비스타' 312가구의 고정 수요는 물론 사업지 인근에 입주하는 2,500여 가구, 반경 5km 내에 밀집된 4만여 가구 등 탄탄한 배후 수요를 갖추고 있다. 같은 달 GS건설은 이

달 KTX 광명 역세권 일원에 '광명역 자이타워'를 지상 1층~지상 3층, 228실 규모의 상업시설과 지하 2층~지상 25층 규모의 지식산업센터 768실로 이뤄졌다. 하루에 평균 2만3천여 명이 이용하는 KTX 광명역의 풍부한 이동 수요를 누릴 수 있다. 경기 안양시 만안구 일원에 새로운 주상 복합 상가 브랜드 '안양 명학역 반도 유토피아'를 선보인다. 지하철 1호선 명학역 인근에 위치해 유동 인구가 풍부하다. 성결대 · 연성대 벤처센터 · 안양IT단지 등도 가깝다.

역세권 상가는 수많은 유동 인구를 상대하며 매출을 올릴 수 있기 때문에 불황기 등 시장 상황과 별개로 임차 수요가 꾸준해 인기가 높다. 이에 필자는 수익형 부동산 독서실의 수익 분석을 해 보자.

(임대건물 고시원 수익률 분석)

매입 조건

권리금 : 120,000,000원 보증금 : 140,000,000원

매매 가격 260,000,000원

월 세 : 1,350,000원 ×12월 =16,200,000원

월평균 독서실 수입액 평균 순수익 : 5,000,000원 (5,500,000원-500,000원)

5,500,000원 − 500,000원(고정비)= 5,000,000원 × 12월= 60,000,000원-16,200,000원= 43,800,000원, 43,800,000원/ 260,000,000원 = 16.84%

1달 회비 : 140,000원

고정비는 오전 총무(200,000원), 오후 총무(300,000원)를 두는 경우 또는 주인인 직영하는 경우도 있다.

시설 정도에 따라 다르지만 전기세 및 인터넷 사용료 그리고 월 고정비는 400,000원-500,000원

여름은 전기세가 800,000원 정도이다. 평수 : 70 , 프렌차이즈 가입된 것 :

통상적으로 80평~120평 정도이면 250,000,000원~300,000,000원 정도가 고시원 시설비가 든다.

그렇다면 8억 원 상당 부동산 근린 상가 경매 물건을 5억 원에 낙찰받아 독서실로 수익형 부동산으로 운영해도 좋을 듯하다.

500,000,000원(매입금) + 300,000,000원(독서실 시설비) = 800,000,000원

800,000,000원, 대출 480,000,000원, 연이자 4.2% 1년이자 20,160,000원

실투자금 320,000,000원(800,000,000원- 480,000,000원)

월평균 수입 5,000,000원(고정 지출비 차감) × 12월 = 60,000,000원-20,160,000원=39,840,000원

39,840,000원/320,000,000원=12.45%(수익률)

싱가 종류 : 상가, 독서실

지역 위치 : 서울 송파구 송파동

매물 크기 : 4층 약 80평

거래 가격 : 보증금 1,400만 원 / 160만 원, 부과세 포함

권리 금액 : 12,000만 원/시설비, 권리금 포함/

상권 교통 : 가락고, 잠실고, 방산고 주변 10분 거리

상권 정보 : 아파트 약 6,000세대, 단독 약 5천 세대

기타설명 : 휴게실, 인터넷실, 냉장고, 정수기, 송파구 송파동/독서실 1인석, 2인석 개인문설치, 순수익 500 만 원 이상이다.

정년퇴직자, 네이버 검색/골드벨 독서실, 시설

사진 정보 & 매물 특징 :좌석 수 93석

모든 좌석 1인석, 2인석 개인문 설치, 전 열람실 온돌 보일러(도시가스)

유무선 인터넷, 와이파이설치, 인체공학적인 듀오백 의자, 전 열람실 CCTV 설치, 열람실 산소발생기 설치

시력보호 LED 책상 스탠드, 최신형 와이드 책상/가로 1000/900, 1.5단

인터넷PC 4대 기 설치

위치 : 한양아파트, 가락고, 방산고, 주변

주변 상권 정보 : 한양 1차 아파트 576세대, 2차 아파트 744세대, 3차 아

파트 252세대 / 가락 삼익아파트 936세대, 송파 래미안 846세대 / 송파 미성 378세대 / 송파 성지아파트 300세대 / 대림아파트 443세대, 코오롱 758세대 / 래미안 파인 탑 아파트 769세대

학원창업/학원관리/학원매매/공부방창업/공부방관리/공부방매매

공부방, 교습소, 학원관련 정보 NO1 카페 가입됨. 학원관리의 원장노하우

　　수익형 부동산이 주목을 받고 있지만 투자 시 몇 가지 주의해야 할 점이 있다. 대표적인 수익형 부동산 중 상가, 오피스텔의 경우 베이비부머 은퇴 세대들이 가세하면서 임대 사업을 목적으로도 투자가 용이한 수단으로 주목받고 있다. 특히 시장에 전반적인 '가성비'(가격대 성능비의 준말) 인식이 확대되면서 안정적인 임대 수익을 얻을 수 있는 가성비 수익형 부동산이 선호되고 있다. 상가는 비교적 투자금이 3억~10억(실투자 금액) 이상으로 높다.

　　배후 수요 대비 상업·업무 시설 공급 비율이 낮은 곳(5% 이내)을 선택해야 한다. 상가 비율이 적은 대단지 아파트 내 상가나 거리를 따라 테라스를 접목시키기도 한 스트리트형 상가들과 새롭게 조성되는 신도시 상권이 주목받고 있다. 투자 경험이 적다면 이미 임대가 이루어진 선 임대 상가를 분양받는 것이 안정적이다.

　　저금리 기조가 지속되면서 은행 예금 이자에 비해 수익률이 높고 안정적인 수익형 부동산 상품에 투자자들이 대거 몰리고 있다. 최근 '수익형 부동산'에 대한 관심이 뜨거워지고 있다. 저금리 시대 가정 경제의 안정을 위해 소액으로 투자할 만한 소액 부동산이 특히 인기가 높다.

부동산 관련된 기사만 살펴봐도 수익형 부동산에 대한 그 열기를 실감할 수 있다. 수익형 부동산 투자 90%가 대출을 끼고 수익율을 높이고 있다. 하지만 거래 절벽이 심한 부동산 투자 대상은 걸러내야 하며 급변하는 수익형 부동산의 변화도 예상해야 한다.

과거에는 아파트, 토지 등 부동산 자체의 가격에 의존하는 투자였으나 투잡, 쓰리잡 그리고 맞벌이 부부가 많아지다 보니 100세 시대를 위한 노후 준비를 위해 소액으로 맞벌이 하는 직업과 평생직장의 직업을 찾는 이들이 많기 때문이다.

변화하는 수익형 부동산 투자법과, 수익형 부동산의 종류 및 투자 포인트, 나에게 꼭 맞는 수익형 부동산 투자법과 함께 '각각 다른 투자 조건에 따른 수익형 부동산 투자법'도 다르게 조명해 봐야 할 것이다.

수익형 부동산은 대체 상품이 아니다. 수익형 부동산은 아파트나 토지 등 투자 시장이 불확실하거나 장기적인 투자처보다 현재도 미래도 지속적인 수익이 가능해야 한다.

쏟아지는 수익형 부동산. '거품'을 가려내는 방법은 무엇일까? 그 하나로 오늘은 미용실 창업에 대하여 알아보자.

 사례 분석 11 수익률 33.6% (헤어 샵)

필자가 자주 가는 헤어숍이다. 누구나 그렇겠지만 자신만의 헤어스타일이 나오는 곳은 거리가 멀어도 찾아간다.

사장님의 친절과 미모(?)는 그냥 60 넘긴 아줌마다. 그렇지만 개개인의 독특한 헤어스타일을 연출하는 실력이 있어서인지 1주일에 한 번씩 찾아오는 여의도 증권가 핸섬남과 30분 거리를 마다하고 찾아오는 샐러리맨도 있었다.

"사장님의 실력이 좋으셔서 올 때마다 손님들이 기다리고 계시네요. 대단하십니다."라고 필자가 말하면,

"오시는 분들이 좋아서 그렇지요."라고 하신다. 인품이 훌륭하시다.

옆에는 필자가 예전에 관심이 많았던 디지털 피아노(전자 오르간)가 있고 시간될 때마다 연주를 한다. 그 옆에는 침대 같은 평상이 있고 교회를 다니는지 성경책이 있다.

사장님이 좋아하시는 책을 읽으시고 성경책으로 감사하는 마음을 배우고 지금도 세미나에 참석해 배움을 게을리하지 않는 분이다. 그리고 생각의 깊이는 하늘을 찌른다.

급하게 화장실을 찾는 나그네에게 "보태주러 와 주셔서 감사합니다."라며 환한 미소로 화장실을 안내하는 모습을 보고 "인격도 타고 난다."란 말을 실감했다. 필자의 친구 중에도 인격과 인성을 태어날 때부터 가지고 태어난 친구가 있다.

항상 필자가 친구지만 존경과 예의를 표하는데 그런 사람이 또 있었다. 예수님의 열두 제자 중 베드로가 예수님의 훌륭한 인품과 인성에 반해 제자가 되고자 찾아왔다.

"저는 예수님의 제자가 되기 위해 이렇게 찾아왔습니다. 받아주세요." 라고 베드로가 말하자,

"그럼 자신이 가지고 있는 재산을 주변 사람에게 나눠 주고 오라."라는 예수님의 말씀에 베드로가 다시 찾아와,

"예수님의 말씀처럼 가지고 있는 재산을 전부 이웃에게 나눠주고 왔습니다."라고 베드로는 말했다.

"그래 훌륭하다. 베드로야 네가 나눠준 재산의 100배, 1,000배 그 이상으로 베드로 아니면 그 후손에게 복으로 돌아갈 것이다."라고 했다고 한다. 우리같이 평범한 사람은,

"네가 나눠준 게 물고기 몇 마리와 빵 몇 광주리에 1척 배에 불과한데 더 나눠주고 오거라."라고 했을 텐데, 예수님은 그렇게 말씀하지 않으셨다.

많이 베풀면 베푼 만큼 100배, 1,000배가 후손에게 복으로 돌아온다고 말씀하셨으니 얼마나 큰 인물이었을까를 짐작할 수 있다. 노나라 사람으로 4대

성인 중 한 사람인 유교의 시조이며 중국 최초의 민간 사상가이자 교육자인 공자의 인본주의 사상에 대하여 알아보자.

삶의 지혜가 담긴 공자의 명언 중 필자는 아래 문구를 참 좋아한다.

공자님은 백마를 무척이나 좋아했는데, 어느 날 마구간에 불이 나자 제자가 급하게 공자를 찾아와 스승님 마구간에 불이 났습니다.

이때 공자님은 "그래 사람은 다치지 않았느냐?"라며 애마인 백마의 안위를 묻기 보다는 사람은 다치지 않았느냐고 물었다고 한다.

"스승님 마구간에 불이 크게 나 모두 타 버렸습니다."라고 말을 걱정할까 봐 묻는 제자의 말에

"그래. 그렇게 큰 불이 났는데 사람은 다치지 않았느냐 말이다."라고 말했다고 한다. 이 말이 제자들과 주변사람에 회자되면서 다시 한 번 공자님 인품과 인격을 확인하고 더 많은 제자들이 몰려 들었다고 한다.

나무들이 큰 나무 옆에 있으면 영양분을 큰 나무가 다 빨아 먹기 때문에 더 이상 크지를 못한다고 한다. 그러나 사람은 이처럼 큰 사람을 옆에 두어야 더 크게 된다. 생각도 닮아가고 인격과 인성도 닮아가기 때문이다. 한 줄의 글이 사람을 크게 변화시키고 어떤 사람을 만나느냐에 따라 한 사람의 운명이 바뀌기도 한다.

아무튼 이 미용실의 수익과 수익률을 알아보자. 미용실은 12평이다. 보증금은 1천만 원 / 월 60만 원이다. 월 매출액은 450만 원, 재료비 월 110만 원이고 11년 전 인테리어 및 헤어 기계까지 총 1,200만 원이 들었다.

수익률을 계산해 보니 4,500,000원-1,100,000원(재료비)-600,000원(월세)=2,800,000원×12월=33,600,000원/10,000,000원=33.6%이다.

인테리어는 어떻게 하고 어떤 고가의 헤어기를 설치하느냐에 따라 인테리어 비용은 달라진다. 요즘은 카페 같은 분위기의 헤어숍이 위생과 청결은 물론 북카페까지 갖춘 고급스런 헤어숍을 많이 볼 수 있다.

미용실 창업을 하려면 다음과 같은 절차를 거쳐야 한다. 우선 기술 습득 후 자격증 취득하고, 점포 시설 설치 후 미용실 영업 신청서를 시·군·구청 위생과에 제출한다. 그리고 3일 후 위생과 직원의 점포 방문 및 현장 조사를 하고 '합격' 여부에 따라 신고필증을 교부해 준다. 그러면 사업자 등록 관할 세무서에서 도장, 신분증, 임대차계약서, 신고필증 첨부 등록을 한다. 그럼 모든 절차가 끝나고 영업 개시하여 원하는 만큼(?) 돈을 벌면 된다.

미용실을 창업하기 전에 우선 미용실 개설할 자격을 갖춰져야 하는데, 미용실 개설 자격은 국가기술자격법에 의해 한국산업인력관리공단에서 시행하는 미용사 자격시험에 합격해 자격증을 획득한 사람이나 보건복지부 장관이 지정하는 전문대학 또는 이와 동등한 이상의 학력이 있다.

교육부장관이 인정하는 학교의 미용에 관한 학과 졸업한 사람이나 보건복지부장관이 지정하는 고등 기술학교에서 1년 이상 미용에 관한 소정의 과정을 이수한 사람이면 자격증이 부여된다.

주거용 수익형 부동산
경매 투자법

임장 활동으로 파악한 시세 최고가로 낙찰받아 임대 수익을 노리자.

경매를 오래하다 보면 "감 잡았어!" 하는 물건, 처음 만났는데 오래 만난 사람같이 뭔가 끌리는 사람 같은 물건에 대한 감이 온다. 그래서 낙찰받은 물건이다. 본 물건의 입찰 배경은 낙찰인 소유 전 약 10여 년 전 동안, 그리고 낙찰 이후 5년 이상 전혀 공실이 없었으며,

201*타경 1*991 (3)

토지면적 각 18.56평

건물면적 각 7.50평

감정가 6,200만 원

낙찰가 72,550,000원 (1회에 낙찰 경쟁률 높아 최고가 입찰)

주변시세 9천만 원으로 매매되고 있다.

물건#1

경기도 고양시 일산서구 ○○동 ○○번지 ○○마을 분산상가 1층 6호

현재 척추교정원으로 임대 사용

(1천만 원/ 월 40만 원 = 1년 월세 4,800,000원)

2013타경 17991 (4)

물건#1

경기도 고양시 일산서구 ○○동 ○○번지 ○○마을 분산상가 1층 7호

현재 미용실로 임대 사용

(1천만 원/ 월 40만 원 = 1년 월세 4,800,000원)

2013타경 17991 (5)

물건#1

경기도 고양시 일산서구 ○○동 ○○번지 ○○마을 분산상가 1층 8호

현재 허브다이어트로 임대 사용

(1천만 원/ 월 45만 원 = 1년 월세 5,400,000원)

낙찰받고 죽변 수협 수지지점에서 경락잔금 대출 150,000,000원(80%)을 받았다. 총 1억5천만 원, 이율은 연 4.5% 이다.

과거 경매를 통해 3개의 물건 매매(각 물건은 구분되어 있었으며, 각 호실별 나란히 붙어있어 쉽게 매매가 가능했다.)

수익률 계산을 해 보자

낙찰가 물건별로 3건, 217,650,000원 + 10,447,200원+ 7,050,000원 (1년이자)

총투자 금액 235,147,200원-3천만 원(보증금)-150,000,000원(대출금)=55,147,200원

총 3천만 원 / 월세 15,000,000원

15,000,000원/55,147,200원 = 27.19%

상가 주택(점포 겸용 단독 주택) 투자 사례

　수익형 부동산 매물이 증가한 도심과 신도시에서는 적정한 임대 수익률을 얻기 힘들다. 전반적으로 투자자 및 공급 물량이 증가하면서 임대 경쟁도 심화되기 때문이다. 공실 우려 증가와 함께 임대 수익률이 하락하는 지역과 매물이 늘어나는 곳은 피해야 한다.

　특히 부동산 경기가 불황을 겪으면서 하반기부터 경매 쪽으로 매물이 증가할 가능성이 높아 수요자들이 경매 시장으로 관심을 돌릴 가능성이 높다. 토지 시장도 수익이 기대되는 상품이다.

　그래서 최근 전원주택, 세컨드하우스, 게스트하우스, 주말 농장 등 여러 형태의 토지 수요가 증가하고 있으며 지자체별로 개발 계획들이 많기 때문에 지역별로 미래 가치가 점쳐지는 곳들을 중심으로 가격이 상승하고 있다.

　또 수익형 부동산 투자 시 대출을 활용한 투자는 앞으로 어려울 것으로 봤으며 발품을 팔아 다양한 매물을 비교 대조하여 투자를 해야 한다. 상가 등에 대해서도 대출 규제가 강화되는 양상이어서 과다한 대출을 활용한 투자는 점차 어려워질 수 있으므로 안정성을 따진다면 소형 주택 임대 사업이 가장 적절할 수 있으나 지역, 상품에 따라 운영 수익이 천차만별이기 때문에 각자 본인의 여유 자금, 투자기간, 목표 수익률을 먼저 명확히 정한 후 그에 맞는 투자 지역과 대상을 찾아야 한다.

최근 퇴직을 한 한 씨(53세, 화성 거주)는 퇴직 후 경매 학원을 다니면서 좋은 물건을 잡는 방법을 배웠다. 경매학원으로 유명한 앤소니 경매학원(http://cafe.daum.net/annauction)의 앤소니(안수현 원장님)의 175 강의를 수강하고 부동산 경매 투자에 자신이 붙었다. 매월 280만 원의 수익이 보장되는 물건은 경매로 낙찰을 받았다. '잘 고른 상가 주택, 노후 걱정 끝'이란 말을 실감하고 있다.

한 씨는 3층의 부동산을 경매로 6억에 낙찰받았다.

1·2층 임대를 주고 3층은 본인이 거주하고 있다. 유동 인구, 사무실 규모 등 입지 여건을 꼼꼼히 따져 성공한 재테크 투자자가 되었다. 성공한 재테크는 은퇴 후 30년이 즐겁게 되었다. 은퇴 후 경매 학원에서 수익형 부동산을 찾던 중 한 씨는 상가 주택으로 단숨에 재산을 불렸다. 그는 법원 경매로 부천시 원미구 신중동의 3층짜리 상가 주택을 최고가 입찰자로 매입하였다. 대지 67평, 건물 95평이었는데, 감정가보다 3억 원 싼 5억2천만 원에 낙찰받았다.

지은 지 15년이 넘었지만 7호선 지하철역과 주변에 현대백화점과 초·중·고등학교가 가까워 입지 여건이 좋았다. 낙찰금, 등기 이전 비용, 세입자 이사 비용 등을 합쳐 총 6억 원쯤 들었지만 시세보다는 쌌다. 한 씨는 낙찰 후 지하와 1, 2층을 임대해 보증금 1억 원을 투자비에서 바로 회수했다. 또 매달 임대료로 280만 원을 받고 있다. 연 7%대 수익을 올리고 있는 셈이다.

매월 임대료를 받고 직접 살 수 있는 상가 주택에 눈을 돌리는 이들이 늘고 있다. 특히 노후 대책을 고심하는 퇴직자들의 관심이 높다. 상가 주택은 1·2층은 가게나 사무실이고, 3층 이상은 집으로 쓰는 건물이다. 건물주가 직접 살기 때문에 임대 관리가 쉽다.

동네 상권이어서 주변의 거주 인구가 크게 바뀌지 않아 상가의 수익 변동도 적은 편이다. 다만 경기 침체로 상가 주택의 임대 수익률은 낮아졌다. 2~3년 전만 해도 임대 수익률이 연평균 8% 안팎이었지만 요즘은 6%대이다. 임대 소득세를 내고 나면 순익은 종전보다 떨어진다. 하지만 은행에 넣는 것보다 낫고 살면서 시세 차익도 기대할 수 있다는 게 매력이다.

상가 주택은 허가가 아닌 신고만으로 용도를 바꿀 수도 있다. 주택 부문을 음식점 등으로 변경할 수 있다. 업무용 빌딩이나 근린 상가보다 투자 금액도 적은 편. 상가 주택은 상대석으로 세금 규제도 적다.

1층은 카센터 또는 정비업체로 2, 3층은 원룸형 주택으로 임대를 주면 수익률은 최고이다.

최근 지인과 신연수역 앞에서 점심을 같이 했다. 신연수역이 생기면서 카센터가 이전을 하고 그 자리에 13층짜리 주거용 오피스텔을 짓기 시작하고 있었다. 역전이 새로 생기면서 수익형 부동산으로 입지가 좋아졌기 때문이다. 주거용 오피스텔 또는 상가 주택은 역세권과 유동 인구가 많은 곳이 좋다. 지은 지 5년이 안 된 새 건물을 구입하거나, 아예 15년이 넘은 물건일수록 가치가 있다. 재개발, 재건축이 추진되는 곳이라면 금상첨화다.

새 정부 과제인 도시 재생 사업으로 더 많은 혜택을 받을 수가 있다. 오래된 상가 주택은 땅값만 쳐서 살 수 있기 때문에 건물을 리모델링하면 가치를 높일 수 있다. 위치는 차가 다닐 수 있는 6~12m 도로변 코너나 주택가 입구가 좋다. 평지면서 도로에 붙은 면적이 클수록 나중에 가치를 인정받는다. 투자 유망 지역은 아파트 인기 지역과 비례한다. 서울 강남권이 무난하고, 강동구 천호동·송파구 신천동·관악구 신림동·신촌·건대입구역도 괜찮다.

주변에 대학교나 사무실이 많고, 경쟁할 만한 상업시설이 적을수록 좋다. 상가가 많지 않으면서 상가 주택이 발달한 곳은 서울 방배·사당·종암동 등을 들 수 있다. 상가 주택은 시세 차익보다 임대료로 고정 수입을 얻는 게 주목적이므로 전세금 비율이 높아야 한다.

초기 투자비용이 부족하면 수도권도 괜찮다. 택지 개발 지구나 신도시의 상업 지역, 구도심의 역세권이 무난하다.

아래 물건은 1층짜리 주택을 경매로 저렴하게 낙찰받아 원룸텔로 변경한 수익형 부동산이다. 1층 룸 4개, 2층 4개, 3층 4개, 4층은 주인이 거주하고 있다. 룸 1개당 월 80만 원이다. 룸 12개 × 800,000원= 96,000,000원이다. 6억 원에 경매 낙찰받아 4층 원룸텔 건축비 총 7억 원 총 투자된 금액 13억 원이다. 96,000,000원/13억 원=연 7.3%(수익률) 이다.

강남역 주변으로 수익률은 낮아 보이지만 현재 은행금리에 비하면 3.5배 높은 수익률이다. 본 물건의 소유자는 필자의 지인으로 이렇게 부동산으로 자산을 많이 증대시켜 지금은 재벌급의 자산을 형성했다.

본 물건 소유자의 초청으로 저녁식사에 초대받아 갔다. 소박한 저녁식사지만 조미료를 전혀 사용하지 않는 식단으로 차려져 있었다.

부동산 소유자 집안은 교회를 다니던 집이었는데 최근 천주교로 개종하여 세례명까지 받고 주일과 평일 성당을 다니며 행복한 가정 같아 보였다. 그런데 희한한 광경을 목격했다.

'공주'라는 이름의 개가 있었는데 개와 함께 식사를 했다. 식사하기 전 기도를 하는데 '공주'라는 개도 함께 기도에 응하고 있었다.

"성부와 성자와 성신의 이름으로 오늘도 이렇게 일용할 양식을 주신 하느님께 감사드리며 행복한 식사를 제공해주신 하느님께 감사드립니다."라고 집주인의 기도가 끝나기까지 그 개는 식사를 하지 않고 기다리고 있었다.

'세상에 이런일이' 방송에 내 보낼 일은 사람의 말을 알아듣는다는 것이다. 평상시에는 화장실에 가서 볼일을 치르시만 주인이 밖에 나갈 때 안 데려가고 집에 놔두면 방안에 식사도 하지 않고 볼일도 화장실이 아닌 방 한가운데에서 보는 사람의 괘씸함까지 있었다.

그런데 이 집안의 안부인은 유방암으로 한쪽을 제거하면서 이 공주라는 개가 더 소중하고 친밀하게 느껴져 재산 중 일부를 이 개에게 상속까지 시켰다는 것이었다. 그리고 개가 죽으면 화장을 해서 납골당에 모시기로 가족회의를 마쳤다고 한다. 사람보다 더 귀한 개, 전생에 정말로 '공주'였을까? 필자는 마냥 부러웠다.

최근 필자의 NPL경매 아카데미를 들었던 수강생 중 NPL 투자로 크게 성공하신 분이 있었다. 이분도 키우던 고양이가 있었는데 너무 가엾어 화장을 시켜주는데 화장터 사무실 직원이,

"납골 화장이 끝나기까지 1시간 정도 걸리는데 북어포 하나 올려 드릴까요?"라며 권해서 그러라고 했고, 또 이것저것 권하는데 다 수락하니 납골당 이용비까지 200만 원이 들었다고 하는 말을 들은 기억이 났다.

그래서 현재 동물 납골당이 모두 불법으로 하고 있는 게 현실인데 미래에 뜨는 직업 중 하나인 동물 납골당을 정식 허가를 받아 동물 납골당 사업장을 만들 계획이라는 이야기를 듣고 '역시나 앞서 성공하는 사람은 생각이 남다르구나.' 하고 생각한 적이 있다.

상가 주택이나 상업용 자투리땅은 건폐율(대지면적에 대한 1층 바닥 면적의 비율)과 용적률(건물 전체 바닥면적의 합)을 보면 더 많은 수익을 얻을 수 있다. 투자가치가 높은 중심 상업용지 자투리땅을 저렴하게 낙찰받아 유휴지를 활용하여 건물을 신축하면 용적률(대지면적에 대한 연면적의 비율) 1,000~1,500%까지 더 높이 올릴 수 있다.

건물을 건폐율과 용적률 활용한 투자는 더 큰 가치를 높일 수 있다.

자투리땅은 컨테이너를 이용한 건물을 지을 수도 있다. 고비용을 지불하더라도 자산 가치를 높일 수 있다. 과거에는 땅과 건물을 분리할 수 없었지만 컨테이너를 활용한 미래의 투자를 알아보면 다양한 모양의 건축물로 더 높은 수익 창출이 가능하다.

자투리땅을 활용하여 기계식 주차로 수익을 내는 투자자도 주변에서 많이 본다. 본 부동산 소유자는 서울 은평구에 1층 80평 상가를 가지고 있었는데 현재 이 카센터의 계약 만기가 되자 이주시켰다고 한다.

"왜 뭘 크게 잘못했나요?"라고 필자가 물어 봤다.

"현재 보증금 1억 원, 월 200만 원을 받는데, 이 세입자를 내보내고 4개로 쪼개서 임대를 주면 보증금 2억 원, 월 500만 원 임대 수익이 가능하기 때문입니다."라고 대답했다.

그는 또 "재테크 강의를 하는 많은 사람들의 강의를 듣다 보면 참 현실성이 없어 보여요. 주식으로 얼마를 벌고 부동산으로 얼마를 벌었다는 사람들이 가까이 가 보면 모두 거짓말이고 다른 사람의 이야기를 마치 자기 이야기처럼 꾸며내서 투자를 권유하는 사람들을 많이 봅니다."라며 필자의 눈치를 살폈다.

그렇다. 이 분은 진정한 실전 투자 전문가였으며, 이런 분이 재테크 강사가 되어야 한다는 생각을 했다. 집을 저렴하게 사서 개조하고 토지에서 자산 가치를 상승시켜 높은 차익을 내고 매각하고 수익을 내면서 이런 생활을 20년 반복하다 보니 300억 원대 자산가가 되어 있었다.

고시원 대학가 부동산 투자 사례

수익형 부동산 투자법에는 상가와 오피스텔이 주를 이룬다. 소액투자로 매력적으로 안정적인 수익형 부동산 투자법이라 할 수 있다. 최근 자산가들이 가장 많이 투자하는 수익형 부동산으로 상가만 있는 형태도 있고 상가와 주거용 주택이 복합된 상가 주택 형태도 있다.

최근 꼬마 빌딩이 유행하기도 한다. 중소형 빌딩은 내 땅을 가지고 있는 것이라 임대 수익과 시세 차익을 동시에 기대할 수 있다는 장점이 있다. 중소형 빌딩 투자는 상권이 활발한 지역이나 초대형시설이 들어온다는 개발 계획이 있는 곳을 고르면 좋다. 자연스럽게 부동산 가격과 공시지가가 오르면서 땅값도 따라 상승하고 임차인들을 끌어오기 쉽기 때문이다.

1인 가구가 급증하면서 원룸형 빌딩들이 많이 나오고 있다. 원룸형 빌딩은 투자대비 수익률이 높은 편이기 때문에 은퇴자들에게 좋은 노후대책이 될 수 있다.

수익성, 환금성, 안정성 모두 무난하려면 가급적 수요자들의 출퇴

근이 원활할 수 있도록 대중교통 이용이 편리한 곳을 선택하는 것이 좋고, 그 주변 원룸 공급 현황과 시세도 주의 깊게 살펴야 한다.

소형 평수의 원룸과 소형 아파트 등 타 수익형 부동산에 비해 평균 목표 수익률이 낮은 편에 속하지만, 안정성이 높고 주택 다운사이징에 편승해 각광받고 있는 투자법이다. 규모는 1인 가구가 늘어나고 있는 추세이니 전용 면적 60㎡ 이하로 작으면 작을수록 더 유리하다.

소형아파트는 업무 집중 지역에서 가까운 직주근접형 역세권 물건을 고르는 것이 좋으며, 학군, 학원 분포도, 교통, 편의 시설, 공원 중 적어도 3가지 이상을 포함하고 있는 상품에 투자해야 한다.

그러나 필자는 고시원에 투자하기를 권한다. 경매로 저렴하게 매입하여 투자를 하거나 안마시술소를 감정가 60%에 낙찰받아 고시원으로 용도 변경하는 경우도 있다. 불황에도 굳건한 투자 상품 입지가 좋은 수익형 부동산은 무엇일까? 필자는 당연 고시원으로 뽑는다.

이런 시기일수록 현 시장의 변수와 트렌드를 정확히 진단하고 장기적인 시각으로 시장을 바라보는 안목을 키워야 한다. 부동산 재테크의 기본은 변하지 않는다.

불황일수록 기본에 충실한 투자 전략을 세워야 하며, 어중간한 투자보다는 신뢰도가 높은 전문가와 확실한 투자 지식으로 승부 보길 바란다.

안산시 ○록구 ○동 ○○7-3번지 에이스프라자 401호

분양면적 295평, 전용 면적 193평 룸35개

매매가 1,300,000,000원

감정가 1,050,000,000원(경일감정가)

매입금 1,300,000,000원(취 · 등록세 4.6%) = 59,800,000원

투자금 1,359,800,000원(취 · 등록세 포함)①

대출금 840,000,000원(감정가 80% 고시원대출)②

실투자금 519,800,000원 ① - ②

룸 35개 월세 450,000원 1년 임대료 15,750,000원-월지출비 5,100,000원 = 10,650,000원 순수입

연수입 10,650,000원 × 12월=127,800,000원-35,280,000원(1년이자 연 4.2%)=92,520,000원

92,520,000원/519,800,000원=17.79%

고시원은 수익형 부동산으로 안정적인 투자처이다. 그러나 최근 과거 고시원 시설과는 다른 세련된 장식과 인테리어로 공실을 줄이는 방법은 고시원 내부에 고급으로 쾌적한 환경의 화장실, 샤워 시설을 갖추어야 한다.

통로 폭의 증대와 강화된 소방법 적용, 고시원으로 용도 변경하는 지도 따져 보아야 한다. 통상적으로 평당 250~350만 원과 좀 더 고급스럽게 지으려면 평당 400만 원을 계산해야 한다. 저렴하게 할 경우 190~200만 원도 가능하다. 복도 평수까지 합치면 룸 1개당 3.2평을 생각하면 될 듯하다.

건물 316.03평방미터(95평)인 경우 룸 29개(룸 1개당 3.2평)를 만들수 있다. 룸이 총 60개이고 공실이 15~18개이고 2, 3, 4층 세 개 층으로 운영되는데 3층은 여성 전용 층으로 여성 전용 층 공실이 12개정도 고시원이 있다.(여성 전용 층 룸이 21개인데 50%가 넘게 공실이다.) 이렇게 공실이 많은 원인은,

첫째, 역세권 주변의 입지가 아니다

둘째, 내부 인테리어가 너무 초라하다.

셋째, 관리자가 소홀하고 고시원 운영 중이거나 총무 체제 운영 시청소 상태, 주방관리, 화장실 관리가 좋지 않다

넷째, 고시원을 관리하는 공인중개사가 없다.

다섯째, 홍보 및 광고가 잘 되지 않는다. (홈페이시 운영 미흡, 지역 광고, 네이버 광고 등.)

문제점을 크게 다섯 가지로 보고 다음과 같은 해결책을 제시하였다.

첫째, 역세권 주변의 고시원은 공실률이 없으므로 투자자는 입지를 확인해야 한다.

둘째, 내부 인테리어에 신경을 쓴다.

=>고시원 입구부터 카운터 및 복도 인테리어를 고급 명화를 걸고 공기 정화, 식물과 나무 등으로 쾌적하게 만든다.

셋째, 소홀과 고시원 관리는 주인이 직접 청소하거나 청소 아줌마를 두어 청소 상태, 공동 취사실 등을 관리한다. 총무는 자금 문제로 공부를 필요로 하는 사람을 뽑고 주인이 직접 관리하고 운영해야 한다. 수시로 관리 상태를 확인하면 관리도 잘되고 고시원 입실자들 모두 만족해서 지인들에게 홍보하게 된다.

넷째, 홍보 광고는 고시원 홈페이지를 운영하거나 파워블로그나 우수 카페를 이용하고, 지역 광고, 네이버 광고를 한다. 홈페이지도 1달에 한 번 또는 계절별로 세련되게 꾸미고 좋은 글과 유익한 글 최근 기사로 게시 글 관리해야 한다. 완실인 고시원은 주인이 직접 광고 또는 홍보를 하여 채우는 경우도 많다.

고시원은 통상 룸이 30개 이상이다.

매출로 계산했을 때 룸 45만 원이면 총 1,350만 원 매출에 전기세와 취사비 등, 고정지출비 450만 원을 제하면 순이익 900만 원 정도다.

1년이면 1억800만 원으로, 웬만한 대기업 임원 수준의 수입이다. 간혹 불법이긴 하지만 세탁실과 주방을 늘려 새롭게 룸을 2~3개 늘리면 매출액은 늘어난다.

필자의 금융 기관은 고시원 특화 대출로 감정가의 85%까지 대출이 가능하다. 보통 고시원 투자할 때 대출을 받을 경우 연 30~45% 정도의 수익률을 보고 투자한다. 고시원 운영을 실장, 총무 없이 직접 운영하면 순이익은 더 늘어난다.

여인숙의 화려한 변신 셰어 하우스

어느 날 필자는 고등학교 동문 모임에 참석했다. 선배 한 분이 경기은행에 다니시다가 경기은행 퇴출 후 경기은행 → 한미은행 → 씨티은행으로 변경되어 현재는 환경 단체에서 일하시며 지금은 개인택시로 생계를 유지하고 계신다.

이 선배님은 운이 좋게 국민연금 출범 당시 3년 연금을 납입하고 (납입금액 300여만 원) 현재 55만 원씩 국민연금을 타신다고 한다.

"국민연금이 참 좋은 제도야 현재까지 불입된 금액이 300만 원인데 수령한 금액으로 따지면 납입한 금액의 수십 배가 넘어."

최근 어떤 택시를 탔을 때 기사님께서 '내가 연금을 50만 원 정도 타는데 우리 와이프도 같이 연금을 수령할 수 있다.'는 은행에 다니는 딸의 말을 듣고 매달 30만 원씩 3년 납입하고 현재 40만 원 정도 매달 연금을 수령한다는 이야기를 들었을 때 정보의 귀중함을 다시 한 번 소중하게 느껴진다.

어쨌든 경기은행에 다녔던 선배님은 시간되면 춘천에 안 가겠냐고 말씀하신다.

'왜요? 좋은 곳 있어요?' 라고 말하는 필자에게,

'사실은 우리 딸이 사위와 함께 여관을 저렴하게 인수하여 이곳에 게스트 하우스를 구조 변경하여 운영 중인데 시에서 보조금도 받고 웬만한 대기업 연봉 정도의 수입을 낸다네.' 라며 자랑을 한다. 그러면서 이 내용을 책에 쓰면 책 몇 페이지는 쓸 수 있지 않겠냐며, 좋은 책의 소재를 주었으니 맛있는 밥 한 끼를 사라고 한다.

"그럼요 선배님, 자세히 말을 해주셔야지요. 어떻게 게스트하우스(게스트하우스(Guesthouse)는 외국인 여행객들을 위해 저렴한 가격으로 이용할 수 있는 숙박시설로 시작되어, 현재는 국내 여행객들까지 많이 사용하고 있다. 저렴한 숙박료(2~5만 원)로 이용할 수 있다는 것이 가장 큰 장점이다. 침실은 2인~6인, 많게는 8인까지 사용할 수 있게 운영되고 화장실, 샤워실 등은 공동으로 사용할 수 있도록 운영되는 것이 일반 모텔과 같은 숙박시설과 다른 점이다.)를 차렸고 비용은 얼마가 들었는지요." 라며 필자는 게스트 하우스로 어떻게 수익형 부동산으로 가능한지 정보를 캐물었다.

아래 사진은 8인승의 게스트하우스 사진이다.

필자 고등학교 선배님 딸 부부가 남춘천역 인근에 게스트 하우스
를 용도 변경하여 수익을 창출하고 있는 전경이다. 기존 낡은 여관을
저렴하게 매입하고 게스트하우스로 용도 변경하였다.

 사례 분석 13 수익률 70.30%(여인숙의 화려한 변신 게스트하우스)

강원도 춘천시 퇴계동 343-11번지대지 215평방미터, 건물 151.19평방
미터 1층151.19평방미터 2층, 51.29평방미터 3층 39.96평방미터 지층건물
여관사용 81.8.21 보존등기, 룸 17개주택 3억5천만 원 매입, 5천만 원 들여
게스트 하우스 개조하여 용도 변경하였다.

 사례 분석 14

총 투자금 4억 원
1인 24,999원 2인 24,000원 4인 20,000원 6인 130,000원 (1인 15,000)
패키지투어+둘레길 투어+자전거 렌탈, 옥상 바베큐 파티
월 7,140,000원×12월=85,680,000 ①
월 지출 2,350,000원 ×12월=28,200,000원 ②
① - ② =57,480,000원
대출 340,000,000원 연 4.5%, 1년 이자 15,300,000원 ③
42,180,000원÷60,000,000원= 70.30% 연 수익률

중국 방문객이 많은 제주특별자치도 서귀포시에도 개인 가정의 일
부를 활용하여 여행자에게 침실을 제공하는 방법 위주로 객실을 갖

춘 숙박 시설이 많이 있다. 게스트하우스(Guest House)는 주로 개인 가정의 일부를 활용하여 여행자에게 침실 제공을 위주로 하는 객실을 갖춘 숙박 시설로서, 세계의 일부 지역에서는 호스텔이나 B&B(Bed And Breakfast), 여관과 유사한 형태를 띠기도 한다.

B&B는 가족 중심의 주거 공간에 침대와 아침만을 제공하는 형태이고, 여관이나 호텔이 전임 직원을 위주로 완전한 사업으로 운영되는 것이라면, 게스트하우스는 대개 소수의 제한된 직원을 두고 예약제로 운영되는 형태이다. 때로는 소유자가 완전히 별도의 영역에 살고 있는 숙박 시설의 형태가 되기도 한다.

세계의 일부 지역에서는 게스트 하우스가 지역 내에 함께 있을 만한 친척이 없는 방문자를 위해 가능한 숙박 시설의 유일한 종류이기도 하다.

국내의 대표적 관광지 서귀포시에는 B&B와 여관 등 여러 유형의 게스트 하우스가 있다. 성산포에 위치한 성산 게스트 하우스, 서귀포항 인근 제주 하이킹 inn, 최근 제주 전통 가옥 한옥 게스트 하우스로 재개관한 카노푸스 게스트 하우스 등이 있다. 최근 게스트 하우스는 '올레꾼'의 급증으로 다양한 연령층에게 호응이 커지고 있으며, 서귀포 시내 곳곳에 다양한 유형의 게스트 하우스가 들어서고 있다.

수익형 다가구 주택(원룸텔)에 관심을 가져라

"불황일수록 수익형 부동산에 투자하라."고 투자 전문가들은 말한다. 실패 없는 수익형 부동산 투자 법칙을 알아보자.

부동산 시장에 대한 불확실성이 커지면서 투자처를 고르는 안목이 높아지고 있다. 최근 부동산 시장은 안갯속 형국이다.

미국 연방 준비 제도의 기준 금리 인상과 연내 2차례 추가 인상 예고로 우리나라의 금리 상승 가능성도 커지는 가운데 부동산 투자 수익성의 불확실성이 커지고 있기 때문이다.

하지만 전문가들은 장기적인 안목으로 수익형 부동산 투자를 적극적으로 검토하라고 권유하고 있다. 불확실성이 클수록 단타보다 장기적인 안목으로 접근해야 한다는 이유에서이다.

전문가들은 "금리 인상 이후에도 부동산 시장은 여전히 매력적인 투자처로 꼽힌다. 장기적인 안목으로 입지와 배후 수요 등을 잘 살핀다면 오히려 리스크를 줄이는 안정적인 재테크 방법이 될 수 있다."고 조언한다. 전문가들이 수익형 부동산 투자자들에게 권하는 법칙을 요약하면 세 가지이다.

첫째, 투자 리스크를 줄일 수 있는 배후 수요를 확인해야 한다는 것이다.

거시적인 안목에서 배후 수요는 물론, 유동 인구와 인근 기업체 근무자 수 정도를 미리 확인해 두는 것이 좋다. 특히 발전되고 있는 곳은 직접 가서 상권을 살피고 반경 1km 이내 주변 입지와 환경을 직접 확인해야 한다. 주변 환경 요소를 고려하지 않고 섣불리 투자했다가는 수익은커녕 손해를 보기 마련이다.

둘째, 주변 입지 조건이다.

차별화된 조망권을 강조하는 다양한 현장들이 있지만, 실제 현장에 가보면 그렇지 않은 경우가 많다. 직접 현장을 답사하고 산·강·바다·공원 등 주변에 어떤 자연 환경을 갖추고 있는지 확인하는 것이 좋다. 문화 시설이나 사람들의 방문을 유도하는 특징적인 인프라가 인접해 있는 경우 상대적으로 미래 가치가 높다.

셋째, 접근성이다.

수익형 부동산은 특히 교통과 밀접한 연관이 있다. 역세권 여부에 따라 시세가 달라지게 된다. 기본적으로 지하철역이나 버스 정류장이 5분 거리 이내에 위치한 곳이 안정적이라고 볼 수 있다. 안정적인 수익형 부동산을 고르는 것은 가장 기본적인 것이지만 실제로 이러한 조건들을 모두 만족시킬 수 있는 입지의 수익형 상품은 손에 꼽을 정도다.

오늘 소개할 수익형 부동산은 고시원이다.

경기도 안산시 상록구 이동 ○○6-4번지 ○○프라자 제6층 601호 토지 219.3/1227.7평방미터 건물 738.52평방미터 고시원 룸은 56개이다. 본 물건은 당시 501호(남탕 772평방미터-233.56평), 601호(여탕 739평방미터- 223.40평) 이었다. 본 물건을 825,000,000원 낙찰받았다. 이를 고시원 룸 60개로 용도 변경하는 데 5억 원 정도가 들었다.

825,000,000원(낙찰금액), 37,950,000원(등기비용), 334,500,000원(고시원 변경 총 경비) 당시 고시원 변경비 평당 150만 원, 2017년 현재 250만 원이다. 총투자 금액은 1,197,450,000원이다. 필자에게 대출 의뢰가 있어 감정 의뢰해 보니 2016년 1,050,223,200원이다. 최근 본 물건 대출 의뢰로 필자가 다시 감정을 의뢰하니 1,050,233,200원으로 비슷했다.

매각가 1,150,000,000원,

등기비 52,900,000원,

총투자금 1,202,900,000원

대출금-800,000,000원,

순투사금 402,900,000원

룸 60개×350,000원=21,000,000원,

월지출비 5,400,000원

순수입 15,600,000원×12월=187,200,000원-36,000,000원

(8억×4.5%,1년이자)=151,200,000원이다.

151,200,000원/402,200,000원= 37.52%(수익률)

안정적인 수익이 보장되는 수익형 부동산 중 필자는 으뜸으로 고시원을 뽑는다. 만약 고시원 운영이 복잡하다면 임대를 주면 된다. 보증금 150,000,000원에 월 7,000,000원 임대를 주면 된다. 이런 세입자가 줄 서 있는 상황이다.

그렇다면 실제 임대를 주었을 때 소유자(임대인) 수익률 분석을 해 보자.

총 투자금 402,200,000원-150,000,000원=252,200,000원(순 투자금)

월세 7,000,000원×12월=84,000,000원-36,000,000원(이자)=48,000,000원(순이익)

48,000,000원/ 252,200,000원=19.03%이다.(소유자 수익률)

임차인 수익률 분석은,

187,200,000원-84,000,000원(月/700만 원. 1년)=103,200,000원/150,000,000원=68.8%(수익률)이다.

은행 예금 이자에 비해 수익률 높고 안정적인 수익형 부동산을 찾아보자. 경매로도 좋고 NPL매각 물건 감정가 대비 80% 대출된 원금으로 매입 가능하다. 필자는 고시원 대출을 10여 건 했는데 3건이 경매로 진행되고 그 중 3건은 모두 NPL로 원금에 매각이 되었다.

이런 물건을 찾으면 NPL 투자자는 대박을 얻은 것이다. 이런 물건을 하나 잡으면 평생 여유롭게 돈 걱정 없이 살 수 있기 때문이다.

	2010.02.18		2,997,000,000	종결		
	목욕시설		785,646,000 (26%)		534	·회원정보
	(상가)	[유치권 재매각]	825,000,000 (27.5%)			
		건물 1,611㎡ (467평)	토지 449㎡ (136평)			

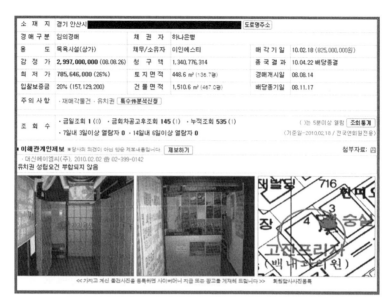

낙찰 통계를 보면 그 부동산의 진가를 알 수 있고 조회 수(534명)를 보면 낙찰가도 가늠할 수 있다.

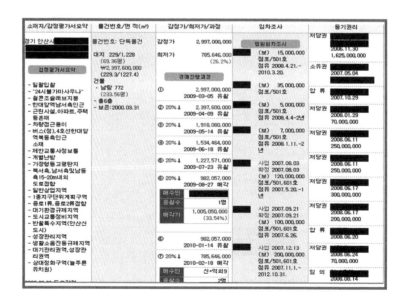

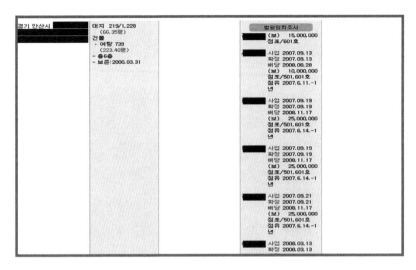

안정적인 수익이 보장되는 수익형 부동산 중 필자는 고시원을 으뜸으로 뽑는다.

은행 예금 이자에 비해 수익률이 높고 안정적인 수익형 부동산을 찾아보자. 경매로도 좋고 NPL매각 물건은 감정가 대비 80% 대출된 원금으로 매입이 가능하다

 사례 분석 15

서울시 ○○동 3○○-2○번지 ○○ ○○ 100동 L○○1호 L○○2호
토지 ○○1호: 100.84/4590평방미터, 건물 201호: 215.84평방미터
토지 ○○2호: 82.32/4590평방미터, 건물 202호: 257.81평방미터
고시원 룸 60개이다.
감정가 1,490,000,000원 /
매각가 1,400,000,000원 /
등기비 64,400,000원 /

소 계 1,464,400,000원 /

대 출 −960,000,000원 /

순투자금 504,400,000원 /

원룸 60개×350,000원=21,000,000원, 월 고정 지출비 7,100,000원 /

순수입 13,900,000원×12월=166,800,000원−43,200,000원(9억 6천만 원×
4.5%,1년이자), 123,600,000원/504,400,000원=24.50%(수익률)

수익형 부동산 수익률이 오르면 부동산 가격도 따라 오른다. 서울
투자 물건은 수익률이 낮아도 부동산 가격 시세는 더 높아진다.

참고로 모든 방은 원룸으로 되어 있다

고시원 원룸이다. 풀 옵션이라서 냉장고, 책상, 옷장, 에어컨, 침대
등이 있다. 넉넉한 수납 공간이 마음에 들었다.

개별 욕실도 있다. 샤워기가 있어서 고시원에서도 샤워 가능하다.

침대와 소방 시설, 그리고 작은 창문이 있어서 답답함 없이 생활할

수 있다. 수납 공간이 또 있고, 모니터도 있다.

이곳은 공동 시설인데, 공동 주방과 세탁기도 있다.

아무래도 혼자 살고 매일 밖에서 사 먹을 수 없기 때문에 음식을 해 먹어야 하는데 고시원(원룸텔)은 시설이 깨끗하고 환경과 쾌적성은 물론 편리해야 한다.

소액 무피 투자로 샐러리맨도
투 잡에 도전해 보자

필자는 경매를 통해 5년에 10억 원을 벌었지만, 생계형 경매 위주로 하다 보니 소액으로 투자하는 물건을 찾아야만 했다. 소액으로 투자하는 방법을 찾다 보니 경락잔금대출을 90%까지 받고 월세 보증금 500만 원에 월 35만 원을 받으니 '무피투자' 가 가능했다.

즉, 감정가 7,500만 원인 물건을 경매로 3,500만 원에 낙찰, 경락잔금대출로 낙찰가의 90% 안쪽인 3천만 원을 받고 월세 보증금 500만 원/ 월 35만 원을 활용하니 무피투자가 되었다.

월 35만 원씩 1년 월세는 420만 원, 3,000만 원 1년 이자(연 4%)는 120만 원, 결국 순수 연 임대료 300만 원으로 무피투자 월 25만 원의 임대료가 들어온다. 초창기에 10채의 부동산 투자를 이렇게 했다. 월 250만 원, 아무도 이 말을 믿지 않는다.

필자가 최근 종잣돈 1억 원이면 매달 1년에 오피스텔 1채, 1년에 25,860,000원의 연봉을 올릴 수 있다고 강의를 해도 물어보는 수강생도 별로 없다.

공부는 우리 인생을 결코 배반하지 않는다. 필자가 샐러리맨으로 직장을 다니면서 이루어 낸 그 생생한 경매 경험담, 평범한 샐러리맨 투잡으로 생계형 경매 재테크를 했던 좌충우돌 그 사연을 생생하게 이 책에서 소개했다.

1억 원 미만 소액투자 물건과 종잣돈 없이도 무피로 재테크 투자한 사례들을 다룬다. 샐러리맨이 투잡으로 종잣돈을 투자할 금액별로 1,000~3,000만 원, 많게는 1억 원 정도라면 충분히 노후 자금으로 수익형 · 연금형 재테크가 가능하다.

필자와 함께라면 충분히 재테크가 가능하고 노후 준비도 무난하다. 필자는 이 책을 통해 그 비법을 전해 주고 싶다.

반지하에서 시작된 경매 재테크, 어려울수록 사람은 더 강해지고 목표가 뚜렷해지는 법, 죽음보다 더한 가난, 그리고 그 해결책을 찾지 못하고 죽음을 결심하다가 우연히 찾아온 경매의 기회, 더불어 경매보다 더 안전하고 한발 앞선 NPL로 월급 받는 사연을 소개 했다.

이 책은 그동안의 수많은 부동산 재테크에 경매 이론과 지식만을 전달하는 책과는 다르게 이론에 실전을 접목시키는 방법으로 저자가 초기에 걱정하고 궁금해 했던 내용을 수록하고 부동산 경매 입찰과 경매의 문제점, 낙찰과 명도 그리고 최종적으로 고수익 창출에 이르기까지 부실 채권 투자 전반에 대한 주택 · 다가구 주택 · 근린 생활 시설(고시원, 오피스텔, 숙박시설 등) 임야 · 나대지 등 자세하게 수록해 놓은 실전 사례집이다.

재테크에 왕도는 없다. 하지만 주식 · 환율 · 유가 · 금리 · 돈과 화폐

경제 그리고 경제지식을 익히고 위치투자, 타이밍, 정책과 규제를 이용하는 것도 좋지만 훌륭한 멘토를 만나는 것이 중요하다고 생각된다.

인생을 역전시키고 편안하고 안정적인 노후를 위해 NPL투자법을 공부하여 많은 독자들이 성공과 부를 축적하기를 바란다. 각종 고급 인테리어와 풍수지리학적으로 선정과 입지가 좋은 부동산 그리고 직주접근이 용이한 부동산, 시세보다 저렴하게 경매로 나온 부동산에 투자해 기대 이상의 시세 차익과 함께 임대 수익을 올려 재매각으로 큰 수익을 내고 있다.

PART 05

NPL(부실채권)경매로 알아보는
수익형 · 연금형 부동산 투자 전략

NPL(부실 채권),
도대체 넌 누구냐!

NPL(Non Performing Loan)은 부실대출금과 부실지급보증액을 합친 것으로 금융회사의 부실 채권을 뜻한다. 은행 대출의 건전성은 정상, 요주의, 고정, 회수의문, 추정손실 등 5가지로 구분된다.

'고정' 이상의 여신은 담보를 확보해 둔 상태로 돈을 회수할 가능성이 있는 대출금이다. 보통 3개월 이상 연체된 여신을 고정 이하 여신으로 분류한다.

'정상' 여신은 말 그대로 충분히 회수가 가능한 양호한 대출을 뜻한다. '요주의' 여신은 1개월 이상 3개월 미만 연체됐을 경우다. 반면 '고정' 이하 연체 중 담보가 있어 회수가 가능하면 '고정', 담보가 없어 돈을 떼일 우려가 크면 '회수의문', 사실상 회수가 불가능해 손실 처리하는 여신은 '추정손실'로 분류된다.

부실채권(NPL)은 금융 기관들이 연합하여 SPC(특수목적법인)인 자산유동화 전문 회사를 설립하여 이 회사에 자산을 매각한다.

이들은 수천억 원에서 조 단위의 큰 규모로 SPC 유동화증권을 발행해 NPL 대금을 지급하거나 펀드를 조성하여 매입자금을 1, 2, 3차 투자자에게 자금을 조달하여 투자 수익을 얻는다.

SPC(SPC(특수목적회사)는 서류상 존재하는 회사로서 실질 자산 관리 업무는 자산 관리자인 자산보유자나, 신용정보회사, 자산관리회사에 위탁하게 된다.

이들 자산 관리자들은 자산의 관리, 처분, 추심 등에 관한 사항을 위임받고, 감정평가사와 회계법인들은 해당 물건 소재지와 부동산의 유형의 최근 낙찰가율을 고려한 매매 가능 적정 가격으로 산정하여 부실 채권을 매입한다. 매입한 부실 채권은 경매 진행과 NPL(부실 채권) 재매각 등의 절차를 진행하게 된다.

일반인이 부실 채권(NPL)에 접근할 수 있는 타이밍은 재매각 시 유동화 회사로부터 예상 배당표를 받아 투자 여부를 결정하고 매수의향서를 작성하여 매입하고 배당이나 방어 입찰로 참여를 한다.

정보에 능통하고 능력 있는 발 빠른 AMC(자산관리회사) 혹은 개인사업자는 금융 기관과 직접 '딜'을 한다. 그러나 모든 임장 활동과 권리분석, 예상 낙찰가 산정 그리고 매각 금액 결정 등 모든 수고를 혼자 해야 하나 유동화 전문 회사(SPC)로부터 매입한 부실 채권은 이런 수고를 줄일 수 있다.

유동화 전문 회사가 금융 기관으로부터 매수의향서로 매입한 부실 채권을 신용정보회사와 자산 관리 회사 등이 다시 이를 되파는(재매각) 경우 일반 개미투자자들이 투자를 하여 수익을 얻을 수 있다.

최근 부천 중동에서 부동산을 운영하는 공인 중개사인 한수빈(43세)는 그동안 부동산 경매로 재미를 봤으나 매각가율이 높아지면서 재미를 못보고 있던 중 부실 채권(NPL)이 돈이 된다는 이야기 듣고 경매보다 한 발 앞선 NPL에 관심이 많다.

H씨는 사례를 통해 부실 채권을 알아보았다.

 사례 분석 16

H씨는 감정가 10억 원, 대출원금 6억 원,
NPL(부실 채권) 매입가 6억 원 원금에 매입
부천 원미구 중동 1층에 있는 근린 상가 153.05평방미터(46평),

채권최고액 7억2천만 원이었으며, 낙찰 예상가 5억 원이었지만 이 부동산이 경매로 낙찰받는 것과 부실 채권(NPL)으로 유입(직접 낙찰) 받았을 때 수익금은 거의 3,790만 원 정도 차이가 났다.

H씨는 경매로 5억 원에 낙찰받을 경우, 낙찰가격 비주거용 90%인 4억5천만 원 경락잔금대출을 받으면 대출금 월 이자액 1,425,000원(연3.8%)이 지급된다.

상가임대료 수익은 보증금 1,000만 원이고 월 300만 원이라고 보았을 때, 월 순수익은 1,575,000원이다.

그렇다면 H씨 실제 투자금은 5,000만 원과 등기비용 2,160만 원, 이사 비용 등 포함 7,500만 원 정도이다.

① 1년 후 정상적인 대출은 감정가 10억 원의 70%인 7억 원을 대출받아 4억5천만 원을 상환하면 2억5천만 원을 여유 자금으로 활용 가능하다.

② 그렇다면 H씨의 투자 수익률은 얼마일까?

18,900,000원 / 75,000,000원 = 25.2%이다.

1년 후 6억 원에 매각한다면 양도차익 1억 원, 1년이자 제하고 연간 임대 순수익 18,900,000원 경매로 낙찰받아 매각했으므로 양도 소득세 4천만 원과 등기비용 21,600,000원, 기타비용 7,500만 원을 지불해야 한다. 그렇다면 총 순수수익금 2,500만 원이다. 1년 순수 임대 수익 1,890만 원이다.

매각 시 수익률(수익금/순수 투자금)을 계산해 보면, 43,900,000원 / 75,000,000원 = 58.53%이다.(보증금은 제외)

같은 조건으로 NPL로 낙찰받은 L씨의 경우 수익률은?

16,800,000원/ 1억 원 = 16.8%이다.

NPL경매에서 5억 원에 낙찰된 이 상가는 NPL 대출 80%, 4억 원, 연이자 4.8%일 때 (연이자 19,200,000원/월 1,600,000원) 실제 투자금 1억 원 순수 임대 수익금 16,800,000원이다. {(3,000,000원-1,600,000원)=1,400,000원 ×12월=16,800,000원}

그러나 같은 조건으로 NPL 매입 채권을 6억 원에 매각한다면 1억 원에 대한 양도차익에 대한 양도 소득세는 없다. 똑같은 조건이라고 한다면 양도 소득세 4,000만 원을 제하지 않고, 순수수익금은 양도차액 1억 원-기타비용 3천5백만 원+16,800,000원(순수임대 수익) 81,800,000원/1.35억 원 = 60.59%이다.

그러나 NPL(부실 채권)의 최대 강점은 매매 때 양도 소득세 절감에 있다. 일반매매와 부실 채권 매매의 차이는 똑같은 조건에서 37,900,000원의 차이가 난다. (81,800,000원(부실 채권투자 매각 수익금)-43,900,000원(일반매매) 수익금)

서울 신림동에 있는 감정가 3억7000만 원, 105.6㎡ 아파트가 경매에 나왔다.

1순위 근저당권 2억5천만 원이 설정된 이 물건에 대한 경매개시결정이 나자 H씨는 AMC(자산관리회사)로부터 근저당권을 3,000만 원 싼 2억2천만 원에 매입했다. 그리고 3억 원에 낙찰받았다.

H씨는 2억5천만 원의 근저당권을 갖고 있어 상계 처리로 5,000만 원을 내고 아파트 소유권을 이전받아 1억 원 이익을 얻었다.

본 사례처럼 총 2억7천만 원을 들여 3억7천만 원의 이득을 취할 수 있다. 이 경우 H씨가 3억 원에 물건을 낙찰받지 못했더라도 근저당권 2억5천만 원의 배당을 받을 수 있어 단기에 3,000만 원이라는 고소득을 얻게 된다.

금융 기관은 회계 기준(IFRS)을 맞추기 위해 이 같은 부실 채권을 유암코(연합자산 관리회사), 유동화전문 회사, 대신 F&I, 한국저당권거래소. 농협 자산 관리회사, 지지옥션 홈페이지, 효성F&I 등의 자산 관리회사(AMC)에 매각하는데 이곳에서는 부실 채권의 담보물을 경매나 공매로 넘겨 채권을 회수하거나 판매한다.

따라서 투자자들은 이 채권을 사들여 배당을 받거나 직접 낙찰받아 투자 수익을 올릴 수 있다. 부실 채권(NPL)은 수익실현 가능한 권리분석과 임장 활동을 통해 부동산 물건에 대한 가치를 잘 판단할 때 고수익을 실현할 수 있다.

금융 기관이 새 회계 기준(IFRS)으로 자산 건전성 비율을 맞춰야 하고 경기 침체로 연체 중인 부동산을 금융 기관들이 6월과 12월 그리고 수시로 부실 채권 정리하면서 NPL 물건이 증가할 수밖에 없다.

자산건전성 분류 및 대손충당금 적립 기준

〈자산건전성 분류 기준〉

구분	기존	강화	
		'13.7월	'16.7월 이후~현재
정상	3개월 미만 연체	2개월 미만 연체	1개월 미만 연체
요주의	6개월 미만 연체	4개월 미만 연체	3개월 미만 연체
고정	6개월 이상 연체	4개월 이상 연체	3개월 이상 연체
회수의문	6개월 이상 연체 (회수예상가액초과분)	4~12월 미만 연체 (회수예상가액초과분)	3~12월 미만 연체 (회수예상가액초과분)
추정손실	6개월 이상 연체 (손실확실 시)	12개월 이상 연체 (회수예상가액초과분)	12개월 이상 연체 (회수예상가액초과분)

☞ 단계적으로 상향하여 '16.7.1부터 은행과 동일한 기준 적용

〈대손충당금 적립기준〉

구분	기존	1단계 '12.7.1~	2단계 '13.1.1~	3단계 '13.7.1~	4단계 '14.1.1~	5단계 '14.7.1~	6단계 '15.1.1~	7단계 '16.7.1~
정상	0.5이상	0.55이상	0.6이상	0.65이상	0.7이상	0.8이상	0.9이상	1.0이상
요주의	1.0이상	2.0이상	3.0이상	4.0이상	5.5이상	7.0이상	8.5이상	10.0이상
고정	20이상	좌동	좌동	좌동	좌동	좌동	좌동	좌동
회수의문	75이상	75이상	75이상	55이상	55이상	55이상	55이상	55이상
추정손실	100	좌동	좌동	좌동	좌동	좌동	좌동	좌동

☞ 단계적으로 상향하여 '15.7.1부터 은행과 동일한 기준 적용
☞ 3단계, 5단계, 7단계는 「상호금융업감독규정」에 명시적으로 규정된 사항임
○ 그 외 4단계, 6단계는 금융감독원 지도사항(권고사항)임
☞ 적용기간 중 1.1의 의미는 1월까지(7.1은 7월까지)를 의미함
○ 예컨대 4단계 적용 기간은 14. 1월부터(13.12월 아님) 적용됨

NPL 부실 채권 투자 (배당사례)

다음은 부실 채권투자 론세일(채권양수도계약) 배당 투자 성공사례이다.

사례 분석 18

론세일(채권양수도계약) 배당으로 투자하는 부실 채권의 경우 AMC(유동화전문 회사)에서 이미 임장 활동으로 가격 조사와 예상낙찰가격 동종 물건 매각 금액, 예상배당표와 물건 보고서 등 채권 서류를 확인하고 NPL(부실 채권)매입할 때 권리분석을 마친 경우이다. 개미 투자자는 수익 예상 금액을 확인하고 매입 의향서에 금액을 기재하고 부실 채권 매입 계약을 체결 후 투자를 한다.

이런 경우 경매에서 낙찰받고 인도 명령과 명도 집행의 수고는 하지 않아도 된다. 누군가 낙찰받는 금액에서 배당으로 수익이 실현되기 때문이다.

간혹 권리분석을 잘못하여 손실이 예상될 경우 AMC에서 자체 방어 입찰로 개미투자자에게 손실을 최소화하거나 투자자가 방어 입찰로 매입하여 간단한 리모델링 후 재매각하면 된다.

NPL 배당투자 사례(수익률 165% 성공이야기)

이 경매 물건은 군포시 산본동에 위치한 22평형 아파트이다. 현장 조사 결과 수리동사무소와 영동고속도로, 서울외곽순환도로 5분 거리에 있으며 농협, 신한은행 등 금융 기관과 순복음교회, 증권사, 공원과 열매 유치권 등의 주변 여건에 산과 개천이 있어 산책이나 운동을 즐길 수 있는 좋은 환경을 가지고 있다. 따라서 매매 수요 및 전세가 탄탄하다. 또한 매매 금액이 크지 않아 소액으로 투자가 가능하며, 재매각이 용이하다고 판단된다. 즉 팔기 쉽고

임대하기 쉬운 물건이란 의미다. 이런 부실 채권에 투자하면 소액으로 손쉽게 수익을 달성할 수 있을 것이다.

이 경매물건을 간단하게 정리해 보자면 다음과 같다.

① 경매사건번호(2017타경 XXXX)

② 주소 : 경기도 군포시 ○○동 ○150-9번지 857동 90○호

③ 부동산 종류 : 아파트(방3, 주방, W/C, 발코니2, 19층 중 9층)

   대지권 30.86평방미터(9.34평)

   건 물 48.89평방미터 (15.09평)

④ 감정가격 : 185,000,000원

⑤ 낙찰가격 : 170,110,000원

⑥ 채권최고액 : 182,000,000원

⑦ 청구금액 : 177,799,000원

NPL 채권 매입자 176,380,000원으로 유입(직접낙찰) 입찰하였으나 2등 패찰되었다.

권리 분석

그러면 경매물건에서 가장 중요하다는 권리분석 방법을 공부해 보자. 권리분석의 시작은 부동산 등기부등본의 '갑구'와 '을구'에서 말소기준등기를 찾는 것이다. 갑구는 소유권에 관한 사항이, 을구는 소유권 이외의 권리에 관한 사항으로 부채에 관한 사항들이 기재되어 있다. 예를 들어 가압류는 갑구에, 근저당권은 을구에 표시되어 있다.

그러나 등기부등본에는 나타나지 않는 권리들이 존재한다는 사실을 알아야 한다. 임차인, 유치권, 법정지상권 등이 그 예이다.

특히, 선순위 임차인을 조심해야 한다. 가장 확실하게 하려면 법원 경매서류 중에 매각물건명세서를 병행해 분석해야 한다.

매각물건명세서가 오류인 경우에는 국가의 배상 책임이 일부 있다는 대법원 판례도 있으니 가장 믿을 만한 것이다. 지금부터 등기부와 매각물건명세서 병행해 분석하는 방법 알아보자. 우선 등기부나 법원 경매서류에서 말소기준등기를 찾아야 한다.

말소기준등기란 나중에 자세하게 배우겠지만, 경매의 매각절차에서 말소와 인수를 결정짓는 등기를 말하며 그 이후에 설정된 권리들은 소멸된다고 이해하면 된다. 이는 앞서 보았던 법원 경매서류로도 확인이 가능하다.

임의경매기입등기와 근저당권 중 더 빠른 근저당권이 말소기준등기임이 표시되어 있다. 이제 등기부등본 상에 나타나지 않는 임차인 정보를 확인하기 위해 매각물건명세서를 살펴볼 차례이다.

본 물건은 감정가격 185,000,000원, 채권최고액 175,200,000원, 경매청구금액 150,060,144원이다. 선순위 임차인 박OO가 전입되어 있으나 실제 점유자도 임차인도 아닌 것으로 채권서류를 통해 확인했다. 또한 선순위 채권, 당해세 등이 없는 것으로 확인되었다.

NPL경매 아카데미에서 필자의 교육을 받던 NPL배당투자 목적으로 본 물건을 120,000,000원에 매입하였다. 그리고 처음 배당목적으로 채권 론세일(양수도계약)로 채권 매입한 이 집의 내부 구조와 인테리어가 마음에 들어 거주 목적으로 유입코자 채권최고액에 근접한 176,330,000원에 경매에 직접 입찰하였다.

그러나 13명 입찰자 중 최고가 입찰자인 제3자가 177,799,000원 최고가 매수신고인이 낙찰받으면서 2등 입찰자로 입찰에 실패하고 패찰하였다.

부동산 임의(강제)경매에서는 패찰하면 입찰보증금을 돌려받고 끝이다. 그러나 NPL채권 매입자는 패찰하여도 배당을 받는다. 투자원금은 물론이고 합법적인 연체이자 경매집행비용 등 전액을 회수할 수 있었다. 그런데 여기서 궁금증 하나를 해결하고 넘어가자.

ㅇㅇㅇ저축은행은 조금만 있으면 배당받을 수 있는 알토란같은 부실 채권을 왜 팔아버렸을까? ㅇㅇㅇ저축은행의 속사정을 알면 이해가 될 것이다.

2013년 마감을 앞두고 재무건전성을 확인한 결과 대손충당금의 보전(부실 채권의 경우 20% 이상), BIS비율과 수익률 하락, 부실 채권 지도비율 등에 문제가 발생했기 때문이다.

ㅇㅇㅇ저축은행으로서는 자산 관리 공사에 헐값으로 매각하는 것보다는 개별 매각하는 것이 이익이므로 서둘러 매각을 추진했다.

제2금융권의 물건을 수시로 확인하던 필자의 레이더에 그 물건이 걸려든 것이다. 필자는 앞에서도 밝혔듯이 부실 채권을 매입, 관리, 매각하는 금융 기관에 근무하면서 NPL 매각 심사를 하고 있다. 은행들은 일반투자자에게 직접 매도하지 않기 때문에 유동화 회사를 잘 알고 있는 것이 큰 도움이 된다. 이 물건에 대한 히스토리는 경매법원의 문건처리내역 중 접수내역을 살펴보면 한눈에 알 수 있다.

접수내역의 해당 항이 어떤 의미인지 쉽게 풀어 보겠다.

① 201ㅇ년 05월 20일, 채권자 ㅇ저축은행은 채무자가 이자를 3개월 이상 연체하자 법원에 경매를 신청했다.

② 201ㅇ년 11월 29일, ㅇ저축은행의 근저당권을 매입한 OOAMC는 채권자변경신청서를 제출했다. 앞으로 경매 절차에서 발생하는 사항들을 법원과 채무자(소유자)에게 채권양수도 통지를 발송하고 매각 대금 중 ㅇ저축 은행의 근저당권에 대한 배당금을 받아가겠다는 것을 통지한 것이다.

③ 201ㅇ년 7월 20일, 필자는 채무자 겸 소유자 박기ㅇ님이 신청한 경매중지요청에 대해 관련서류를 첨부하여 경매속행신청을 하였다.

④ 201ㅇ년 8월 11일, 본 물건이 이동ㅇ에게 매각되었음을 경매법원에 통보한다.

⑤ 201ㅇ년 5월 20일, 본 물건이 제3자에게 매각되었다.

잔금이 납부되면 경매법원은 1개월 이내에 채권자들에게 매각대금을 배당하기 위해 배당기일을 지정한다. 채권자들은 각각 매각대금에서 받을 채권금액을 계산하여 경매법원에 신청한다. 본 물건의 경우, OOAMC가 부실 채권을 매입하기 위해 ㅇ저축은행으로부터 근저당권부 질권 설정하고 대출받았다. ㅇ저축은행은 담보부 질권 대출금을 회수하기 위해 채권계산서를 경매법원에 제출하였다.

⑥ 201ㅇ년 5월 20일, NPL채권 매입자는 채권을 회수하기 위해 채권계산서를 제출했다.

출구 전략

본 물건은 매입한 채권 금액보다 낙찰 예상가격이 높은 양질의 물건이다. 다시 말해 경매에 굳이 참여하지 않더라도 제3자가 낙찰받아 배당 수익을 올릴 수 있는 최적의 물건이라는 의미이다.

부실 채권 물건을 고를 때는 이처럼 목적을 분명히 해야 한다.

즉, 배당투자를 노릴 것이냐, 유입투자(경매에 참여해 직접 낙찰을 받는 방법)를 노릴 것이냐, 아니면 재매각이냐 채무자 자진변제냐, 목적에 따라 거기에 최적화된 물건을 고르는 것이 현명하다는 얘기다.

그러면 NPL 투자자 배당표를 통해 165% 대박 투자의 과정을 자세히 분석해 보자. 배당표를 잘 살펴보면,

① 경매집행 비용이 가장 먼저 배당되고, 이어서

② 담보부 질권자에게 배당되고 그 잔액이

③ 근저당권자에게 배당된다. 근저당권보다 담보부질권자가 우선 배당받는다는 것을 알 수 있다.

④ NPL투자자 성적표를 보자. 실투자 금액 31,051,390원을 투자하여 51,451,390원수익을 냈다.

51,451,390원/31,051,200원 = 165%(소요기간-4개월) 3천1백만 원으로 4개월 만에 약 5천1백만 원의 수익을 올린 것이다. 연 수익률로 따지면 165% 그야말로 대박 물건이다.

■ 예상배당표 [매각가 177,799,000으로 분석]

등기권리	종류		등기일자	채권액	예상배당액	인수	비고
	근저당권		2013-04-17	104,400,000	104,400,000	말소	말소기준등기
	근저당권		2013-04-18	70,800,000	70,755,295	말소	
	임 의		2013-11-29			말소	경매기입등기
	가압류	경기신용보증재단	2013-12-02	11,162,500		말소	

임차권리	전입자	점유	전입/확정/배당	보증금/차임	예상배당액	대항력	인수	형태
			법원기록상 임대차 관계 없음					

배당순서	종류	배당자	예상배당액	배당후잔액	배당사유
	경매비용		① 2,643,705	175,155,295	
	근저당권		⑤ 104,400,000	70,755,295	근저
	근저당권	저축은행	⑥ 70,755,295	0	근저

배당표를 잘 살펴보면
① 경매집행 비용이 가장 먼저 배당되고, 이어서, ⑤ 담보부 질권자에게 배당되고 그 잔액이
⑥ 근저당권자에게 배당된다. 근저당권보다 담보부질권자가 우선 배당 받는다는 것을 알 수 있다.
⑦ 투자수익률을 계산해보면 실투자 금액 3천 1백 만원으로
4개월 만에 약 5천 1백 만 원의 수익을 냈다. 연 수익률로 따지면 165% 그야말로 대박 물건이다.

매각물건 명세서 이해

경매의 꽃은 권리분석이다. 권리분석 세부내역은 매각물건 명세서

라고 할 수 있다.

이를 볼 수 있는 능력이 수익을 남기는 데 절대적이기에 매각물건명세서와 예상배당표 작성을 제대로 알지 못하고는 경매하는데 낭패를 보는 경우가 있다. 매각물건명세서는 경매의 종합재무제표라고 보면 된다.

말소기준등기, 임차인의 대항력 유무, 배당유무, 인수하는 권리 등 다양한 정보를 제공하는 보물단지이다.

첫째, 매각물건명세서의 개념

법원의 매각물건명세서는 응찰자에게 부동산의 물적 부담 상태, 취득할 종물, 종된 권리의 범위 등과 최저매각가격 산출의 기초가 되는 사실을 공시하여 신중한 판단을 거쳐 입찰에 참가하게 함으로써 적정가격에 의한 입찰을 도모하기 위하여 마련된 제도이다.

법원은 부동산의 표시, 부동산의 점유자와 점유의 권원, 점유할 수 기간, 차임 또는 보증금에 관한 관계인의 진술이다.

등기된 부동산에 관한 권리 또는 가처분으로서 경락에 의하여 그 효력이 소멸되지 아니하는 것, 경락에 의하여 설정된 것으로 보게 되는 지상권의 개요 등을 기재한 경매물건명세서를 작성하고, 이를 경매 기일의 1주일 전까지 법원에 비치하여 일반인이 열람할 수 있도록 작성해 놓은 것이다.

둘째, 매각물건명세서 작성 취지

1) 민사집행법 제105조 제2항은 "법원은 매각물건명세서·현황조사보고서 및 평가서의 사본을 법원에 비치하여 누구든지 볼 수 있도록 하여야 한다."고 규정하고, 민사집행규칙 제55조는 "매각물건명세서·현황조사보고서 및 평가서의 사본은 매각기일(기간입찰의 방법으로 진행하는 경우에는 입찰 기간의 개시일)마다 그 1주 전까지 법원에 비치하여야 한다. 다만, 법원은 상당하다고 인정하는 때에는 매각물건명세서·현황조사보고서 및 평가서의 기재내용을 전자통신매체로 공시함으로써 그 사본의 비치에 갈음할 수 있다."고 규정하고 있다.

2) 경매절차에 있어서 매각물건명세서의 작성은 입찰대상 부동산의 현황을 되도록 정확히 파악하여 일반인에게 그 현황과 권리관계를 공시함으로써 매수 희망자가 입찰대상 물건에 필요한 정보를 쉽게 얻을 수 있게 하여 예측하지 못한 손해를 입는 것을 방지하고자 하는 데 그 취지가 있다(대법원 2004. 11. 9.자 2004마94 결정 등 참조).

셋째, 매각물건명세서 기재 사항

가. 부동산의 표시

나. 부동산 점유자와 점유의 권원, 점유할 수 있는 기간, 차임 또는 보증금에 관한 관계인의 진술

다. 등기된 부동산에 대한권리 또는 가처분으로서 매각으로 효력을 잃지 않는 것

라. 매각에 따라 설정된 것으로 보게 되는 지상권의 개요

마. 집행법원이나 경매담당 공무원이 매각 물건명세서 작성에 관한 직무상의 의무를 위반한 경우, 국가배상책임 유무(적극) : 대법원 2008.1.31. 선고 2006다913 판결

집행법원으로서는 매각대상 부동산에 관한 이해관계인이나 그 현황조사를 실시한 집행관 등으로부터 제출된 자료를 기초로 매각대상 부동산의 현황과 권리관계를 되도록 정확히 파악하여 이를 매각물건명세서에 기재하여야 하고, 만일 경매절차의 특성이나 집행법원이 가지는 기능의 한계 등으로 인하여 매각대상 부동산의 현황이나 관리관계를 정확히 파악하는 것이 곤란한 경우에는 그 부동산의 현황이나 권리관계가 불분명하다는 취지를 매각물건명세서에 그대로 기재함으로써 매수신청인 스스로의 판단과 책임 하에 매각대상 부동산의 매수신고가격이 결정될 수 있도록 하여야 할 것이다.

그럼에도 집행법원이나 경매담당 공무원이 위와 같은 직무상의 의무를 위반하여 매각물건명세서에 매각대상 부동산의 현황과 권리관계에 관한 사항을 제출된 자료와 다르게 작성하거나 불분명한 사항에 관하여 잘못된 정보를 제공함으로써 매수인의 매수신고가격 결정에 영향을 미쳐 매수인으로 하여금 불측의 손해를 입게 하였다면, 국가는 이로 인하여 매수인에게 발생한 손해에 대한 배상책임을 진다고 할 것이다.

매각물건명세서상의 불분명한 기재와 경매담당 공무원의 잘못된 답변으로 최선순위 전세권자인 소외인보다 후순위로 이루어진 나머

지 전세권설정등기가 매각으로 인하여 모두 말소되는 것으로 오인한 상태에서 매수신고가격을 결정함으로써 그 각 전세권을 인수하여야 하는 예상하지 못한 손해를 입게 되었다고 할 것이므로, 피고로서는 위와 같은 경매담당 공무원 등의 직무의무 위반행위로 인하여 원고가 입게 된 손해를 배상할 책임이 있다고 할 것이다.(대법원 1998. 11. 13. 선고 98다31837 판결 참조).

넷째, 매각물건명세서 보는 방법

매각물건명세서는 법원이 입찰자들에게 정확한 정보를 제공해서 예측하지 못하는 손해를 방지하기 위해서 제공하는 문서, 매각물건명세서는 심플하게 한 장으로 구성되어 있다.

가장 중요한 것이 최선 순위 설정일자이다. 최선 순위 설정일자에 보면 어떤 권리가 그 부동산에 가장 먼저 권리설정이 되어 있는지 표기되어 있다. 최선순위 설정일자를 보고 이것과 임차인의 전입신고 일자를 비교하여 임차인의 대항력 여부를 판단할 수 있는 기준이다.

위의 사건에서는 건물과 토지가 하나로 합쳐진 집합건물이기에 최선순위 설정일자가 1개만 나오지만 단독 주택이나 다가구 주택의 경우 토지별, 건물별 최선순위 설정일자가 별도로 나오는 경우도 있다.

임차인의 대항력 여부는 건물의 최선순위 설정일자를 기준으로 한다. 또한 배당요구 종기가 중요한데 임차인은 배당요구종기일까지 배당신고를 해야 배당을 받을 수 있다.

각 점유자마다 정보의 출처에 따라 구분하여 표기를 한다.

즉, 위의 정보출처 구분에 보시면 이 점유 정보가 등기부등본상에 임차권등기에서 나온 사실이라면 등기사항전부증명서가 출처가 돼서 표기되고, 현황조사에서 점유인이 진술한 내용은 현황조사가 출처가 되며, 마지막으로 임차이이 권리신고 내용은 주거임차권자가 출처가 되어 표기된다.

여기서 만약 임차인이 임차권등기를 안했고 현황조사상의 내용과 권리신고 한 내용이 다르다면(보증금 금액이 틀릴 경우) 가장 임차인일 가능성이 올라간다.

또한 여기서 중요한 것이 배당요구일자인데 배당요구일자를 확인해서 배당요구 종기 전에 신고를 했는지 확인해야 한다. 임차인은 아무리 권리가 있더라도 배당요구종기 전까지 배당신청을 해야 배당을 받을 수 있다. 만약 어떤 임차인이 대항력이 있고 확정일자까지 받아서 배당신청을 했는데 배당요구종기일 후에 배당신청을 했다면?

이 선순위 임차인이 배당금을 한 푼도 못 받았다면 낙찰자는 임차인의 보증금을 전액 인수해야 한다. 가장 하단에 보면 낙찰 후에 사라지지 않는 인수되는 권리사항들이 표기되는 곳이 있다.

작성일자	2014.05.13		최선순위 설정일자		2013.04.17.근저당권		
부동산 및 감정평가액 최저매각가격의 표시	부동산표시목록 참조		배당요구종기		2014.02.06		
점유자의 성명	점유부분	정보출처 구분	점유의 권원	임대차 기간 (점유기간)	보증금	차임	전입신고일자, 사업자등록신청 일자	확정일자	배당요구 여부 (배당요구 일자)
조사된 임차내역 없음									
〈비고〉									
※ 최선순위 설정일자보다 대항요건을 먼저 갖춘 주택,상가건물 임차인의 임차보증금은 매수인에게 인수되는 경우가 발생할 수 있고, 대항력과 우선 변제권이 있는 주택,상가건물 임차인이 배당요구를 하였으나 보증금 전액에 관하여 배당을 받지 아니한 경우에는 배당받지 못한 잔액이 매수인에게 인수되게 됨을 주의하시기 바랍니다.									
※ 등기된 부동산에 관한 권리 또는 가처분으로 매각허가에 의하여 그 효력이 소멸되지 아니하는 것									
해당사항 없음									

※ 표시로 구분이 된다.

※ 매각허가에 의하여 효력이 소멸되지 아니하는 것, 즉, 낙찰 후에도 소멸되지 않고 인수하는 권리사항들을 표기하는 곳인데 여러 가지가 있다.

구분하자면,

선순위권리 : 가처분, 가등기, 지상권, 전세권, 대항력 있는 임차인

후순위 : 예고등기, 법정지상권, 유치건, 건물철거 및 토지인도청구 가처분, 대항력 있는 임차권등기.

※ 매각허가에 의하여 설정된 것으로 보는 지상권의 개요

법정지상권 등이 표기된다. 성립여부의 가능성은 있지만 확실하진 않을 때 "법정지상권이 성립할 여지가 있음"으로 표기되며 그 성립여부는 입찰자가 파악해야 한다.

※ 비고란

비고란에는 특별 매각조건이나 특이사항을 기록된다. 농지취득자격증명원 필요, 법정지상권, 유치권, 입찰보증금: 20% 등 위에 표기되지 않은 인수될만한 특이사항을 모두 표기한다.

농지취득 자격증명을 취득할 수 있는 자는

가. 농민

나. 농업법인

다. 농업인이 되고자 하는 자 : 미래사항으로 누구나 농업인이 될 수 있다.

다섯째, 매각물건명세서 특징

매각물건명세서는 법원사이트에서 매각기일(입찰일) 1주일 전 확인할 수 있다. 그 전에는 현황조사서나 감정평가서만 볼 수 있다. 또한 매각물건명세서에 어떤 하자가 있을 경우에는 매각불허가나 각하의 사유가 된다.

만약 매각물건명세서에 임차인이 없는 것으로 나와서 낙찰받았는데 알고 보니 대항력 있는 임차인이 있으면?

바로 불허가신청을 하면 불허가 되서 입찰보증금 돌려받고 그 물건은 매각 물건명세서가 수정돼서 다시 재경매가 진행된다.

그러므로 매각물건명세서는 매우 중요하다. 결국, 매각물건명세서는 중요하기 때문에 일반정보지를 믿지 말고 반드시 입찰 전에 대법원 경매사이트를 확인하고 입찰해야 한다.

소액투자가 가능한 NPL
수익형 · 연금형 부동산 투자법

본 물건은 1회 유찰되고 2회차 매각 기일에 매각가율 100.9%에 낙찰된 바 있으나, 대금을 미납하여 재매각(재경매)이 진행 중이었다.

권리분석(등본)상의 모든 권리는 매각(낙찰)으로 인하여 소멸되고, 매수인(낙찰자)이 인수하는 권리는 없다. 동소에 소유자가 점유하고 있는 점을 감안하면, 통상적인 이사비용 지급문제 외에 명도의 어려움도 없을 것으로 예상되었다.

다만, 국토교통부 2015년도 실거래가격 자료에 따르면, 동일 평형(전용 면적 84.66㎡) 아파트가 2억4,500만 원(19층)과 2억2,700만 원 (5층)에 거래되었다는 점을 감안하면, 실거래가격과 낙찰가격이 크게 차이가 없어서 대금납부에 대하여 고민하고 있는 것이 아닌가 추정된다.

이를 감안하면, 재매각절차 진행 중에 대금을 납부할 가능성도 있다. 인근 중개업소를 방문하여 실거래가격, 특히 급매물가격에 대하여 탐문조사를 해본 후에 입찰해야 했다

본 물건은 소액(약 390만 원) 투자하여 430만 원 수입을 올려 수익률

109.9% 연 수익률 219.88%사례를 알아보자.

저금리 영향으로 수익형 부동산, 주거용 오피스텔·주택상가·임대형 빌딩 등 이른바 '수익형 부동산'은 지난해 최고 인기 상품 중 하나였다.

하지만 올해는 투자 환경이 다소 나빠졌다. 대출 규제 강화와 금리 인상이 최대 악재(惡材)다. 이 때문에 투자 열기가 지난해보다 다소 주춤할 것으로 보인다.

다만 마땅한 투자처가 없고 금리 인상도 소폭에 그칠 가능성이 높아 투자 수요가 크게 줄어들지는 않을 전망이다.지난해 수익형 부동산 공급이 쏟아졌던 만큼 올해는 철저한 입지 분석을 바탕으로 장기 투자 관점에서 접근해야 한다.

직주근접(직장과 주거 지역) 교통이 편리한 역세권이나 대학로 그리고 상업업무 밀집 지역 등 경기를 타지 않고 꾸준한 수요가 발생하는 지역은 인기가 지속되고 입지가 떨어지는 지역은 미분양 부동산과 더불어 공실율이 높을 가능성이 많다.

대형 빌딩뿐만 아니라 중소형 빌딩도 수익률이 감소 추세이다. 하지만 매물이 상대적으로 부족하고 저금리 기조가 유지돼 매입 수요는 꾸준하다. 서울 강남권 소형 재건축 아파트와 경기 판교신도시, 서울 마곡·문정지구 등도 유망 투자처로 주목된다.

이 지역들은 임대 회전율이 높은 편이다. 내년에는 배곧 지역 및 도시에서 조금 떨어진 택지지구 신규 분양도 눈 돌릴 만하다. 강남 재건축이 유망하지만 분양가가 높아 투자 가치가 떨어질 가능성이 높기 때문이다.

다세대 · 빌라 매매 수요가 급증하고 있다. 전세난에 따라 실수요자들이 아파트보다 저렴한 빌라를 구입하는 것이다.

실수요자 위주로 빌라 매매 문의가 활발하다. 전세와 매매를 비교해도 1,000만 원 정도 차이이며, 요즘 전세가 없다보니 매매 전환 수요가 늘었다. 역세권이나 신축급 급매 빌라는 나오는 즉시 얼마 되지 않아 다 팔려 나간다.

아파트보다 다세대 · 빌라가 많기도 있지만, 전세 물량이 없자 빌라 매매로 돌아서는 사람들이 확실히 늘고 있다. 역세권 인근 입지에 들어선 5년 미만의 신축급 빌라에 대한 선호도가 강하게 나타나고 있다. 신혼부부 위주의 젊은 실수요자가 많다보니 대형 평형보다는 60㎡이하 소형 빌라 선호가 두드러진다.

전국의 다세대(연립 주택) 가격은 전년 같은 기간에 비해 4.86% 상승했다. 서울 지역 주택의 경우 전년 동기 대비 6.34%로 전국 평균 상승률보다 1.5%p가량 높았다.

서울 지역 신축 빌라들이 가격을 높게 책정하면서 상승률이 커졌다는 분석이다. 매매전환 수요가 빌라로 유입되는 현상은 당분간 지속될 전망이다. 본 물건의 다세대 주택 건물 35.55평방미터 대지34.26평방미터 대지 지분율(96.37%) 높은 매우 우수한 물건이다.

재개발 재건축일 때 보상책정 및 분양받는 면적에 유리하므로 대지지분은 공동주택 투자시 중요한 문제이다. 그러나 올해부터 적용되는 DTI보다 더 엄격한 기준의 총부채 상환비율의 관건이 부동산 시장의 발목을 잡을지 모른다.

총부채 원리금 상환비율(DSR · Debt Service Ratio) 이란?

  돈을 빌리는 사람의 소득 대비 전체 금융 부채의 원리금 상환액 비율이다.

  주택담보대출 외에 신용대출, 자동차 할부 등 금융권에서 받은 대출정보를 취합해 산출한다. 소득 대비 주택담보대출 원리금만 비교하는 총부채상환비율(DTI)보다 더 엄격한 기준이다. DSR 비율이 일정 수준을 초과하면 은행으로부터 사후 모니터링을 받게 된다.

 사례 분석 19 다세대 주택 NPL투자 (수익률 109.9%)

감 정 가 80,000,000원
채권최고액 101,400,000원
대출원리금 68,920,003원
NPL매입가 64,000,000원
부기등기비 608,000원
소   계 64,608,000원 ①
NPL매입금 64,000,000원 ②
NPL대출금 57,600,000원(NPL매입금액 90%)
대출금 이자 1,866,871원(57,600,000원×182/365×6.5%)–6개월 이자
부기등기비 608,000원
소   계 60,074,871원 ③

자기 자본 3,925,129원 ④ = ② − ③ 실제 투자자금

NPL매입금 64,000,000원 ②

대출금 이자 1,866,871원(57,600,000원×182/365×6.5%)—6개월 동안 이자

부기등기비 608,000원

소   계 66,474,871원 ⑤

낙찰금액 70,790,000원 ⑥

4,315,129원 투자 수익 (6개월)/3,925,129원=109.9%(수익률)

본 물건을 유입하여 8천만 원에 재매각 했다면 수익율?

매각금액 70,790,000원

등기비   778,690 원(취득세 1.1%)

채권액   146,580 원(낙찰가 0.2%)

명도비   2,000,000원(이사비 등)

총 비용 73,715,270원 총 투자 금액. 80,000,000원 − 73,715,270원 = 6,284,730원 재매각 차익이다.(약간 등기비가 추가 되겠지만 이익이 크다)

경락잔금대출 90%까지 가능 경락잔금대출 63,711,000원

경락잔금대출 63,000,000원 받았다면 73,715,270원 중 10,715,270원 자기 자본만 있으면 된다.

수익률 레버리지 효과로 더 높아진다.

6,284,730원/10,715,270원 = 58.65% (수익률)

　　만약 유입으로 채권 최고액 범위 내 101,400,000원에 낙찰(유입)로 부동산 가치가 상승하여 매매차익을 생각한다면 양도 소득세 절세 효과가 크다.

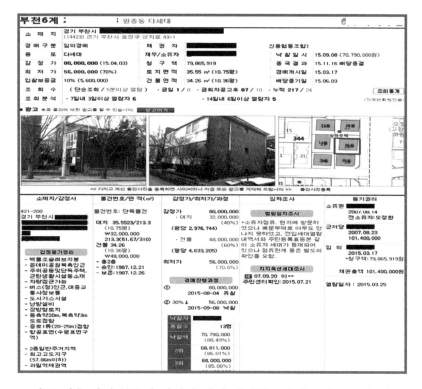

당초 대출 당시 부동산 감정가 대비 채권최고액이 크다는 뜻은 부동산 시세가 많이 하락했기 때문인데 이런 물건(아파트 및 주거용 부동산)을 유입했을 경우 오히려 양도 소득세 절세 효과가 큰 NPL 부동산이다.

저금리 시대에 적당한 투자처를 찾지 못하는 부동자금이 부실 채권(NPL)시장으로도 쏠리고 있다.

전체적으로 주거용을 제외한 부동산 시장이 불황기라고 하지만 NPL(부실 채권)시장은 그동안 지속적으로 성장을 이뤄왔다.

그렇다면 최근 과열된 NPL 시장에서 개인투자자들이 안정적이고 지속적인 투자 수익률을 얻기 위해서는 어떤 투자 전략을 가져가야 할까?

최근 경매업계에서 NPL(부실 채권)에 대한 관심이 높아지면서 이에 대한 부작용도 만만치 않게 나타나고 있다. 바로 미숙한 투자에 따른 큰 피해와 사기행각이 속출하고 있는 것이다. 여기저기 부동산 투자교육기관과 크고 작은 AMC(자산 관리회사)마다 NPL 강의를 하고, NPL투자로 큰 수익을 낼 수 있다고 이야기한다.

하지만 NPL 인기가 높아지면서 경쟁은 치열해져 수익률은 반대로 하락하는 형국이다. NPL 교육을 한다고 수강생을 모아 놓고 투자설명회를 하면서 집단투자를 유도하고, 높은 수익률을 낼 수 있다고 물건을 소개하는 방식으로 투자자를 모집한다. 이런 방식으로 개인투자들은 교육받거나 소개받은 일반 업체에서 NPL을 투자하게 된다.

이런 교육기관이나 AMC 이름을 쓰는 법인들은 어떤 자격요건 없이 법인설립만으로 유동화 된 부실 채권을 취급한다. NPL 매입방법에는 채무 인수(사후정산), 론세일(채권양도), 벌크세일 등의 유형으로 취급하고 채권차액이나 수수료를 받는다. NPL 투자는 이론상으로 높은 수익률, 양도세 비과세 등 장점만 있는 것처럼 보이기 때문에, 업체 교육 및 컨설팅에 현혹되어 적지 않은 돈을 투자했다가 원금회수가 안되거나, 업체에서 말한 대출이 되지 않아서 피해를 보는 등 피해사례는 다양하다.

NPL 채권매입은 많은 함정이 있는데도 마치 투자의 블루오션처럼 포장해서 하자 있는 물건을 매각하는 업체들과 소송을 진행하는 투자자들이 많다고 한다. 특히 NPL 채권매입 방법 중 채무 인수(사후정산) 방식은 유독 문제가 많고, 계약사항에 따라 경매방해죄 등을 물어 형사

고발한 사례도 있다고 한다. 이런 무책임한 업체 등에 피해를 입었다면 꼭 전문 로펌이나 변호사 상담을 통해 해결 방법을 모색해야 한다.

현재 부동산 경매 및 NPL시장은 일반물건으로는 경쟁이 과열되어 있어서 개인투자자가 높은 수익률을 낼 수 있는 구조가 아니라며, 특수물건(유치권, 법정지상권 등)을 포함하고 있는 NPL 물건 등을 싸게 매각하고, 처리하는 방법 등으로 높은 수익을 낼 수 있으며, 이런 일련의 과정은 전부 원 스톱으로 이뤄 질 수 있는 업체에 수임해서 컨설팅을 받아야 안전하다고 이야기 한다.

특수물건은 이미 경매진행 하면서 유치권 등을 신고했기 때문에 협상 등으로 해결하기 어려우며, 협상테이블에서 높은 합의금을 요구하기 때문에 현장물건을 정확하게 분석할 수 있는 부동산전문가, 여신 관리 전문가, 전문 변호사 등을 포함하고 있는 업체에 의뢰해서 투자하는 것이 바람직하다.

여전히 접근하기 쉽지 않은 부실 채권투자? 그렇다면 어떻게 하란 말인가?

법원 경매에 새로운 투자처로 법원 문턱을 처음으로 넘어 숨죽이며 입찰 사건번호를 기다리던 생각이 난다. 그러나 몇 번의 응찰에 패찰의 고배를 마시고 드디어 첫 낙찰의 그 순간을 기억한다. 그 다음에 법원 경매가 쉬워졌다.

운전대 처음 잡았던 그 순간 쿵쾅거리는 심장 소리를 들었던 기억? 그러나 지금은 새끼손가락 하나로 운전을 능숙하게 한다.

부실 채권 투자도 처음은 그럴 것이다. 그러나 몇 번의 경험을 쌓으면 자연스럽게 그 방향을 배우게 된다.

부실 채권에 대한 이론과 지식을 습득하고 다양한 사례를 통해 NPL 권리분석을 제대로 할 줄 알아야 함정에 빠져들지 않고 고수익을 낼 수 있다

시세 2억 원 아파트 2천만 원으로
NPL 매입하여 투자하는 방법

사례 분석 20 (수익률 109.39%)

경기 의정부시 ○○동 3○○-1 ,3○○-2 호원두산 1○○동 1○층 1○01호

아파트 84.66 ㎡ (25.61평)(33평형)

감정가 230,000,000원 1회 유찰

     184,000,000원 2회 낙찰 232,010,000원

     195,000,000원 NPL매입가

낙찰 232,010,000원-1,101,604원 경매비용 = 230,908,396원 실제배당금

     175,500,000원 NPL대출 매입가의 90%, 연5.8%

5,089,500원 (6개월 선이자) 1,872,000원 부기등기비 5,089,500원 대출금 이자(6개월)

실투자금195,000,000원-175,500,000원+1,872,000원+5,089,500원

= 26,461,500원

실수익금230,908,396원-195,000,000원-1,872,000원-5,089,500원

= 28,946,896원

28,946,896원/26,461,500원 = 109.39%(6개월), 1년 환산 수익률 218.78%

감정가 대비 채권최고액이 넘는 경우 유입과 배당 투자하기 좋은 채권이다. 분양가 대비 시세 가치가 하락됐다는 이야기다.

유입 낙찰의 경우
취 · 등록세
낙찰가1.3%=3,016,130원+955,000원(미납관리비)+이사비용 2,000,000원= 5,971,130원
1~2년 후 경기가 살아나 부동산 가격이 상승하면 매매하여 시세 차익을 노려도 좋을 듯하다.

월급 같은 수익형 · 연금형 부동산 투자법(원룸텔 투자 사례)

내 한 달 월급만큼 월세 수익을 얻을 수 있다면? 대부분 꿈과 같은 이야기라고 생각할 것이다. 이러한 꿈같은 이야기를 현실로 만들 수 있는 방법을 알아보자.

수익형 부동산은 대부분 주거용 오피스텔, 빌라, 그 밖의 상가, 도시형 생활주택, 업무용 오피스 등 다양한 부동산에 대한 투자법이 있다.

그러나 각각 부동산의 특징과 주의해야 할 사항 등을 꼼꼼히 챙겨야 한다. 투자 금액별 부동산 투자 전략과 함께 실제 부동산의 환경적 요인도 '발품 팔아' 챙기고 또 챙겨야 한다.

저금리 기조로 수익형 부동산 투자 인기는 꾸준하다.

그래서 그런지 부동산 분양사기와 과잉광고 등으로 부동산 투자와 관련된 잘못된 정보나 지식, 투자사기 등도 늘어나고 있다. 특히 초보 투자자들이 이러한 어려움을 겪는 경우가 많다.

'월급처럼 월세 받는 꿈'을 꾸고 꾸준한 관심을 가져 보자. 모든 투자자가 월급과 같은 월세 받는 부자가 될 그날을 위해 많은 정보와 채널을 수익형 부동산 투자에 고정해 보자.

이번 사례는 경기도 수원시 매탄동 법원 사거리 인근 신축 다세대 원룸텔이다. 지하철역이 들어온다는 소문이 있다. 아주대가 가깝고 교통도 편리하며 명문 유신고와 창현고가 지척에 있다.

대지 69평, 연면적 139평 (준공-2016년 11월)
1층은 주차장으로 활용되고 있다.

(2층 구조)
201호 원룸 70,000,000원
202호 투룸 140,000,000원
203호 투룸 1,500만 원 / 月 620,000원
소 계 225,000,000원 / 月 620,000원

(3층 구조)
301호 쓰리룸 170,000,000원
302호 쓰리룸 170,000,000원
소 계 340,000,000원

(4층 구조)

401호 쓰리룸 170,000,000원

402호 쓰리룸 170,000,000원

소 계 340,000,000원

(5층 구조)

501호 (주인세대) 전세 2억 원정도 한다.

원룸 5백만 원 / 月 350,000원

총계 910,000,000원 / 月 970,000원

융자 300,000,000원

매매가 1,450,000,000원 → 실투자금 240,000,000원

(전세를 월세로 전환 투자분석)

201호 원룸   500 만 원 / 月 350,000원

202호 투룸 1500 만 원 / 月 620,000원

203호 투룸 1500 만 원 / 月 620,000원

소 계   35,000,000원 / 月 1,590,000원

301호 쓰리룸 2천만 원 / 月 700,000원

302호 쓰리룸 2천만 원 / 月 700,000원

소 계   40,000,000원 / 月 1,400,000원

401호 쓰리룸 2천만 원/ 月 700,000원

402호 쓰리룸 2천만 원/ 月 700,000원

소계   40,000,000원/ 月 1,400,000원

501호 2억 원 502호 5,000,000원 / 月 350,000원

소계   205,000,000원 / 月 350,000원

총계   320,000,000원/ 月 4,740,000원

  4,740,000원×12월= 연 수입 56,880,000원

=28,880,000원 = (56,880,000원−28,000,000원) = 28,880,000원

융자 7억 × 1년 이자 230만 원 연4% = 1년 이자 28,000,000원

매가1,450,000,000원−700,000,000원(대출)−320,000,000원(보증금)=430,000,000원

실투자 430,000,000원, 수익률 28,880,000원/ 430,000,000원 = 6.7%

만약 주인세대 2억 원 전세를 주었다면, 수익률은 어떻게 달라질까?

실투자금 130,000,000원이다.

28,880,000원/130,000,000원=22.21%(수익률)

최근 정부가 2017.08.02 대책으로 부동산 출구전략의 일환으로 아파트 등에 시행했던 각종혜택을 거두면서 아파트, 상가 등의 거래가 뚝 끊겨 부동산 경기가 급격히 냉각되고 있다. 일례로 청라, 영종도 등 굵직한 택지개발 지구에서 대단지 주택을 공급했던 대형건설사들의 분양률이 시중 예상과는 달리 최악의 성적을 기록하면서 이를 지켜보던 투자자들이 주택시장에서 완전히 발을 돌리고 있다.

반면에 이 틈새를 노리고 새로운 시장에 진출한 원룸텔, 고시텔(이른바 도시형 생활주택) 업체와 이에 투자한 투자자들이 초유의 호황을 맞고 있다. 실제로 부천 상동, 용인 등 주로 수도권 외곽에서 원룸텔을

분양한 업체들이 비교적 열악한 분양여건 속에서도 조기분양 마감이라는 성적표를 받아들어 업계를 경악케 하고 있다.

그러나 일부 불성실한 업체들이 무분별한 과대광고와 불성실한 시공 등으로 분양자들을 우롱하는 사태도 빚어져 모처럼의 호재에 옥에 티로 남는 경우도 있다. 이에 분양업계 10년 경력의 박지선 대표(㈜미래생활주택)는 도시형 생활주택 투자 시 다음과 같은 사항을 유의해줄 것을 당부하고 있다.

첫째, 시행사 및 시행대표자는 신뢰할 만한가?

둘째, 불법적인 요소는 없는가? (법에 위배되는 시설 및 설계)

셋째, 과대, 허위광고(상상 이상의 수익률 등)

넷째, 역과의 거리가 5분 이상 떨어지지 않는 교통의 요지

다섯째, 지역의 개발 호재가 있는지

여섯째, 꾸준한 인구 유입 및 주변의 임대 수요가 풍부한지

일곱째, 가능하면 임대 수요가 많은 12평 이하의 원룸텔

여덟째, 등기상 1가구 2주택 제외, 종부세 면제 대상인지

지하철 3호선 화정역 바로 앞에 있는 프리머스 시네마빌딩 10층에 유럽형 복층(국내최초) 원룸텔 39세대의 분양 내역을 살펴보자.

고양시의 명동이라 불리는 화정 로데오 거리, 경기도 고양시 덕양구에 위치한 화정 상권은 A급지라 할 수 있다. 화정동에는 덕양구청, 고양경찰서, 덕양우체국, 고양소방서, 시민회관 등 공공기관이 밀집해 있다. 또한 화정역, 화정터미널, 롯데마트, 세이브존, 엘지마트, 월마트 등 대형 유통 판매 시설이 많아서 사람들의 발걸음이 늘 끊이지 않아 뛰어난 집객력이 있다고 평가할 수 있다.

수도권 최고상권 선정 18곳 중 하나로 선정된 화정 역세권은 일산과 서울을 잇는 경기 북부의 중심상권으로, 일일 유동 인구 4만 5천여 명의 일산 속의 분당 서현을 연상시키는 집합 상권으로 높은 매출을 안겨주는 상권으로 알려져 있다.

서울권, 강남권 최고의 임대 수요를 싣고 다니는 국내 임대 사업의 골드벨트라인 지하철 3호선 '화정역' 상권은 실제로 장사목이 좋은 상권임은 틀림없는 사실로 보여진다.

수도권 서북부 최고의 알짜 상권이라 소문이 나있는 만큼 소자본창업에 도전해 볼만한 입지로 분석된다. 분당의 서현역 상권과 함께 신도시상권의 대표주자 역할하고 있는 화정역 상권은 그 범위가 현재에서 더 확대될 수 있는 공간이 부족한 상태이므로 이-스마트빌의 선전은 한동안 이어질 것으로 예상된다.

이곳의 수요자들을 만족시킬 수 있는 알짜상권 화정역 상권에서의 소형 평형 임대 사업은 성공적으로 될 것이다.

이에 따라 증가하는 임대 수요로 전세값 폭등과 월세주택 부족에 따른 서울 투자자들이 대거 입성하고 있다. 화정 이-스마트빌은 안정성이 확보된 '수익형 부동산'으로 소형 평형이면서(2인 1실 가능) 풀옵션(개별샤워실, 세탁기, 전자렌지, TV겸용 모니터 등)이 모두 갖춰져 있어 1인이나 2인 생활에 편리하고 일반 오피스텔에 비해 관리비용이 훨씬 적어 회사원, 대학생, 간호사 및 유흥업 종사자 등이 가장 많이 임대를 선호하는 곳으로 예상된다.

이처럼 공급에 비해 수요(투자자 및 임대자)가 풍부하여 투자금 회수 및 임대 수익을 얻을 수 있는 재테크형 부동산이다. 특히 환금성이 우수하여 언제든지 현금화가 가능하고 2인 이상 거주라는 복층의 희소성으로 20~30% 이상 상승이 가능하기에 현재가치보다 향후 미래 가치가 더 높고 소액투자에 안전하고 적합한 상품이라는 게 업체 측의 설명이다.

복층형 원룸텔의 장점

첫째, 동일한 평형으로 넉넉한 수납 공간과 여유 공간 활용 통한 사용자 편의성 제공

·동일한 평형으로 임대 시 평균임대가 대비 110%~130%의 임대

수익 가능

· 침실과(서재)과 거실 분리 가능

· 예시: 계약면적 7평형(단층구조) 복층구조의 경우 7평+1.2평(서비스면적)효과

둘째, 복층부분은 관리비 면적과 계약면적에 포함되지 않는다.

· 높이 1.5m를 초과하지 않는 다락의 면적은 바닥면적에 산입하지 아니한다.

· 복층 부분은 법적근거로 볼 때 다락방으로 간주

셋째, 일반형은 층고가 2.4m~3.1m, 복층형은 3.8m~4m로 충분한 채광성 확보가 가능하다.

넷째, 일반적으로 근생시설 전용률이 40~50%인 반면 복층구조의 원룸형 고시텔은 최대 60~70%의 전용률 확보가 가능하다.

NPL 수익형 · 연금형 부동산
수익률로 알아보는 성공 투자법

NPL 방어입찰 권리분석 실패시 유입전략 고시원 수익사례

   정부는 위축된 소비심리와 경기 활성화 방안으로 투자와 수출활성화 전략 그리고 외국관광객을 유치할 목적으로 숙박업소 완화로 건축규제를 풀고 있다. 예측했던 국내총생산 성장률 3.1%에서 2.8%로 낮추고 경기부진이 지속되자 11조 8천억 원 추가경정 예산 경제 활성화에 쏟아 붓고 경제 살리기에 총력 기울이고 있다.

   그러나 여전히 그리스 '국가부도 사태' 여파와 중국 금융시장 불안으로 대외 불확실성도 커지고 네 가지 경제 악재, 즉 '쿼드러플(qua-druple) 쓰나미'가 동시다발적으로 우리경제를 강타하고 있어 국가의 경기활성화 부진에 이어 개인의 가계 경제도 어려움을 겪고 있다.

   특히 엔저와 위안화 쇼크 등 영향으로 내수시장과 수출위축 등 경기에 발목을 잡는 악재가 더욱 혼재하고 있고 가계 부채의 증가는 부실 채권 투자의 새로운 기회처로 대두되고 있다.

이런 상황에 새로운 재테크 투자 전략으로 NPL투자 대안이 될 수 있지 않을까?

공·경매 투자가들이 NPL에 눈을 돌려 새롭게 투자처를 찾고 있는 가운데 법인 AMC와 각 금융 기관에서도 자산운용사를 따로 설립하여 대량 매각을 하고 1.2.3차 투자자를 모집하고 투자기간과 차순위 후순위별로 차등 배당을 하고 있어 NPL은 개인뿐만 아니라 시중 은행과 자산운용사 저축은행 등 대중화되고 있다.

오래 전부터 필자와 잘 알고 지낸 K씨(인천·59세)는 부천 상동 소재 근린 상가를 저렴하게 경매로 받아 고시원으로 용도 변경하여 임대 수익으로 여유롭게 노후를 준비하고 있었다.

그러나 욕심이 지나친 것일까. 고시원에서 매달 수입되는 자금을 목돈으로 모아 부평역 인근 6층에 제2종 노래 주점을 운영하였으나 경기 침체로 경제적 어려움은 날로 커지고 손해도 많이 보고 있었다.

K사장은 손실금을 한방에 만회코자 고시원을 보증금 1억 원에 월 500만 원 임대 주고 그 임대보증금으로 주식 투자를 하였다. 그러나 엎친 데 덮친 격으로 투자한 주식도 원금손실 60% 이상으로 더 이상 이자를 낼 수 있는 상황이 아니었다. 몇 번의 독촉과 현장 방문에도 결국 경매를 진행할 수밖에 없었다. 처음에는 고시원 월·전세 세입자에게,

"월세를 주인에게 주면 집주인이 이자를 납입하지 못하는 경우 경매진행으로 보증금도 날리게 되니 월세로 은행 이자를 납입해 주세요."라고 권했다.

세입자는 곧바로 수긍하고 2달 동안은 월세금으로 은행 이자를 납

입하였다. 그러나 건물주가 해당 부동산을 담보로 은행 후순위 개인 사채 저당권 설정 등 상황이 어려움을 인지하고 경매가 진행되면 입주 보증금도 못 받는 사실을 알았다. 그 이후부터 세입자는 은행 이자를 납입하지 않았다.

K사장은 다른 방법으로 경매를 막아보려 하였으나 설상가상으로 교통사고까지 당하면서 해당물건은 경매로 내놓게 되었다. 은행 측에서는 당해년도 충당금 회수와 연체비율 감축차원에서 대출물건을 NPL(부실 채권)로 대출원금(7억 원)만 받고 매각을 하였다.

아래 사례는 필자가 취급한 대출 물건이 이자를 납입하지 못하고 NPL(부실 채권)매각된 물건이다. 또한 NPL근저당권부 질권 대출 사례, 권리분석 실패사례, 방어입찰로 유입방식으로 대응하여 충분한 임대수익 부동산 가치상승과 매매차익 그리고 AMC 법(개)인 설립 방법까지 알아 볼 수 있는 다양한 사례이다.

물건지: 부천 ○○구 ○동 5○○-7 ○○프라자 ○층 ○09~○10호
: 건511평방미터 (154평) 대지 지분 2586/96.57평방미터(29평) 오피스텔

 사례 분석 21 (수익률 154.46 %)

201*타경 163**호(부천1계) NPL 매입대비 수익률 분석(매입 610,000,000원)
원금 700,000,000원, 이자 28,644,193원, 가지급금 8,132,070원 총 합계 736,776,263원이다. NPL매입 610,000,000원, 그러나 최저가는 매입금

액보다 더 낮게 낙찰될 우려가 있어 매입자는 721,190,000원에 유입(낙찰)했다. NPL매입금 90%인 549,000,000원을 대출받았다.

배당 받을 때까지 기간 261일(2014.9.26~2015.5.19) 연6.5% 발생 이자 25,517,219원이다. 낙찰가 721,190,000원(68.04%), NPL매입금액 6억1천만 원 NPL채권 이전비용 5,460,000원(채권최고액 0.6%)

NPL매입 610,000,000원-549,000,000원+25,712,219원+5,460,000원=92,172,219원 실투자 금액은 721,190,000원-610,000,000원+25,712,219원+5,460,000원= 142,371,219원 순수이익 142,371,219원/92,172,219원 =154.46%수익률

 사례 분석 22 201*타경 16**호(부천1계)

NPL권리분석 실패 및 방어입찰 유입사례(매입 7억 원)

물건지: 부천 원미구 ○동 5○○-7 ○○프라자 업무 시설(고시원) NPL 매입채권 7억 원 낙찰 721,190,000원 언뜻 보기에는 21,190,000원이 배당 이익이 된다. 그러나 -11,345,616원 이런 경우 방어입찰로 유입취득 손실을 만회한 사례이다.

AMC는 배당수익으로 투자를 하였지만 경매낙찰가 대출금 이자를 제하고 손실이 예상되자 방어입찰로 낙찰 유입취득 했다.

유입 취득한 부동산은 임대 수익 가치가 있어 시세 차익을 노릴 수 있다.

또한 낙찰대금과 근저당권을 상계처리하고 2년 후 8억 원에 이 고시원을 되팔아도 매매차익이 5천만 원 이상에 달하지만 낙찰 당시 취득가액이 721,190,000원과 취득세 등록세를 감안될 수 있어 양도 소득세 한 푼도 내지 않아도 된다. 이처럼 NPL 방어입찰로 유입취득하면 입찰 시 '낙찰자 우월적 입장'과 '양도 소득세 절세효과'의 장점이 되기도 한다.

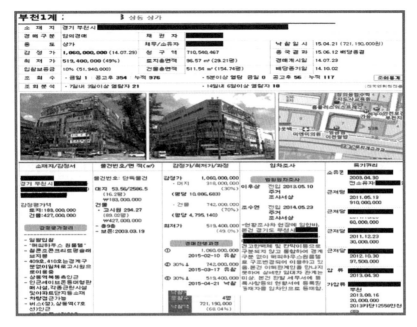

물건지: 부천 원미구 ○동 5○○-7○○프라자 4층 ○○9~○○○호 : 건 511평방미터 (154평) 대지 지분 2586/96.57평방미터(29평) 오피스텔

당초 본 부동산 소유자는 공기업 은퇴 후 생활비 임대 수익 명목으로 고시원으로 변경하여 임대 수익을 얻고 있었다. 고시원 룸 총 37개 중 임대룸 29개 월 450,000원 = 월 13,050,000원 경매로 4억 원에 낙찰되었다.

1인용 룸 31개 450,000원 2인용 룸 6개 600,000원의 최고급 고시원이다. 그러나 같은 건물에 메리트 나이트장이 있어 약간의 소음이 있는 물건이다.

고시원으로 용도 변경, 시설비 2억5천만 원 전체 투입된 금액, 6억5천만 원 인건비와 관리비(6,500,000원) 비용 빼고 수익률 연 12.09% 이다.

경매 전 고시원 수익률

K사장 경매 전 수익률 분석

① 대출금 활용했을 때- 수익률 12.09%

월수입13,050,000원-6,500,000원(고정비)=6,550,000원×12월=78,600,000원/6억5천만 원(투자금) = 연12.09%, 고정비는 인터넷 사용료와 전기세 등이다.

② 대출금 활용하지 않았을 때

감정가 80% 대출 7억 원(연4.8%) 1년이자 33,600,000원, 실투자금 0원 78,600,000원-33,600,000원=45,000,000원

③ 1년 후 감정가 1,060,000,000원 80%, 대출가능 848,000,000원 대출받아 기대출금 7억 원 상환하고 148,000,000원으로 여유 자금 활용 가능하다.

④ 2년 후 고시원 9억 원에 매매가 진행하고 있었다. 만약 경매가 진행되지 않고 정상적으로 매매를 진행했다면 시세 차익 250,000,000원(900,000,000원-650,000,000원)을 낼 수 있는 물건이었다.

만약 공실 8개가 완실될 경우 450,000원×8개=3,600,000원 1년 43,200,000원 추가 수입이 가능한 물건이다. 실무에서는 양도 소득세를 내지 않기 위해 차액만큼 시설비로 따로 계약서를 작성하기도 한다.

사례 분석 24 201*타경 16***호(부천1계)

경매 후 고시원 직영수익률

낙찰받아 수익을 고려하는 OO 에프 앤 아이를 생각해 보자.

① 대출금 활용하지 않았을 때-수익률 연10.04%

월수입13,050,000원-6,500,000원=6,550000원*12월=78,600,000원/756,000,000원(등기비 등 총 투자금)= 연10.04% 수익률이다.

② 대출금 활용했을 때- 수익률 43.03%

고시원 경락대출 631,000,000원(NPL매입금의 80% 연3.8%) 대출, 78,600,000원(순수입)-23,978,000원(연이자)=54,622,000원/125,000,000원=연 43.30% 수익률이다.

(총 투자금 756,000,000원 - 631,000,000원(대출) = 125,000,000원)

이처럼 체계적으로 NPL을 공부하였다면 이런 실패나 실수를 줄일 수 있었을 것이다.

100세 시대 NPL 수익형 · 연금형 성공적인 투자법

100세 시대 연금형 부동산으로 승부하라 (숙박시설 수익률 64%)

최근 '대박'을 터트리곤 했던 부동산은 갈수록 찾기 힘들어졌다. 이제는 단번에 많은 돈을 버는 부동산이 아니라 매월 안정적인 수입이 보장되는 부동산이 선호되기 시작했다.

그런 이유로 연금형 부동산 시장의 알짜 '상가'가 각광을 받고 있다. 최저 수준 금리에 시중에 풀린 자금은 200조 원이다. 저금리 시대 투자할 만한 재테크 방법을 찾기는 쉽지 않다.

저금리 시대 연금형 부동산이 뜨고 있다. 연금형 부동산은 개발 호재나 미래 가치에 무게를 두기보다는 유동 인구가 얼마나 풍부한지를 보아야 한다. 대학가나 업무 밀집지역 같이 임대 수요가 풍부해 안정적인 수익률을 기대할 수 있다.

연금형 부동산, 한창 인기를 끌고 있는 갭 투자, 아파텔, 도시형 생활주택, 뉴스테이, 레지던스 등의 용어가 유행하는 것도 모두 '부동산의 안정성'과 관련된다. 부동산 투자의 패러다임이 변하고 있는 것이다. 전문가들조차 단번에 부동산 시장에 대한 명확한 전망은 쉽지 않다. 물론 다양한 부동산 상품에 대한 핵심 지식과 투자 전략 그리고 올해 투자 유망 지역에 이르기까지 어느 정도 파악할 수는 있을 것이다. 그러나 분양률 대비 분양받는 수분양자들이 입지와 미래 가치 개발 호재를 전문가 못지않게 권리분석한 후 투자를 하고 있어 미래에 부동산 전망에 대한 확실한 전망을 하기는 쉽지 않은 때이다.

예전에 비해 퇴직 후 40년 이상을 살아야 하는 시대이다.

"100세 생일을 맞이하는 당신을 생각해 본 적 있습니까?"

호모 헌드레드 100세 시대가 화두가 되고 있다.

100세 시대를 살아야 하는 우리들에게 3대가 돈 걱정 없는 인생을 위한 방법은 무엇일까? 바로 연금형 부동산으로 미래를 준비하는 것이다. 요즘 연금형 부동산의 인기가 날로 높아지고 있는 이유이다.

가장 큰 원인은 저금리 기조의 유지에 있다. 또한 부동산 투자 패턴이 변한 것도 한 요인이다. 종전에는 시세 차익을 위한 자본 이득 비중이 컸다면 이제는 100세 시대 편안하고 안정적인 노후와 자녀에게 가난을 대물림해 주지 않겠다는 의도가 숨어 있다.

경제 성장과 의학 기술의 발달로 대한민국의 수명이 길어지고 있다. 이는 엄청난 축복으로 들릴지도 모르지만 한편으로는 걱정이 되는 소식이다. 길어진 수명에 대한 노후준비가 국가나 개인이나 되어 있지 않기 때문이다. 무조건 수명의 증가가 즐거운 것이 아니라 얼마나 양질의 삶을 사느냐가 중요하다. 따라서 '인생 이모작' 시대에 재테크는 더욱 중요한 항목으로 떠오르고 있다. 이러한 가운데 매달 연금 같은 월세가 나오는 수익형 부동산이 각광을 받는 것은 당연해 보인다. 정부에서도 오피스텔을 준주택으로 규정하고 규제를 완화해주는 것은 수요에 비해 공급이 부족이 부족함을 인식했기 때문이다.

최근 오피스텔을 비롯한 수익형 부동산의 추세를 보면 과거에 비해 많은 다른 형태를 보이고 있다. 과거에는 단기적인 시세 차익 노리는 경우가 많았지만, 최근 투자자들은 안정적인 수익을 바탕으로 장기적인 안목으로 투자로 추세가 바뀌고 있다.

다음은 연금형 부동산 NPL 담보부 채권 숙박시설 사례로 풀어보자.

본 숙박시설은 13.11.22일 7억 원(57.18%)에 매각이 되었으나 대금미납으로 재경매가 다시 진행되어 14.3.28일 791,100,000원(64.62%)에 최종 매각이 된 사례이다.

 사례 분석 25 공장투자 사례 (수익률 64.6%)

경남 합천군 ○○면 ○○리 8○○-7 (○○○로 1○○3) (일괄)-10,
건　물 1,943㎡ (588평) | 토지 2,106㎡ (637평)
감정가 1,224,213,160원
근저당 1,080,000,000원
매입금　590,000,000원(NPL 매입가)
대출금　413,000,000원(NPL 질권대출)
투자금　177,000,000원
금융비　 53,100,000원
매각가　791,100,000원

순이익 148,000,000원

(매각가 791,100,000원-590,000,000원(매입금)+53,100,000원(금융비용))

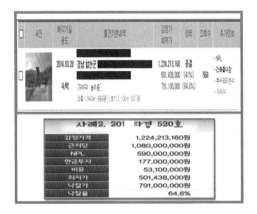

수익률 64%(148,000,000원/230,100,000원)(230,100,000원=투자금
177,000,000원 + 53,100,000원)

현재 저금리 시대 은행에 3천만 원을 맡겨 100만 원 이자 만드는

경남 합천군 야천리 숙박시설 등기부등본 (20 타경 520호)

소멸	소멸	소멸
	청구금액	
	961,723,429원	
40,000,000원	타경 520	6,179,673원
'13. 01. 17	'13. 02. 05	'13. 02. 14
가압류	임의경매	가압류
경남신용보증재단	국민은행	롯데카드(주)
	(서대구지역본부)	

데까지 걸리는 시간 약 28개월이 된다.

70년대에는 은행에 돈을 맡기면 은행 이자는 30%, 20%가 넘어 안정적인 수익을 낼 수 있었다. 그러나 지금의 현실은 다르다. 최근 한국은행은 미국이 금리에 민감한 반응을 보이고 있다. 한국에 투자했던 외국 투자자금이 타국으로 이탈할 위험이 있기 때문이다.

저금리 기조가 지속됨에 따라 베이비부머들의 은퇴와 더불어 안정적인 수익이 기대되는 수익형 부동산의 인기는 꾸준하다.

수익형 부동산을 취득하는 목적 은행금리에 10~30배가량 안정적인 수익 창출인데 여기에 절세(節稅)까지 된다면 금상첨화일 것이다. 부동산 대책 반사 이익, 수익형 부동산 경매 '투자'가 정답일 수 있다.

NPL 배당표
작성법

NPL투자에서 중요한 것들은 많다. 그중 배당표 작성법을 빼놓을 수 없다. 그 중요성을 사례를 통해 알아보자.

①인천광역시 연수구 ○○동 5○○-10, 11 송도 ○○○○비취 지하 층 B○1호, 건물 491㎡ 감정가 354,000,000원, 매각가 154,400,000원

②인천광역시 연수구 ○○동 5○○-10, 11 송도 ○○○○비취 지하 층 B○2호, 건물 907㎡ 감정가 654,000,000원, 매각가 161,700,000원

① + ② =감정가 1,080,000,000원, 매각가 316,100,000원이다.

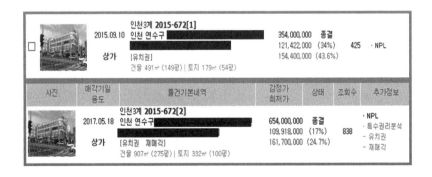

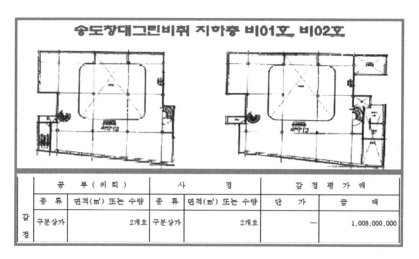

감정	공 부(의뢰)		사 정		감 정 평 가 액	
	종 류	면적(㎡) 또는 수량	종 류	면적(㎡) 또는 수량	단 가	금 액
	구분상가	2개호	구분상가	2개호	—	1,008,000,000

배당순위는 경매비용-당해세-최우선변제-우선변제 순서로 이루어진다. 법원에서 당해세로 판단한 것이 맞는지는 당해세가 무엇인지 확인하는 것이 우선이 될 것이다.

NPL투자는 위 내용 참고해서 등기부의 압류내역이 당해세에 포함되는지 확인하고 배당요구 종기일 이전에 NPL채권 매입할 경우 교부청구서 확인이 안 되므로 채무자/담보제공자가 사업자이라면 세무서에 당해세(국세·지방세)를 반드시 확인하여 이 같은 실수를 범하지 않아야 한다.

수익형 NPL 부동산 투자 실패사례

수익형 부동산에 관심이 많았던 필자 지인은 수익형 부동산을 NPL로 매입후 재매각 또는 입찰자를 찾아 수익을 꽤 얻곤 했다. 1년에 NPL로 순수익 3억 원을 벌었던 OOAMC 대표는 부천 원미구 신중동

111번지 위브 더 스테이트 11*호 근린 상가(305.62㎡) 감정가 22억 원 근린 상가를 18억2천만 원에 매입한 OO변호사와 사무장이 OO새마을금고(근저당권 최고액 22억1천만 원)로부터 매입 후 OO신협에서 NPL근저당권 질권대출로 15억2천만 원을 대출받았으나 변호사의 갑작스런 사망으로 이 채권이 다시 NPL로 나왔다.

이 NPL채권 원금 15억2천만 원에 다시 매입하여 매수인을 맞추어 놓고 입찰일 기다리던 중 매수자가 갑자기 심리적인 변화를 일으켜 이 물건을 포기하게 되었다. 당황한 AMC대표는 매입가보다 더 낮게 유찰이 지속되자 '변경'과 '연장'을 몇 번 진행 후 더 이상 변경, 연장이 법원에서 받아들여지지 않자 방어입찰에 참여하려고 했으나 자금이 없었다.

결국 개인으로부터 투자금 월 15% 고정이자를 주기로 하고 자금을 준비하고 투자자 찾았다. 근 1년 6개월 이상 기간 동안 대출금 이자와 월 고정이자 월 15%로 3억 원 넘게 지출 되었다. 마침내 이 물건의 주인을 맞아 14억 원대 입찰참가조건부(사후정산방식) 입찰 진행시키고 이 물건은 종결되었다.

이렇게 순수하게 지출된 비용만 3억 원이 넘었다.

이런 사례는 대책 없이 너무 큰 물건을 손댔다는 것이고, 뜻하지 않은 상황이 발생 했을 때 해결할 방법을 빨리 찾는 것도 한 방법일 것이다.

방어입찰에 참여 했을 때 유입(직접낙찰)한 물건에 대하여 재매각 할 수 있는 방법과 직영 시 자산 가치 상승으로 수익을 보장받는 방법을 찾지 못하면 이처럼 큰 손해를 입을 수도 있다.

당해세의 우선원칙

조세 채권은 사실상 사전에 미리 확인하기 힘들다. 흔히 '조세채권 우선권'이라는 말을 많이 하는데 구체적으로 어느 조세가 어느 경우에 우선할까?

국세기본법은 '국세, 가산금 또는 체납처분비는 다른 공과금 기타의 채권에 우선하여 징수한다.'고 규정(동법 35조 1항)하고, 지방세기본법은 '지방 자치 단체의 징수금은 다른 공과금과 그 밖의 채권에 우선하여 징수한다.'고 규정(동법 71조 1항)하고 있다. 이는 강제징수 단계에서 조세가 다른 채권과 경합할 때 다른 채권에 앞서 징수권을 갖는다는 의미로 납세자의 총재산에 대해 선취특권 내지 특별한 담보권을 갖는 셈이 된다. 이렇듯 국세와 지방세가 다른 채권에 우선하는 것을 통틀어 '조세채권우선의 원칙'이라고 부른다.

당해세의 종류

법정기일과 당해세우선의 원칙

채권자가 돈을 빌려주면서 담보조로 채무자 소유의 주택에 매매를 원인으로 한 소유권이전청구권보전을 위한 가등기를 하였는데, 그 후 채무자가 국세를 체납하자 관할세무서에서 그 주택에 대하여 체납세금에 대한 압류등기를 한 경우에 누가 우선할까?

결론부터 말하자면 가등기가 설정된 날짜가 조세채권의 법정기일 전에 되었는지 여부에 따라 우선권이 달라진다. 법정기일이라 함은 국세채권과 저당권 등에 의하여 담보된 채권 간의 우선 여부를 결정하는 기준일로서 국세기본법 제35조 제1항 제3호(지방세본법 제71조 제1항 제3호) 각 목에 해당하는 기일을 말한다.

예컨대 과세표준과 세액의 신고에 따라 납세의무가 확정되는 국세(중간 예납하는 법인세와 예정신고 납부하는 부가가치세 및 소득세(「소득세법」 제105조에 따라 신고하는 경우로 한정한다.)를 포함한다.)의 경우 신고한 해당 세액에 대해서는 그 신고일이 법정기일이 되며, 반대로 과세표준과 세액을 정부가 결정ㆍ경정 또는 수시부과 결정을 하는 경우 고지한 해당 세액에 대해서는 그 납세고지서의 발송일이 법정기일이 된다. 즉 이러한 법정기일 전에 설정된 담보권은 조세채권에 우선하게 되는 것이다.

다만, 담보에 제공된 그 재산 자체에 대해 부과된 국세나 지방세와 가산금은 그 법정기일 전에 설정된 저당권 등으로부터 담보된 채권보다 우선한다(국세기본법 35조 1항 3호, 지방세기본법 71조 1항 3호).

이를 '당해세 우선의 원칙'이라고 부른다. 당해세에 해당되는 국세는 상속세, 증여세, 종합부동산세이고, 지방세로는 재산세, 자동차세(자동차 소유에 대한 자동차세만 해당), 지역자원시설세(특정부동산에 대한 지역자원시설세만 해당) 및 지방교육세(재산세와 자동차세에 부가되는 지방교육세만 해당)를 말한다. 하지만 취득세, 등록세, 양도 소득세는 당해세에 해당되지 않는다.

가. 국세에 관하여 국세기본법 시행령 18조 1항은 상속세, 증여세,

재평가세를 당해세로 규정하고 있다.

　나. 지방세지방세법 시행령 14조의 4(1996. 12.31.개정) 부가가치세, 취득세, 등록세, 재산세, 자동차세, 종합토지세, 도시계획세 및 공동시설세 구정하고 있으나 실무에서는 취득세, 등록세는 당해세로 인정하지 않는다.

　본 사례와 같이 1순위 근저당권자 우리은행 1순위 262,800,000원, 2순위 근저당권자 우리은행 204,000,000원 총 근저당권 설정금액 466,800,000원(대출금 잔액 389,000,000원)이었다.

인 천 지 방 법 원
배 당 표

사 건		■■■■■■■■■■■■■■■■			
배 당 할 금 액	금	339,074,421			
명세 · 매 각 대 금	금	316,100,000			
지연이자 및 절차비용	금	0			
전경매보증금	금	22,432,200			
매각대금이자	금	542,221			
항고보증금	금	0			
집 행 비 용	금	5,671,702			
실제배당할 금액	금	333,402,719			
매각부동산	1. 인천광역시 연수구 ■■■■■■■■ 2. 인천광역시 연수구 ■■■■■■■■				
채 권 자	인천광역시연수구				
채권금액 · 원 금	395,828,420		0		0
이 자	0		0		0
비 용	0		0		0
계	395,828,420		0		0
배 당 순 위	1		0		0
이 유	교부권자(당해세)				
채 권 최 고 액	0		0		0
배 당 액	333,402,719		0		0
잔 여 액	0		0		0
배 당 비 율	84.23 %		0		0
공 탁 번 호 (공 탁 일)	금제 호		금제 호		

본 부동산은 지하였으므로 15% 할인받아 NPL 매입금액 338,260,869 원에 채권 매입하였다. 매각(낙찰)금액 (316,100,000원+542,221원 (매각대 금이자) +22,432,200원(전경매 입찰 보증금) 총333,402,719원 이어서 NPL매입 처(변경 전-우리은행, 변경 후 NPL 채권매입처 OO디 제4차 유동화 전문 회사)가 333,402,719원 배당을 기다리고 있었다. 그러나 배당표 결과는 달랐 다. NPL매입처 유동화 전문 회사는 '무배당' 이었다.

왜 이런 일이 생겼을까? 채무자/담보제공자의 부가가치세 체납으 로 연수구청에서 압류 후 근저당권자보다 우선하여 당해세 100% 배 당받아 갔기 때문이다. 배당순위는 경매비용-당해세-최우선변제- 우선변제 순서로 이루어진다. 법원에서 당해세로 판단한 것이 맞는지 는 당해세가 무엇인지 확인하는 것이 우선이 될 것이다.

위 사례에 보았듯이 배당표 작성법이 얼마나 중요한지 알게 되었을 것이다.

배당표 작성법

법원이 배당 준비를 하기 위해서 배당에 대한 내용을 작성한 문서 이다. 민사 소송법에서 다루어지는 배당표는 법원에서 작성하는 것으 로 매각 대금과 채권자의 원금, 이자, 비용, 배당 순위와 배당률 등을 기재한다. 그리고 파산법에서 사용되는 배당표는 관재인이 작성한 문 서이다.

여기에는 채권자, 채권액, 배당할 수 있는 금액, 우선권 등을 기록

◆ 배당표

○ ○ 법 원

배 당 표

○○타경○○○ 부동산강제(임의)경매.

배 당 할 금 액 ①		금	50,000,000 원
명세	매 각 대 금	금	49,500,000 원
	이 자	금	× 원
	견매수인의매수신청금	금	× 원
	항 고 보 증 금	금	× 원
	보 증 금 이 자	금	500,000 원
집 행 비 용 ②		금	1,500,000 원
실제배당할금액①-②		금	48,500,000 원

매 각 부 동 산	서울 ○○구 100 토지. 같은 등 101 토지		
채 권 자	○○구청	은행	권관등
채권금액 금	1,000,000 원	10,000,000 원	9,000,000 원
채권금액 이 자	× 원	5,550,000 원	150,000 원
채권금액 비 용	× 원	20,000 원	× 원
계	1,000,000 원	15,550,000 원	9,150,000 원
배 당 순 위	1	2	2
이 유	지 방 세	선순위근저당권자	선순위저당권자
채 권 최 고 액	1,000,000 원	20,000,000 원	9,150,000 원
배 당 액	1,000,000 원	15,550,000 원	9,150,000 원
잔 여 액	47,500,000 원	34,150,000 원	25,000,000 원
배 당 비 율	100%	100%	100%
공탁번호(공탁일)	금제 호 ( )	금제 호 ( )	금제 호 ( )

2000. 0. 0.

한다. 배당표에는 배당 명세를 작성하고 채권금액과, 배당비율, 공탁일 등을 작성한다. 배당표는 법원의 판사에 의해 작성되며 합의 하에 적절할 비율로 대금을 배당하기 위해 작성한다.

구성항목

배당할 금액, 명세(매각대금, 지연이자, 전 낙찰인의 경매보증금, 항고보증금, 보증금이자), 집행비용, 실제 배당할 금액, 매각부동산, 채권자, 채권금액(원금, 이자, 비용, 계), 배당순위, 이유, 채권최고액, 배당액, 잔여액, 배당비율, 공탁번호 등을 기재한다.

(1) 배당순위 결정

배당순위는 채권자들의 채권의 종류와 위치에 따라 다르기 때문에 일률적인 배당순위를 정하는 것은 쉽지가 않다. 그러나 경매 진행되는 물건들을 조사하여 보니 대부분이 3순위에서 배당이 종결되는 경우가 많았다.

그리고 배당금의 잉여가 있을 경우에 후순위 권리자에게 배당이 된다. 3순위에 보면, 당해세 이외의 가등기 담보 등의 물권과 확정일자(주택 및 상가건물)부 임차인(물권화 된 국세 및 지방세와 (근)저당권, 전세권, 채권)이 권리의 순위가 빠르면 우선적으로 배당을 받을 수 있는 권리들이다.

이 권리들의 발생일이 동일할 경우에는 세금의 우선원칙에 의하여 세금이 우선적으로 배당이 되고, 확정일자부 임차인과 (근)저당권자가 안분 배당이 된다. 그리고 3순위 이후의 권리자들은 도표와 같이 배당된다.

(2) 배당순위표 (순위 배당 권리)

0순위

① 경매집행비용

② 필요비, 유익비

1순위

③ 최우선변제금(주택 및 상가 소액임대차 보증금)

④ 최종 3월분임금채권, 3년간 퇴직금 및 그 재해보상금

2순위

당해세(국세 및 지방세) 및 가산금

3순위

① 당해세 이외의 국세 및 지방세

② (근)저당권, 전세권, 가등기 담보 등

③ 확정일자(주택 및 상가건물)부 임차인(물권화된 채권)

4순위

3월분 초과임금 및 3년간 초과분 퇴직금 및 재해보상금

5순위

법정기일이 근저당 등보다 늦은 국세 및 지방세

6순위

각종공과금(의료보험료, 연금보험료, 산업재해보험료 등)

7순위

일반채권(소비대차, 대항력 없는 주택, 상가건물임대차보호법, 가압류채권 등)

(3) 권리의 구성에 따라 다음과 같은 배당순위가 있다.

① 매각재산에 조세채권의 법정기일 전에 설정된 저당권, 전세권에 의하여 담보되는 채권이 있는 경우의 배당순위를 보면,

제1순위 : 집행비용제

제2순위 : 저당물의 제3취득자가 그 부동산의 보존, 개량을 위하여 지출한 필요비, 유익비(민법 367조)

제3순위 : 소액임차보증금채권, 최종 3개월분 임금과 3년간 퇴직금과 재해보상금 - 제3순위끼리 경합할 경우는 안분배당을 한다.

제4순위 : 집행의 목적물에 대하여 부과된 국세, 지방세와 그 가산세

제5순위 : 국세, 지방세 법정기일 전에 설정 등기된 저당권, 전세권에 의하여 담보되는 채권제

제6순위 : 근로기준법 37조 2항의 임금 등을 제외한 임금, 기타 근로관계로 인한 채권(근로기준법 37조 1항) : 국세, 지방세 및 이에 관한 체납처분비, 가산금 등의 징수금(국세기본법 35조, 지방세법 31조)

제7순위 : 국세 및 지방세의 다음 순위로 징수하는 공과금 중 산업재해보험료, 국민건강보험료, 국민연금보험료, 고용보험료, 의료보험료, 국민의료보험료

제8순위 : 일반채권(일반채권자의 채권과 재산형, 과태료 및 국유재산 법상의 사용료, 대부료, 변상금 채권)

② 매각재산에 조세채권의 법정기일 후에 설정된 저당권, 전세권에 의하여 담보되는 채권이 있는 경우에는 다음과 같은 순위가 된다.

제1, 2, 3 순위 : 앞에서와 같다.

제4순위 : 조세 기타 이와 동순위의 징수금(당해세 포함)

제5순위 : 조세 다음 순위의 공과금 중 납부기한이 저당권, 전세권의 설정등기보다 앞서는 구 국민의료보험법상의 의료보험료, 국민 건강보험법상의 건강보험료 및 국민연금법상의 연금보험료

제6순위 : 저당권, 전세권에 의하여 담보되는 채권

제7순위 : 임금 기타 근로관계로 인한 채권

제8순위 : 조세 다음 순위의 공과금 중 산업재해보상보험법상의 산업재해보상보험료 기타 징수금, 구)의료보험에 의한 의료보험료, 구)국민연금법에 의한 연금보험료 및 납부기한이 저당권, 전세권의 설정등기보다 후인 구)국민의료보험법상의 의료보험료, 국민건강보험법상의 건강보험료 및 국민연금법상의 연금보험료.

제9순위 : 일반채권(일반채권자의 채권과 재산형, 과태료 및 국유재산 법상의 사용료, 대부료, 변상금 채권)

이렇게 각 그 물건에 관계되는 채권자들의 종류와 위치에 따라 배당은 복잡하다. 이 외에도 여러 상황이 있지만 여기는 논외로 하며, 판례를 중심으로 배당순위에 대하여 세부적으로 알아보도록 하겠다.

배당의 방법

배당은 채권자간의 채권만족의 현실화를 위한 합리적인 수단으로 공평의 원리에 입각한 적법한 철차 및 공평의 원리에 입각하여 배분을 한다. 이에 따라 먼저 경매진행비용이 배당이 되고, 필요비, 유익비가 배당되며, 다음으로 최우선변제권으로 소액 보증금, 근로기준법에 의한 기준 채권, 당해세가 배당된다.

그리고 물권자들에게 우선순위에 따라 배당하는 순위배당이 있으며, 동등한 권리자들에게 배당하는 안분배당이 있다. 그리고 가압류가 선순위에 있을 때 먼저 안분으로 배당을 하고, 후순위 물권자가 다

음 순위의 권리자들에게 흡수하는 흡수 배당이 있다. 그리고 권리가
상충되어 순위를 정하지 못할 때 하는 순환흡수배당으로 배당을 실행
하게 된다. 위와 같이 배당은 각 권리의 순위에 따라 배당 방법이 다
르므로 권리의 상황에 따라 배당금이 정해지기 때문에 복잡하다.

안분배당에 대하여 알아보자.
안분배당은 배당에서 채권들간 동순위로 배당금액을 일정하게 비율대로 나누어 배당을 실시한다
안분배당식 = 채권금액 × (잔존배당금) / 채권총액) = 배당금
배당금 : 100,000,000원

접수	권리종류	금액	비고
2016.11.23	가압류 A	40,000,000원	
2017.01.20	가압류 B	60,000,000원	
2017.01.21	가압류 C	100,000,000원	

말소기준등기일은 2016.11.23 가압류이고 가압류는 채권이기 때문에 해당 가압류 이하로 전부 동순위
로 보고 안분배당 한다.
배당표 : ❶ 가압류 A : 40,000,000원 × (100,000,000원/200,000,000원) = 20,000,000원
　　　　❷ 가압류 B : 60,000,000원 × (100,000,000원/200,000,000원) = 30,000,000원
　　　　❸ 가압류 C : 100,000,000원 × (100,000,000원/200,000,000원) = 50,000,000원
배당금 : 140,000,000원
말소기준등기일 2015.09.12 근저당권으로 배당시 근저당권은 물권으로 순위배당 2016.10.11 가압류 A
이하로는 안분 배당된다.

접수	권리종류	금액	비고
2015.09.23	근저당권	100,000,000원	
2016.10.11	가압류 A	120,000,000원	
2017.11.02	가압류 B	80,000,000원	

배당표 : 근저당권 :100,000,000원 물권으로 우선배당 후 잔액 40,000,000원으로 채권액 안분배당
　　　　❶ 가압류A : 40,000,000원 × (120,000,000원/200,000,000원) = 24,000,000원
　　　　❷ 가압류B : 40,000,000원 × (80,000,000원/200,000,000원) = 16,000,000원

　여기서 이것을 다루기는 어렵고 다음의 배당 순위 판결에서 'Ⅲ 4.'
판례를 중심으로 배당 방법 및 순위에 대하여 분석하도록 하겠다.

이번에는 흡수배당에 대하여 알아보자.
흡수배당은 안분배당 후 물권이 채권보다 선순위인 경우 물권의 채권금액을 만족할 때까지 배당후
흡수된다. 예를 들어보자
말소기준등기일 2017.09.23 가압류 A이고 우선적으로 가압류 이하로 안분배당을 실시 한다
배당금 : 100,000,000원

접수	권리종류	금액	비고
2017.09.23	가압류 A	40,000,000원	
2018.01.20	근저당권	100,000,000원	
2018.01.21	가압류 B	60,000,000원	

말소기준등기일 2017.09.23 가압류이고 가압류는 채권이기 때문에 해당 가압류 이하로 전부 동순위로
보고 안분배당 된 후 물권은 채권보다 우선이므로 흡수 배당 된다.
배당표 : ❶ 가압류 A : 40,000,000원 × (100,000,000원/200,000,000원) = 20,000,000원
　　　　❷ 근저당권 : 100,000,000원 × (100,000,000원/200,000,000원) = 50,000,000원
　　　　❸ 가압류B : 60,000,000원 × (100,000,000원/200,000,000원) = 30,000,000원
우선 안분배당을 실시 한다.
근저당권은 가압류 B보다 선순위 이면서 물권이기 때문에 채권인 가압류 B 금액을 자신의 채권이
만족할 때 까지 흡수된다. 따라서 최종 배당표는 아래와 같다.

접수	권리종류	금액	비고
2017.09.23	가압류 A	20,000,000원	
2018.01.20	근저당권	80,000,000원	물권이로 채권 흡수배당
2018.01.21	가압류 B	0원	30,000,000원 흡수배당

수익분석을 위해 배당표 작성

(1) 배당표 작성이 중요한 이유

성공적인 법원 경매를 위해서는 수익분석이 필수이며, 수익분석을 위한 가장 기본적인 사항이 바로 배당표 작성이다. 배당표를 정확하게 작성하지 못하면 수익률 분석은 처음부터 불가능하다.

배당표를 작성해야 얼마에 입찰했을 때 채권자 누구에게는 얼마가 배당되고, 소액만 배당받는 임차인이 누구인지, 일부는 소액으로 배당되고 일부를 인수해야 하는 임차인은 누구인지, 전액 인수해야 하는 임차인은 누구인지, 또 누구는 한 푼도 받지 못해 완전히 명도 해야 하는지 등이 일목요연하게 드러난다. 배당표를 틀리게 작성해 입찰

가격을 잘못 정하면 애써 낙찰받고도 무잉여로 낙찰불허가가 나는 경우가 드물지 않다. 즉 누가 경매를 신청했는지 또는 인수해야 할 임차인수, 인수금액, 입지조건, 물건의 상태 등에 따라 입찰가격에 변동이 생길 수 있다.

(2) 배당표 작성의 3가지 원리

권리분석의 핵심인 배당표 작성은 3가지 원리만 알면 된다.

① 임대차보호법의 대상 유무를 파악한다. 주택임대차보호법이나 상가건물임대차보로법의 보호 대상이 되는 임차인이 있는 부동산인지, 아니면 보호법의 대상이 아닌 공장이나 지방의 임야 등인지를 파악해야 한다.

② 해당 부동산이 어디에 소재하는지 파악한다. 서울 소재 부동산인지, 수도권 과밀억제권역인지, 광역시인지, 광역시라면 인천광역시인지 군 지역인지, 아니면 그 외 광역시인지, 그 외 광역시라면 시내인지 군 지역인지, 아니면 그 밖의 기타 지방 소재의 주택, 상아인지 알아야 한다.

③ 말소기준일(소액최우선변제)이 언제인가를 파악한다.

(3) 배당 종류 낙찰자가 법원에 잔금 납부를 완료하면 법원은 배당에 참가할 수 있는 권리자들을 대상으로 배당기일 3일 전까지 배당표를 작성해 이해관계인에게 열람할 수 있게 하고, 배당에 이의가 있는 당사자에게는 배당이의소송 등을 통해 배당표를 바로잡게 한다. 배당

은 각 권리자들의 최우선배당, 우선배당, 안분배당을 실시하고 난 다음 흡수배당 할 필요가 있으면 흡수배당까지 가게 된다.

(4) 배당순서

① 최우선변제배당 : 1순위 임차인 소액보증금, 임금채권, 2순위 당해세

② 우선(순위)배당 : 주민등록전입일자, 확정일자, 배당권리 중

③ 안분배당 : 배당 가능 금액 × 각자 채권/채권 전체

④ 흡수배당 : 안분배당 후 흡수배당해야 할 물건 등이 있을 때는 흡수배당까지

⑤ 소액이동배당 : 소액최우선보호 기준 변동에 따라 소액배당금 증가

⑥ 동시배당, 이시배당 : 원칙은 이시(異時)배당이지만, 실무에서는 동시(同時)배당

(5) 전체 배당순위민법, 민사집행법, 주택임대차보호법, 상가건물임대차보호법, 근로기준법, 국세기본법 등에서 규정하고 있는 배당순위를 보면 다음과 같다. 0~2순위까지는 최우선배당이고, 3순위가 법정기일, 요건 구비, 등기기입일, 확정일자 선후에 따른 우선(순위) 배당이다.

0순위 : 경매집행비용

1순위 : 임대차보호법상 소액, 근로기준법상의 임금채권 중 일정 금액(최종 3개월분의 임금과 최종 3년간의 퇴직금 및 재해보상금)

2순위 : 집행목적물에 부과된 국세 및 지방세와 그 가산금(당해세)

3순위 : 당해세를 제외한 국세 및 지방세, 저당권, 정세권, 담보가 등기에 의해 담보된 채권, 대항요건과 확정일자를 갖춘 임차인의 임차보증채권

4순위 : 위 임금채권을 제외한 임금채권

5순위 : 법정기일이 전세권, 저당권, 질권설정일보다 늦은 국세, 지방세 등 지방 자치 단체의 징수금

6순위 : 의료보험법, 산업재해보상법 및 국민연금법에 의한 보험료 등 공과금

7순위 : 일반채권의 배당순위는 위와 같이 정리되나 구체적인 배당 순위 및 배당금액은 배당표 작성이 완료된 후에나 알 수 있으며, 배당에 이의가 있을 때는 배당이의소송이나 부당이득금 반환의 소송을 통해 해결할 수밖에 없다.

배당에 이의가 있는 이해당사자는 배당 당일에 문제가 있다고 판단한 배당당사자를 상대로 일단 구두로 배당이의를 표시한 다음, 배당일로부터 일주일 이내에 배당이의소송의 소장을 해당 경매계에 접수해야 한다. 구두로 제기한 배당이의에 대해서 일주일 이내에 소장을 접수하지 않으면 당초의 배당표 원안대로 확정된다. 이의대상자는 배당에 문제가 있다고 판단하는 자이고, 나머지는 당일로 배당이 확정된다.

배당이의의 소를 제기할 수 있는 사람은(판례) 배당표의 분쟁

배당이의의 소를 제기할 수 있는 자는 배당기일에 배당이의를 할

수 있는 자로서 실제 배당이의를 한 채권자에 한하여 가능하다.

배당이의 소의 원고 적격이 있는 자는 배당기일에 출석하여 배당표에 대한 실체상의 이의를 신청한 채권자 또는 채무자에 한하고, 경매절차의 이해관계인에 해당하지 아니하는 자는 배당기일에 출석하여 배당표에 대한 실체상의 이의를 신청할 권한이 없으며, 따라서 이해관계인에 해당하지 아니하는 제3자가 배당기일에 출석하여 배당표에 대한 이의 신청하였다고 하더라도 이는 부적법한 이의신청에 불과하고, 그 제3자에게 배당이의 소를 제기할 원고적격이 없다.(부산고등법원(창원) 2015. 11. 26. 선고 2014나22744 판결, 대법원 2002. 9. 4. 선고 2001다63155 판결 등 참조)

(1) 사실관계

가. 한○서는 토○○씨 주)를 위하여 사업 자금을 조달하는 업무를 수행하여 왔는데, 토○○씨 소유인 ○○시 ○○면 ○○리 산3◐●16 임야 11,547㎡, 산3◇◇41 임야 606㎡ 및 산3▽△59 임야 6,792㎡(이하 위 3필지의 토지를 합쳐서 이 사건 부동산이라 한다)를 개발하는 사업과 관련하여 피고에게 자금의 대여를 부탁하였다.

나. 피고는 한□서의 부탁에 따라, 아래와 같이 2012. 11. 13.부터 2013. 3. 5.까지 총 15회에 걸쳐 합계 758,000,000원을 한□서가 지정하는 이◆재(한□서의 처이다) 또는 토△■앤씨의 계좌로 송금하거나, 토△■앤씨에 자기앞 수표로 전달하였는데, 위 돈은 위 개발 사업을 위한 토지매입대금 지급, 대출원리금 상환, 공사대금 지불 등의

용도로 사용되었다.

다. 토△■앤씨는 위와 같은 차용원리금 채무를 담보하기 위하여 2013. 1. 23. 피고와 사이에 이 사건 부동산에 관하여 매매대금을 900,000,000원으로 한 매매예약을 체결하고, 피고에게 액면금 900,000,000원의 약속어음을 발행·교부하는 한편, 같은 날 이 사건 부동산에 관하여 피고 앞으로 위 매매예약을 원인으로 한 소유권이전청구권가등기를 마쳐주었다.

라. 피고는 토△■앤씨에 대한 대여원리금채권을 변제받기 위하여 2013. 7. 26. 이 사건 부동산에 관한 부동산에 관한 담보가등기에 기하여 임의경매를 신청하였고, 2013. 7. 29. 창원지방법원 통영지원 2013타경7358호로 부동산임의경매개시결정이 내려졌다.

마. 원고들은 이 사건 부동산 중 산3▽△59 임야 6,792㎡에 관하여 창원지방법원 거제등기소 2014. 4. 24. 접수 제22201호로 채권최고액을 400,000,000원으로 하는 근저당권설정등기를 마친 후, 2014. 6. 27. 인천지방법원 부천지원 2014타채7283호로 토△■앤씨가 이 사건 임의경매 절차에서 소유자로서 제3채무자인 대한민국에 대하여 갖는 잉여배당금 채권에 관하여 물상대위에 의한 채권압류 및 전부명령을 받았고, 위 명령은 그 무렵 토△■앤씨와 대한민국에 송달되었다.

바. 이후 창원지방법원 통영지원은 이 사건 임의경매 절차의 배당기일인 2014. 7. 1. 매각대금 및 이자 가운데 집행비용을 공제한 2,236,604,219원을 채권자들에게 배당하면서, 제1순위 근저당권자

인 신◇◆◆협동조합에게 1,316,272,256원, 제2순위 담보가등기권
자 겸 신청채권자인 피고에게 900,000,000원, 소유자인 토△■앤씨
에게 잉여금 20,331,963원을 배당하는 것으로 배당표를 작성하였다.

사. 원고들은 위 배당기일에 출석하여 위 마항의 채권압류 및 전부
명령에 따른 전부채권자 자격으로(소유자를 대위하여 배당이의신청을 한다
는 의사표시를 한 바도 없고 그러한 취지가 포함되어 있다고 해석할 근거도 없다)
피고의 배당금 전액에 대하여 이의를 제기하였고, 그로부터 1주일 이
내인 2014. 7. 4. 이 사건 소를 제기하였다.

(2) 당사자들의 주장

가. 원고주장

피고는 담보가등기권자로서 이 사건 임의경매를 신청하면서 청
구금액을 900,000,000원으로 하였으나, ① 피고는 토△앤씨에게
500,000,000원을 대여하였을 뿐, 이를 초과하는 금액은 토△앤씨와
아무런 관련이 없는 한ㅁ서 개인에게 대여한 것이고, ② 피고와 토
△앤씨 사이에 이자에 관한 약정이 없었으며, 가사 이자 약정이 있다
고 하더라도 이자제한법의 규제를 받으므로, 실제 가등기에 의해 담
보된 피고의 토△앤씨에 대한 채권액수는 900,000,000원이 아니라
500,000,000원에 불과한 바, 이를 초과한 400,000,000원 부분은
이 사건 부동산의 소유자인 토△앤씨에게 잉여로 배당되어야 하며,
결국 이는 토△앤씨의 위 잉여배당금 채권에 대한 전부채권자인 원고
들에게 배당되어야 한다.

나. 피고주장

먼저, 원고들은 이 사건 배당이의의 소를 제기할 원고적격을 갖추지 못하였고, 설령 그렇지 않다고 하더라도, 피고는 토△앤씨의 이 사건 부동산에 대한 개발 사업과 관련하여 토△앤씨에게 758,000,000원을 대여하고, 그에 대한 원금과 이자 등을 포함한 900,000,000원을 지급받기로 약정하여 위와 같이 이 사건 부동산에 관하여 담보가등기를 마친 것이므로, 피고가 그에 기하여 정당하게 신청하여 진행된 이 사건 임의경매 절차에서 배당받은 900,000,000원에 대한 원고들의 이 사건 배당이의는 부당하다.

(3) 법원판단(이 사건 소의 적법 여부에 관한 판단)

가. 관련 법리

배당이의 소의 원고적격이 있는 자는 배당기일에 출석하여 배당표에 대한 실체상의 이의를 신청한 채권자 또는 채무자에 한하고, 경매절차의 이해관계인에 해당하지 아니하는 자는 배당기일에 출석하여 배당표에 대한 실체상의 이의를 신청할 권한이 없으며, 따라서 이해관계인에 해당하지 아니하는 제3자가 배당기일에 출석하여 배당표에 대한 이의를 신청하였다고 하더라도 이는 부적법한 이의신청에 불과하고, 그 제3자에게 배당이의 소를 제기할 원고적격이 없다(대법원 2002. 9. 4. 선고 2001다63155 판결 등 참조).

또한, 민법 제370조, 민법 제342조에 의한 저당권자의 물상대위권 행사는 구 민사소송법 제733조(현행 민사집행법 제273조)에 의하여 담보권의 존재를 증명하는 서류를 집행법원에 제출하여 채권압류 및 전부명령을 신청하는 방법으로 할 수 있으나(대법원 2000. 5. 12. 선고 2000다4272 판결 등 참조), 이러한 물상대위는 본래의 저당목적물의 전부 또는 일부에 대하여 저당권을 사실상 또는 법률상 행사할 수 없게 된 경우에 인정되는 것인데, 근저당권의 실행으로 그 근저당목적물이 경매절차에서 매각되는 것은 민법 제370조, 제342조 에서 규정하는 저당물의 멸실, 훼손 또는 공용징수로 근저당권을 사실상 또는 법률상 행사할 수 없는 경우에 해당한다고 볼 수 없다(대법원 2001. 11. 27. 선고 99다22311 판결 등 참조).

나. 판단

그러므로 보건대, 원고들은 이 사건 임의경매의 배당절차에서 토△앤씨가 소유자로서 갖는 잉여배당금 채권에 관하여 물상대위에 의한 채권압류 및 전부명령을 받아 위 명령이 그 무렵 확정되었으며, 원고들이 위 배당기일에 출석하여 위와 같은 압류 및 전부명령에 따른 전부채권자 자격으로 피고의 배당금 전액에 대하여 이의신청을 하고 이 사건 소를 제기한 사실은 앞서 살펴 본 바와 같다.

그러나 위 판례에서도 알 수 있는 바와 같이, 원고들이 설정한 근저당권의 목적이 된 이 사건 부동산 중 산3▽△59 임야 6,792㎡가 나머지 부동산들과 함께 이 사건 임의경매 절차에서 매각되었다고 하더라도 이는 민법 제370조, 제342조가 규정하는 물상대위가 가능한 경우에 해당하지 아니하여 애당초 물상대위를 위한 채권압류 및 전부명령을 신청할 수는 없어 물상대위에 의한 채권압류 및 전부명령은 무효이므로(전부명령이 형식적으로 확정되었다고 하더라도, 전부명령 자체가 무효인 경우에는 이해관계에 있는 자가 여전히 그 효력을 다툴 수 있다), 원고들의 배당이의 신청은 이 사건 임의경매 절차에서 이해관계인이 아닌 자가 한 것이어서 적법한 이의신청이라고 할 수 없고 달리 원고들에게 배당에 이의를 신청할 수 있는 권한이 있었음을 인정할 근거가 없으니, 이 사건 배당이의의 소는 원고적격이 없는 자가 제기한 것으로서 부적법하다.

다. 판례해설

배당절차는 여타의 본안소송과는 다르게 그 절차가 엄격하고 이와 같은 절차는 민사집행법에 명확히 규정되어 있으며 규정된 절차를 지키지 않은 경우 채권이 존재하더라도 권리자체를 보장받을 수 없다. 비근한 예로 배당이의의 소를 제기할 수 있는 자는 배당기일에 배당이의를 한 자만이 배당이의의 소를 제기할 수 있고 더 나아가 경매절차에서의 이해관계인이 아닌 이상 배당절차에서 이의를 할 수도 없으며 가사 이의를 하였더라도 배당이의의 소를 제기할 수 없다.

이 사건에서 원고는 기존의 저당권자로서 자신의 저당권이 경매로 인하여 소멸됨을 전제로 물상대위를 주장하면서 배당금에 대하여 압류 전부 명령을 신청하였다. 그러나 이는 물상대위 요건에 부합하지 않기 때문에 압류 전부 명령은 확정되었더라도 무효일 뿐이며, 결국 경매절차에서 이해관계인이 아니기 때문에 배당이의 자체를 할 수 없는바, 원고들의 배당이의 신청은 부적법하고 이를 전제로 한 배당이의의 소는 원고 적격이 없어 각하 판결을 받을 수밖에 없었다.

결론적으로 여타의 본안 소송과 다르게 배당이의 소송에서는 실체
상의 요건뿐만 아니라 절차상의 요건 또한 꼼꼼히 따져서 소송을 수
행하면 뜻밖에 좋은 결과를 얻어 낼 수 있을 것이다.

임차인의 부당이득과 손해배상-사실관계편

(대법원 20**.7. 25. 선고 2017다14664 판결)

임대차계약이 해지 또는 종료되었음에도 불구하고 임차인이 임대
차목적물을 여전히 점유하는 경우, 임대인은 부동산을 사용하지 못함
으로써 손해를 입게 된다. 이 때, 임차인의 점유 양태에 따라 임대인
이 임차인에게 부당이득 반환을 구하거나 손해배상을 청구할 수 있는
지 여부가 달라지는데, 이번 이야기에서는 임차인의 부당이득 또는
손해배상의무에 관하여 이야기를 나누어 보고자 한다.

(인정사실)

甲과 乙은 甲 소유의 A건물에 관하여 보증금 5,000만 원, 전세기간 2016. 3. 19.부터 2017. 3. 18.까지 전세계약을 체결하면서 전세기간 또는 그 연장기간 중 언제든지 상대방에 대한 사전통지로 전세계약을 해지할 수 있도록 약정하고, 2016. 6. 16. 전세권설정등기를 경료했다.

이후 乙은 2016. 10. 27. 甲에게 해지의 의사를 통지함으로써 2016. 11. 27. 전세계약이 해지되었다. 乙은 2016. 11. 27.에 11월분의 월차임 및 관리비를 지급하면서 이사를 했다. 4층 내지 6층에 에어컨박스, 에어컨, 냉동기, 간판 등을 제거하지 않은 채 열쇠를 甲회사 직원에게 전달하였으나 열쇠가 甲에게 전달되지 않았고, 2017. 1. 5.에 이르러 에어컨, 에어컨 박스 등을 모두 철거했다.

甲은 2017. 초경 A건물 중 일부를 소외 주식회사에 임대를 주었다.

⑴ 원고의 주장 : 甲은 A건물에 관한 전세계약이 종료되었으므로 乙은 전세권 말소등기절차를 이행하여야 한다고 주장하며 乙의 동시이행항변에 대해 반환할 보증금 중 미납월차임, 원상회복비용 등이 공제되어야 한다고 주장하였다. 더불어 임대차계약(전세계약)서상 乙은 계약종료일부터 건물명도일까지 통상 임대료의 2배에 해당하는 금액을 손해배상액으로 甲에게 지급하기로 약정하였고, 위 금원을 모두 공제한 나머지 보증금을 모두 공탁하였으므로 乙은 전세권등기를 말소하고 손해를 배상할 의무가 있다고 주장하였다.

⑵ 피고의 주장 : 乙은 2016. 11. 27.이후에는 A건물을 사용하지

않았고, 전세권말소는 보증금 반환과 동시이행관계에 있으므로 甲이
보증금에서 연체차임을 공제한 금원을 전액 반환할 때까지 그 이행을
거절할 수 있으며, 손해배상의무 또한 없다고 항변하였다.

(3) 법원의 판단

원심은 이에 관하여 乙이 A건물을 인도한 시점을 2017. 1. 5.로 확
정하고, 2016. 12. 1.부터 2017. 1. 5.까지 乙이 점유·사용하였으므
로 부당이득을 반환할 의무가 있다고 판단하였다. 그 부당이득의 범
위는 월차임과 관리비 상당의 금원이고 손해배상액은 乙의 과실로 훼
손된 건물의 칸막이 출입문, 유리 수리비 상당으로 제한하였다.

대법원은 원심의 판단을 모두 인용하였는데, 그 근거로 ①법률상
의 원인 없이 이득하였음을 이유로 한 부당이득의 반환에 있어 이득
이라 함은 실질적인 이익을 의미하므로, 임차인이 임대차계약 관계
가 소멸된 이후에도 임차건물 부분을 계속 점유하기는 하였으나 이를
본래의 임대차계약상의 목적에 따라 사용수익하지 아니하여 실질적
인 이득을 얻은바 없는 경우에는, 그로 인하여 임대인에게 손해가 발
생하였다 하더라도 임차인의 부당이득반환의무는 성립되지 아니하는
것이고,

② 임대차계약의 종료에 의하여 발생된 임차인의 임차목적물반환의
무와 임대인의 연체차임을 공제한 나머지 보증금의 반환의무는 동시
이행의 관계에 있는 것이므로, 임대차계약 종료 후에도 임차인이 동시
이행의 항변권을 행사하여 임차건물을 계속 점유하여 온 것이라면, 임

대인이 임차인에게 위 보증금반환의무를 이행하였다거나 그 현실적인 이행의 제공을 하여 임차인의 건물명도의무가 지체에 빠지는 등의 사유로 동시이행항변권을 상실하게 되었다는 점에 관하여 임대인의 주장, 입증이 없는 이상, 임차인의 위 건물에 대한 점유는 불법점유라고 할 수 없으며, 따라서 임차인으로서는 이에 대한 손해배상의무도 없다고 할 것이라는 판례를 원용하였다(대법원 2016.5.12. 선고 2016다35823 판결 , 2017.3.28. 선고 2017다 50526 판결 참조).

(4) 판단의 쟁점

이 사건은 상당히 많은 법리를 다루고 있다.

①부당이득이 성립하기 위한 요건

②동시이행관계에서 손해배상성립 요건

③입증책임

④인도의 범위

⑤유효한 변제공탁 등이다. 임차인의 부당이득과 손해배상에 관하여는 이 사건 이전에도 많은 판례가 있었고, 이후로도 지속적으로 동일한 내용의 판례가 나오고 있다. 그러다 보니 하급심에서 임차인이 영업을 한다면 부당이득이 성립하고 영업을 하지 않으면 부당이득이 성립하지 않는다는 취지의 판단이 기계적으로 내려지곤 하여 손해배상과 부당이득이 불명확하게 판단되기도 한다.

NPL 수익형 · 연금형
부동산 투자의 함정

가끔 필자에게 "경매개시 결정 전 부실 채권을 매입하면 어떠냐?" 는 질문을 해 온다. 돈 되는 우량 담보부 채권을 발 빠른 AMC법인들 이 높은 금액에 매입하기 전 매입하려는 생각일 것이다.

그러나 이번 사례와 같이 이런 일들이 발생할 수 있으니 부실 채권 매입자는 주의를 요한다. NPL 투자는 보통 금융 기관에서 시작해 경 매진행, 자산 관리(AMC)회사, 개인투자자, 배당금 수령 등으로 진행 된다. 이때 아파트 1순위 근저당채권의 경우에는 배당금액과 매입가 격의 차액을 수익으로 하는 경우가 많다.

NPL을 매입하는 방식으로는 론 세일, 채무 인수, 유입조건부 사후 정산, 배당조건부 사후정산 등이 있다. 가장 보편적인 방법은 론 세 일 계약이고, NPL 부실 채권에 대한 8가지 투자기법이 있다.

배당 조건부 사후정산의 경우 여러 함정들이 존재하기 때문에 계약 형태에 따른 정보들을 면밀히 살펴야 한다.

그러나 장점만 믿고 섣불리 투자를 했다간 낭패를 볼 수 있어 주의

해야 한다. NPL 투자가 각광을 받으면서 이를 악용해 수익을 낼 수 없는 NPL을 무차별적으로 매입한 후, 달콤한 말로 지식이 부족한 투자자들에게 매도하는 피해 사례가 늘고 있기 때문이다.

실제로 지난해 10월 NPL 채권 매매와 부동산 경매 투자 미끼로 노인과 주부 등 902명에게 598억 5,400만 원의 투자금을 받아 가로챈 일당이 입건된 사례가 있다.

무조건 수익을 낼 수 있다는 달콤한 말에 현혹돼 섣부른 투자를 하면 실패할 확률이 높다. 단순히 이론만으로 접근하기 보다는 실제 사례 스터디 통해 실무전략과 노하우, 이론을 적절히 혼합하고 실력 쌓는 것이 중요하다.

 사례 분석 26

경기 포천시 ○○읍 ○○리 7○○-○6 ,-○7 ○○○○프라자 ○층 ○○1호 (○○로 80) (일괄)○○2호, ○○3호, 건물 891㎡ (270평) | 토지 207㎡ (62평)

본 물건은 필자가 취급한 고시원이다.

대출당시 감정가 1,545,000,000원이었다. 채무자가 고시원 룸 45개로 룸 1개당 45만 원 만실 월 2,025만 원 1년 2억4천3백만 원이다.

채무자는 검도 선수로 검도협회에서 임원으로 있으면서 이곳을 당초 독서실과 요양원을 경매로 낙찰받아 6억5천만 원에 낙찰받아 8억 원 시설비를 들여 고시원으로 구조 변경하였다.

즉, 위반건축물이다. 그러나 매년 위반건축물의 과태료를 납입해도 불법건축으로 인한 룸 5개 임대 시 월 40만 원, 200만 원이다.

1년 임대료 2,400만 원이다. 월 임대료가 과태료를 납입하고도 수익이 된다면 임대료를 받는 방법도 좋을 것이다.

필자가 대출을 해주면서 본 물건 방문하였다. 수익형 부동산으로 '고시원 특화대출'로 필자 금융 기관은 감정가 80% 대출이 가능하다. 대출 당시 감정가 15억4천5백만 원의 80%인 12억 원을 대출해 주고 추가로 1억 원 총 13억 원이 대출 지원되었다.

그런데 채무자가 핸드폰 제조업에 손을 대면서 부도를 맞았고 결국 경매로 신행하면서 필사의 금융 기관은 12억 원에 매각을 했다.

그런데 본 물건에는 불법 건축물로 일부 개조한 호실이 있었다. 매입한 법인AMC는 질권대출을 받았다. 매입가 80% 9억6천만 원을 받아 지렛대 원리로 저렴하게 자금을 투입하였다.

채무자겸 고시원 소유자로부터 전화가 왔다.

"안녕하세요? 부지점장님 잘 지내시죠~? 전처럼 포천에 오셔서 술 한잔 해야 하는데 시간 한번 내 주세요~부지점장님."

채무자는 검도를 해서인지 씩씩한 목소리에 누구와도 소통할 수 있는 성격이었다.

"네, 건강하시죠~?"

필자는 반갑게 화답해 주었다.

전에 포천에 갈 일이 있어서 점심때 잠시 고시원에 들렀는데 사모님과 같이 고시원을 운영하고 계셨다.

"이번 추석에 직원들 선물 좀 하고 싶은데 몇 명인가요?"라고 직원이 몇 명인지를 묻는다.

"선물은 누구나 좋아하지만 그러지 않으셔도 돼요. 오히려 저희가 선물을 해드려야죠. 이자를 연체 없이 잘 내주셔서 월급과 특별상여금까지 받을 수 있게 해주시잖아요."라며 필자는 정중히 거절했다.

그리고 그해 추석에 강원도 두메산골에서 특수 가공된 진한 사골국 선물용 포장으로 8개가 지점으로 도착하였다.

"사장님 이러지 않으셔도 된다고 했는데요." 라며 필자가 고맙다는 말을 건넸다.

"부담 갖지 마시고요. 추석 잘 보내시고 한번 찾아 뵐 게요." 라며 짧게 말을 건네고 전화를 끊었다. 지금은 '김영란 법'에 어긋날지 모르지만 그 해 덕분에 어머니가 진한 사골국으로 호강을 했던 기억이 났다. 그리고 1주일이 지나고 고시원 대출 채무자로부터 전화가 왔다.

"건강하시죠~? 부지점장님 이자가 너무 높아요. 저 같이 연체 한 번 없이 이자를 잘 내는 고객에게 특별관리를 해 주셔야죠~." 라며 껄껄 웃는다.

"금리인하 대상이 되는지 검토해보고 연락드릴게요." 라며 전화를 끊고 금리인하 대상이 되는지 확인해 보았다.

금리인하 대상은 연봉이나 직급이 상승하거나 부동산 가치가 상승하고 그 해 6개월 전 금리인하를 해 준 사실이 없는 자 등이다.

"사장님은 금리인하 대상이 되니 1% 인하해드릴게요." 라며 사골국을 선물받고 대출금 12억 원의 1%, 1년이자 1천 2백만 원을 인하해주었다. 필자는 같이 근무하는 김대리와 점심 먹으며 "참 세상 사는 법을 아는 사장님 아니냐?" 라며 칭찬해주었다.

"그러게 말이에요. 그런건 우리가 배워야할 듯해요." 라며 김 대리가 맞장구를 쳤다. 그리고 추석이 지나고 고시원 소유자 겸 채무자 김 사장님이 사무실에 찾아 왔다.

그리고 "고시원 대출이 감정가 80%면 대출한도가 13억 원인데, 현재 12억 원 대출받았으니 추가 1억 원 더 해줄 수 없나요? 고시원 인테리어 자금이 필요해서요." 라며 추가로 1억 원 대출을 요청했다. 검토 결과 우량등급에 연체 없는 우수고객이라 1억 원 더 지원되었다.

그런데 그때 뭔가를 눈치 채야 했었다.

그 이후 2년 후 필자가 리스크 관리실로 발령을 받고 리스크 관리실에서 근무하고 있는데 이 김 사장으로부터 전화가 왔다.

"건강하시죠~?" 힘없는 목소리로 전화가 왔다.

"네 사장님 저는 잘 있습니다. 무슨 일 있으세요? 왜 그렇게 힘이 없어요?"라며 필자가 물어보았다.

"네~사실은 엊그제 상동지점에 방문해보니 다른 곳으로 발령이 나셨다고 해서 답답한 문제가 생겨서요." 라며 긴 한숨이다.

"무슨 일인데 그러세요?" 궁금해서 물어 보았다. 그때,

"사실은 핸드폰 제조업이 돈이 된다고 하여 1억 원을 추가로 대출받아 지인한테 돈을 투자했는데, 이 사업이 쫄딱 망해서 개인 고시원을 담보로 사채까지 쓰고 사채이자는 늘어나고 답답하네요. 이 고시원은 꼭 지키고 싶은데 방법이 없을까요?"

전화기에 들리는 목소리는 다급한 상황인 듯 했다. 현재 이자가 몇 천만 원까지 불어나 해결 방법이 없다고 한다.

"원금 정도면 다른 사람에게 소유권을 이전하고 가져오고 싶은데 방법이 없을까요?"

"방법은 현재 제가 근무하는 리스크 관리실 옆에 채권관리과가 있는데 여기에 알아보니 현재 경매진행 중이고 NPL로 매각하려고 준비 중이네요. 혹시 금융위원회에 등록된 3억 원 유자격 AMC가 주변에 있으면 13억 원에 NPL매입하면 되는데요."라며 방법을 알려주었다.

"주변에 없는데 부지점장님이 수수료 줄테니 한 번 알아봐주세요." 라며 조만간 찾아 온다던 사람이 깜깜 무소식이었고, 결국 다른 AMC에게 원금 즉 13억 원에 매각이 되었다.

대출원금 13억 원 (12억 대출 2년 후 추가대출 1억 원 더 지원 되었다.)

대출 이자 102,682,191원, 경매비용 8,765,907원

총 채권금액 1,411,448,098원

경매 개시결정 후 법원 감정금액이 나오기 전 고시원 수익률만 파악한 후 NPL로 매각이 되었다.

그러나 대출당시 감정가 1,545,000,000원이었으나 매입한 이후 법원 감정가는 1,286,000,000원이다. NPL매입금액 대출금원금 13억 원과 경매비

용 8,765,970원이다. 이처럼 경매개시 결정 이후 법원감정이 나오기 전 매입할 때는 이런 위험한 리스크와 함정이 존재함을 파악한 후 부실 채권 투자에 임해야 한다.

그리고 다시 김 사장인 채무자가 필자에게 전화가 왔다.

"고시원 경매 진행이 어떻게 진행 중인가요? 해결할 방법을 찾고 있는데 쉽지가 않네요." 라며 목소리를 흐릿하게 깐다.

"매달 고시원 수입만 2천만 원이 넘고 사모님과 같이 운영해서 인건비 나갈 일도 없고 고정비 지출하고도 1달에 1천5백만 원 순수입 무난했잖아요? 따님은 음대에 다니며 과외비가 1달에 5백 이상 지출된다 해도 경매 들어갈 정도는 아니잖아요? 어떻게 핸드폰 제조업에 투자를 하셨길래…." 라며 이해를 못하는 필자에게,

"사실은 제가 사기를 당한 것 같습니다. 중국에 핸드폰 제조업체에 공동투자를 하면 수익률이 엄청 크다고 믿는 친구가 장담을 하여 투자를 하였는데 유통망이 막히고 저가폰과 중국 제조폰이 몰리면서 사업에 투자한 돈은 고사하고 매달 지불해야 할 돈은 늘어나 고시원 수입으로는 어림도 없게 됐습니다."

안타까운 일이다. 필자는 금융 기관에 근무하면서 모텔과 고시원 같은 일정한 수입이 있는 물건은 특화 대출상품으로 상임차를 차감하지 않고 감정가 80%~85% 대출을 해준다.

그러나 이처럼 주식이나 다른 사업에 손을 대면서 투자한 사업 자금과 월수익금으로 이자를 내고도 부족한 상황이 많이 발생하여 경매 시장에서 대출금을 해소하곤 한다.

"그런데 부지점장님이 아시다시피 제가 이 고시원으로 노후에 편히 쉴 노후자금으로 사용하려고 일반적인 고시원하고 다르게 고급자재와 유체동산 시설물도 고급으로 만들어 이 고시원만큼은 꼭 지키고 싶습니다. 방법 좀 찾아 주세요. 원금만 채무 인수 형태로 할 수는 없을까요?" 라며 도와달라는 눈치다.

"예, 딱한 사정 저도 알겠네요. 저도 도와 드리고 싶지만 그렇게 할 방법이 없네요. 단지, NPL법인을 통해 일정한 수수료를 주고 인수하는 방법은 있는

데…." 라며 부실 채권 법인을 통해 원금만 인수할 수 있는 방법을 말해줬다.

그리고 며칠 내 사무실에 방문키로 하였으나 역시나 방문하지 않았다. 상황이 더 많이 악화된 것 같았다. 그리고 본 물건은 NPL로 OOAMC에 원금 13억 원에 매각이 되었다. 대출 당시 고시원 월 매출액이 2천만 원이 넘었으므로 경매개시 결정 상태에서 법원 감정가 책정되기도 전에 부실 채권으로 매입해 갔다. 그런데 실제 법원 감정가는 대출 당시 감정가(1,545,000,000원)보다 훨씬 더 저가의 감정가(1,296,000,000원)가 책정이 되었다. 얼마에 매각이 될지 모르지만 실제 감정가는 매입가보다 더 낮게 감정가 책정이 되었다. 그러므로 경매개시 결정 전 등기부에 나타나지 않는 당해세와 당초 감정가와 경매개시결정 이후 법원 경매 감정가가 차이가 많이 난다면 큰 손실을 입을 수 있으니 주의해야 한다.

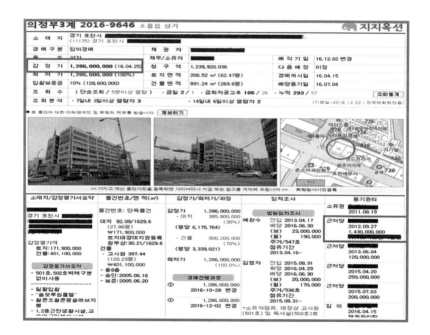

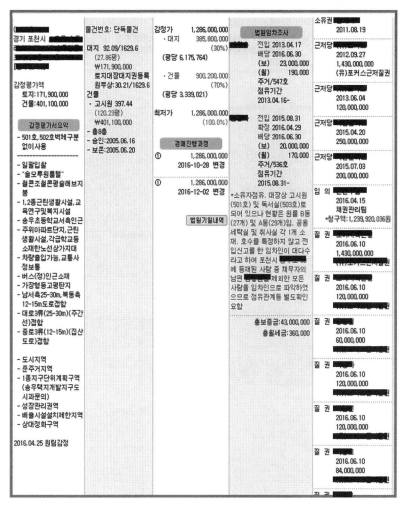

본 물건은 당시 노유자 시설 물건을 경매로 292,700,000원으로 낙찰받은 물건이다. 고시원 용도 변경 비용으로 고급 자재와 최고급 인테리어로 5억 원이 투자되었다. 총 투자금은 792,700,000원이다. 그런 물건을 경매로 저렴하게 낙찰받아 고시원으로 용도 변경하여 수익형 부동산으로 구조 변경한 것이다.

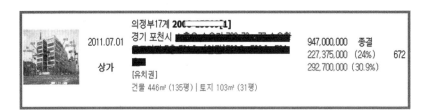

이 물건이 첫 번째 법원 감정 시 1,296,000,000원으로 책정되었다. 대부분 NPL투자자는 이럴 때 본인들이 방어 입찰로 유입(직접낙찰) 하였을 것이다. 그러나 본 고시원 NPL 매입자 생각은 달랐다.

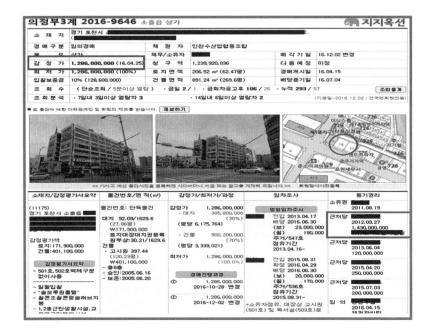

NPL 매입자는 필자의 금융 기관 NPL매각 채권90%를 소화하는 자금력이 풍부한 곳이다. 이 OOAMC는 본 물건을 재감정하기로 하였다. 의정부 지원 3계 2016타경 9646 채권자 부동산 재평가 신청서

가 제출되었다. 법원 경매 시 부동산 감정가격이 낮게 책정되면 채권
자나 채무자는 부동산 감정재평가 신청을 하여 법원이 허락하면 다시
감정받을 수 있고 금액이 상향되는 경우가 있다.

채무자가 재감정 사유로 경매를 고의로 지연시켜 합법적인 연체이
자를 받으려는 경우도 종종 볼 수 있다.

본 경매사건에 법원에서는 재감정 사유가 인정이 받아들여져 법원
감정가 1,528,000,000원으로 다시 경매진행되었고 1차 유찰된 이
후 2차에 1,400,000,000원 최고가 입찰신청자에게 낙찰이 되었다.

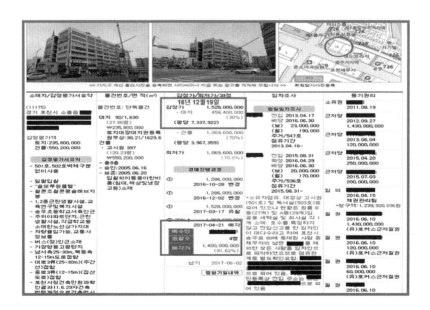

소재지	경기도 포천시 소흘읍 ▮▮▮▮▮▮▮▮▮					
대지면적	1,632(494)	연면적		11,437(3,460)	허가일자	2004-08-17
건축면적	2,049(620)	용적률산정용연면적		9,823(2,971)	착공일자	2004-09-06
건폐율		용적률			사용승인일자	2005-06-16
주차장	· 옥내,자주식 - 49대(2238.33㎡ (677.09평))				엘레베이터	있음
관련지번	726-77	관련도로명				
기타						

층 별	구 조	용 도	면 적
지하1층	철근콘크리트구조	제2종근린생활시설(주차장)	1249.85 (378)
지하1층	철근콘크리트구조	MDF실/방재실	26.56 (8)
지하2층	철근콘크리트구조	기계/전기실/발전기실	337.75 (102)
지하2층	철근콘크리트구조	제2종근린생활시설(주차장)	938.66 (284)
1층	철근콘크리트구조	주차장통로	49.82 (15)
1층	철근콘크리트구조	제1,2종근린생활시설	1060.72 (321)
2층	철근콘크리트구조	제2종근린생활시설(음식점)	1110.54 (336)
3층	철근콘크리트구조	의료시설(병원)	1110.54 (336)
4층	철근콘크리트구조	의료시설(병원)	1110.54 (336)
5층	철근콘크리트구조	제2종근린생활시설	1110.54 (336)
6층	철근콘크리트구조	의료시설(병원)	1110.54 (336)
7층	철근콘크리트구조	의료시설	1110.54 (336)
8층	철근콘크리트구조	노유자시설	1110.54 (336)
옥탑1	철근콘크리트구조	계단실,기계실(연면적제외)	105 (32)

< 호별배치도및내부구조도 >

< 송우황금프라자 5층 501호 외 >

　　필자가 NPL대출(근저당권부 질권대출)을 하면서 많은 NPL투자의 함정을 본다.

　　신탁 대출은 NPL질권대출 대상이 아니다. NPL질권대출은 근저당권을 담보로 하는 대출이기 때문에 우선수익권 증서인 신탁 대출은 NPL대출 성격이 아니기 때문이다. 하지만 NPL대출이 가능하다고 잘못 이해하여 몇 십억 원 신탁 통 대출을 NPL로 매입하였을 때는 대출을 일으키지 못하고 보증금을 몰수당하는 경우도 가끔 본다.

　　또한 찜질방이나 사우나를 저렴하게 매입하는 특수물건의 경우 매입가보다 더 낮게 최저가로 떨어져 방어입찰로 참여하였다. 채권매입 채권양수도계약 시 10% 지불하고 방어입찰 시 최저가 입찰보증금 10%을 납입했다. 두 번의 보증금을 지불하고도 최종적으로 대출을 일으키지 못해 보증금 모두를 날리는 경우도 본다.

무조건 돈이 된다고 투자하기보다는 충분한 공부와 사례 분석이 뒷받침되어야 리스크를 줄이고 고수익을 낼 수 있다.

어떤 AMC는 권리분석을 제대로 하지 못하고 단순히 수익형 부동산이라는 이유로 매입한 지방의 모텔이 매입가보다 더 낮게 떨어져서 방어입찰로 유입(직접 낙찰)하고 인테리어 비용으로 3억 원의 비용을 지불하고 현재 직영을 하고 있지만 대출금 이자도 간신히 내고 있는 사례도 목격되고 있다. 필자의 금융 기관에서 대출할 당시는 성수기로 월매출액이 18,000,000원~21,000,000원이었지만 비수기 때는 월매출액이 5,000,000원~6,000,000원으로 인건비와 고정지출비를 제하면 마이너스일 때도 있다.

병원장이 제공한 요양병원을 담보로 감정가 450,000,000원 부동산을 담보로 250,000,000원 대출이 지원됐고 병원장의 병원 폐업으로 경매가 진행되어 245,000,00원에 매각(낙찰)되었다.

필자의 금융 기관은 당연히 245,000,000원과 경매비용 환급으로 배당될 것이라 예상배당표를 작성했지만 실제는 무배당이었다. 선순위 임금채권은 낙찰가 1/2의 예외 조항이 있어 낙찰금액에서 임금채권예외 배당으로 100% 선순위 배당되었기 때문이다.

필자의 금융 기관에서 용인에 있는 요양원 담보물건이 연체가 되어 경매개시 결정된 후 NPL로 매각하였다. 그러나 다행히 아무도 이 물건을 매입해 간 AMC는 없었다. 만약 NPL물건으로 3억 원에 매입해 갔다면 고스란히 3억 원을 날리게 되었을 것이다.

이처럼 무조건 저렴하다고 또는 수익형 부동산이라고 무조건 매입하기보다는 충분한 권리분석과 전문가와 상담이 필요할 수도 있으므로 NPL매입 시 함정과 리스크를 줄이는 방법을 제대로 배워야 함이 절실히 요구된다.

NPL 부자들의
비밀 노트

필자가 운영하는 (이상준 박사 NPL 투자연구소-http://cafe.daum.net/happy-banker) 재테크 강연회에 참석한 한 수강생이 강연이 끝나자 상담을 요청했다. 그는 아래 물건의 낙찰 예상가와 배당표 작성을 도와 달라 요청했고, 이를 바탕으로 수익을 낼 수 있었다.

법무법인 법률회사에는 '권리분석 증서'를 작성해서 직인을 날인해 주기도 한다. 그만큼 권리분석에 자신이 있다는 것이다.

권리분석은 수익이나 손실과 직결되므로 당해세, 최우선변제금, 유치권, 법정지상권, 분묘기지권 등 권리분석에 있어서 매우 중요하게 파악해야 할 내용들이다.

예컨대 위장 임차인이 선순위 배당을 받아간다면 나의 배당금은 적어지고 수익도 줄어든다. 잘못하면 손실을 입을 수도 있다.

처음 AMC가 금융 기관에 접근하는 매뉴얼과 NPL매입 시 채권평가 보고서에 의한 배당표 내용이다.

NPL 매각 금융기관 접근 매뉴얼

소제목	내 용
NPL 매각 금융기관 담당자	· ○○ AMC이며 금융위 대부업등록 업체라고 설명 · NPL 매각 금융기관 담당자와 약속일자를 잡는다.
해당일자에 금융기관을 방문한다	· 명함전달, 본인과 회사소개 및 파일전달
회사소개	· 회사소개서 파일(바인더) 전달 · 대표 및 임원 간단히 소개
매각리스트를 받는다	· 전달한 명함으로 매각리스트를 메일로 받는다. · 가끔 안부전화로 "좋은 물건 없냐"며 인사한다. · 인근에 볼일이 있으면 방문하여 친분을 쌓는다.
매각리스트	· 권리분석(임장활동 가격 분석 등) · 물건보고서 작성 낙찰 예상가 등 수익률 분석 · 매수의향가를 적어 낸다.
매수의향가	· 담당자에게 전화해서 계약하러 간다고 전달한다. · 채권서류 확인(채무자 인적사항, 감정가, 위험요인).
채권양도 양수계약서 작성	· 계약서 직인날인 · NPL대출 및 자금여력 확인
채권자 변경서 법원 제출	· 채권자 변경서 제출 및 1차 채권계산서 제출 · 사건번호 조회 후 낙찰가 확인 · 배당일자에 맞춰 배당금 수령일자 확인
NPL 투자 사례 분석	· 투자사례 분석 및 자료 파일 정리 · 낙찰예상가와 실제 낙찰가 차이 분석
컨설팅 비용 및 NPL 대출	· 세금, 법무비용 (근거: 재판 등) 절약방법 확인 · 컨설팅 비용 절약 방법 확인 · NPL 대출이 저렴한 곳 찾아 금융비용 절약 방법 찾기
NPL 매각 기관	· 신협(계양신협, 둔산신협, 만수신협, 미추홀신협) · 수협(냉동냉장 통조림, 옹진, 경기남부, 경인북부, 군산, 여수수협)

NPL매입239,513,641원+1,599,000원(이전비용)+7,702,790원(금융비용)
=248,815,431원 (총 투자금)①
매각금(낙찰가)277,599,000원-3,083,250원(경매비용)-1,599,000원-7,702,790

예상배당표 [매각가 277,599,000으로 분석]

	종류	권리자	등기일자	채권액	예상배당액	인수	비고
등기권리	근저당권	▮▮▮▮	2006-12-14	169,000,000	169,000,000	말소	말소기준등기
	근저당권	▮▮▮▮	2006-12-14	97,500,000	97,500,000	말소	
	근저당권	▮▮▮▮	2010-12-09	310,000,000	8,015,750	말소	
	임 의	▮▮▮▮	2013-08-12	193,404,061		말소	경매기입등기

	전입자	점유	전입/확정/배당	보증금/차임	예상배당액	대항력	인수	형태
임차권리			법원기록상 임대차 관계 없음					

	종류	배당자	예상배당액	배당후잔액	배당사유
배당순서	경매비용		3,083,250	274,515,750	
	근저당권	▮▮▮	169,000,000	105,515,750	근저
	근저당권	▮▮▮	97,500,000	8,015,750	근저
	근저당권	▮▮▮	8,015,750	0	근저

아파트정보 [재세이]

아파트명	경기 시흥시 ▮▮▮▮▮					
평형정보	34.65평 (114.55㎡) / 총 20층 / 방4개 / 욕실2개 / 계단식					
단지정보	시공사 : 대동주택	준공일 : 1999.07.01		난방 : 개별/도시가스		
	총 480가구/6동	주차 480대/가구당 1대		관리소 : 031-504-7501		

기준일	매매(下)	매매(上)	변동	전세(下)	전세(上)	변동
현재	29,000	31,000		18,500	20,500	
1주 전	29,000	31,000	-	18,500	20,500	-
1월 전	29,000	31,000	-	18,500	20,500	-
3월 전	29,000	31,000	-	18,500	20,500	600▲
6월 전	29,000	31,000	-	18,000	20,000	2,000▲
1년 전	29,000	31,000	-	16,500	18,000	

시세(만원)

　　다음 사례는 필자 지인이 투자한 부실 채권 대박사례(수익률 228%)이다. 재테크에 관심이 많다면 꼭 알아야 할 부실 채권 부자되는 법은 무엇일까? 법원 부동산 경매 낙찰가율이 높아지고 있는 가운데 NPL이 주목받는 이유는? 한국은행 기준 금리의 상승으로 부실 채권은 늘어난다. NPL 투자자들은 새로운 정보로 자신들만의 NPL(Non Performing Loan, 부실 채권) 매각 금융 기관을 독점하고 있다. NPL로 새롭게 등장한 NPL 신흥 부자들은 NPL P2P 등 새로운 부실 채권 투자로 수익을 높이고 있다. 부실 채권 시장의 규모도 점점 커져가고 이들의 수익은 날로 커져 가고 있다.

저금리 시대는 금융 기관 연체는 줄어들고 부실화된 채권이 많지 않다. 그러나 금리가 오르고 경기가 악화될수록 부실 채권의 규모는 늘어난다. 돈 되는 부실 채권 투자도 상식화되고 있다. 그러나 이런 상황에서 부실 채권으로 돈을 버는 투자자는 따로 있다.

(NPL 新대위변제 투자법)

강남불패 신화가 다시 시작되고 있다. 필자의 강의를 들었던 '들꽃정원' 님과 모처럼 통화를 했다. 안산에 주택을 경매로 매입했는데 세입자가 집을 비워 주지 않고 명도 소송 송달도 안 받고 무척이나 힘들게 했던 물건을 필자에게 법률 자문이 있어 풀어줬던 기억이 난다.

그동안 여행을 많이 다니며 재미있게 살던 중 핸드폰을 바다에 빠트려서 필자의 핸드폰 번호를 잃어 버렸다 한다.

"아, 교수님 어떻게 지내셨어요? 그동안 연락 못 드려 죄송합니다. 제 카톡에 교수님 연락처는 뜨는데 핸드폰 연락처가 없어서 연락 못 드렸습니다. 책 출간 축하드려요."

"감사합니다. 요즘 잠실 서초 부동산 경기는 어때요? 새 정부 들어서 뚜렷한 세금 등 정책이 없어서 부동산 시장이 다시 꿈틀거린다고 하던데요." 잠실에 살아서 부동산 사이클에 대한 변화를 알고 싶었다.

"교수님~~" 목소리가 많이 흥분한 목소리다.

"무슨 좋은 일이라도 있나요?" 궁금해서 물어봤다.

"예, 2년 전 잠실 파크뷰하고, 엘스에 전세 끼고 2억 원씩 투자했는데요, 교수님 놀라지 마세요? 글쎄 현재 2억 원씩 올랐어요."

헉~ 세상에 투자 기간 2년, 수익률 100% 이런 투자처가 서초동 부동산 투자처이다.

15년 전쯤 일이다. 잠실 호수 공원 앞이 보이는 팰리스타워 아파트 담보 대출을 진행했던 기억이 난다. 대출 금액은 13억 원이 지원되었다. 채무자의 집에 방문해 보니 펜트하우스 꼭대기 층에 주차장도 두 개까지 쓸 수 있었고 따님이 음대에 다녀서 그런지 피아노와 첼로가 있었다. 일반 매매가 16억5천만 원이었다. 분양가가 궁금했다.

필자는 이런 때 삶에 대한 고민과 갈등에 빠진다. 48평형, 평당 분양가 1천만 원 총 분양가 4억8천만 원이다. 그리고 4년이 지났다.

4년 후 KB 일반매매가 16억5천만 원, 분양가 대비 11억7천만 원이 올랐기 때문이다. 이것이 부동산 투자였다. 한때 이런 시절이 다시 오지 않을 것이라고 했으나 다시 찾아오고 있다.

4포 시대에서 현재는 7포 시대가 되었다. 비정규직이 현실화되고 있고 중소기업과 대기업간 인건비 차이가 더 높아지고 현실을 따라잡기 힘든 이유이다. 그런데 다시 이런 부동산 사이클이 도래된 것일까?

이런 물건은 대위변제 투자도 좋고, 법정대위도 좋고 론세일도 좋다. 부동산 경매로는 낙찰가율이 너무 높기 때문이다.

최근 필자가 NPL대출을 해 주면서 놀라운 일들을 많이 보고 있다. 아파트의 경우 론세일(채권양수도 계약)로 배당 투자를 목적으로 NPL투자의 경우 과거에는 2위 차순위 입찰자의 경우가 매입가 정도에 입찰을 했는데, 최근 연구동향으로 낙찰가 비교해 보니 3등, 4등 입찰자가 입찰 금액으로 적어내는 금액보다 NPL매입 금액이 적었다. 이런 물건을 대위변제 투자하고 있다.

대위변제는 누워 떡 먹기보다 더 쉽다

매물이 자취를 감추자 경매 가서라도 잡자는 열정이 높다. 서울 아파트는 낙찰가가 감정가를 돌파, 2006년 이후 처음으로 송파 미성아파트는 21% 높은 값에 낙찰되었다.

서울 지역 투자 열풍 중 아파트 투자는 부동산 경매 시장까지 옮겨붙었으며 급기야는 NPL로 원금과 이자 경매 비용까지 지불하고 경쟁

률이 높아지자 신 NPL투자기법 대위변제로 후순위와 선순위 근저당
권 설정을 임의대위에서 법정대위로 진화하고 있다.

대위변제도 낙찰가율(지난 5월 현재 101.7%)이 높은 물건일수록 인기
가 높다. 낙찰가율은 경매 감정가 대비 낙찰 가격의 비율을 뜻한다.
100%를 넘었다는 것은 감정가보다 비싼 수준에서 낙찰됐다는 의미
다. 현재 대위변제 투자 중 서울 지역 아파트 낙찰가율이 100%를 넘
어서는 물건에 대위변제 품귀현상이 일어나고 있다.

2006년 아파트 값에 거품이 끼었다고 '버블세븐'을 경고한 이
후 지난해 11 · 3 대책 발표 이후 부동산 경기가 냉각되며 올해 초
92%대까지 떨어진 서울 아파트 낙찰가율은 문재인 정부 출범과 함께
급반등하고 있다. 특히 강남 3구는 5월 낙찰가율이 104.3%를 기록해
뜨거운 아파트 값 상승세를 반영하고 있는데, 이런 물건이 대위변제
투자 대상으로 이어지고 있다.

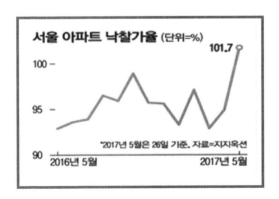

서울 아파트 낙찰가율 (단위=%)

서울 물건의 호재는 가수 최OO 씨 소유로 알려진 건물도 감정가를
올려 70억 원에 다시 나왔는데 지난 24일 경매에서 67억 원에 낙찰

됐다. 최초 감정가보다 30%나 높게 낙찰된 것으로 인근 중개업소들에 따르면 세금을 제외하면 수익률이 3%에 못 미치는 금액이다. 새 정부 출범 이후 시장을 압박하는 명확한 규제 정책이 나오지 않고 있어 서울 강남을 중심으로 집값을 끌어 올리고 있다.

 사례 분석 27

개인 근저당권 설정계약서 1순위, 임의대위변제로 매입하여 고수익 기다리고 있는 물건이다. 건물 경매시장에도 투자자들의 관심은 계속되자 서울에 살고 있는 김OO는 최근 필자의 강의를 듣고 임의대위변제로 강동구 명일동 고덕 주공아파트 1순위 근저당권 축협 대출 원리금 채무자를 설득하여 경매 신청으로 살 길이 막막한 채무자 겸 소유자를 설득하여 위로금 명목의 일정한 보수를 주고 채무자의 빚을 대신 갚아 주었다. 일명 임의대위변제이다.

임의대위변제는 채무자의 동의를 받아 채권자가 동의를 해줘야 하기 때문이다. 대위변제 아파트는 재건축의 호재도 있고 합법적인 연체이자를 받을 수 있어서 일석삼조의 역할을 한다. 좋은 아파트는 경매 취하 후 주위 가격이 치솟을 때 연체 이자를 꽉 채워 수익을 낼 수 있고, 유입(직접낙찰)으로 재감정을 받고 재매각 수익을 얻을 수도 있기 때문이다.

서울 강동구 명일동 257 고덕주공 91*동 5층 *03호
토지 : 54.9 ㎡ (16.6평) 건물 83.5 ㎡ (25.3평)
채권자 겸 근저당권자 : 김OO /
채무자(소유자) : 정OO
근저당권 514,800,000원(근저당권자 김OO)
감정가액 505,000,000원 ('15.09.10')

대부분의 대위변제는 아파트 등 수익률이 높은 것이 좋다.

현재 본 사례와 같이 아파트 위주의 대위변제로 고수익을 내는 투자자들이 많다. 즉, 대위변제는 1금융 기관, 또는 제2금융기관에서 LTV 60%를 대출해 주고 저축은행에서 추가로 15% 대출해 준다. 저축은행 LTV가 85%이상이기 때문이다.

이런 동양캐피탈, 또는 OK저축은행, 저축은행의 2순위 근저당권을 임의 대위변제하고 법정대위의 지위에서 선순위 근저당권 대위변제하여 고수익을 내고 있는 투자자들이 많이 있다.

단 대위변제 부동산 대부분은 아파트 위주이다. 실제로 아파트 경매물건의 배당표를 보면 5순위, 6순위이고, 게다가 가압류권자까지 배당을 받기 때문에 안정적이다. 본 사례는 개인회생 채권인데, 법률사무소 사무장의 소개로 본 채무자를 만나 일정한 금액을 주고 불량신용정보 등록 대상자에서 대위변제로 불량신용정보에서 벗어날 수 있고 일정한 대위변제금액의 일정금액을 보수를 받으며 더 많은 이익이 되기 때문에 개인회생 신청권자가 대위변제를 받아들이게 된다.

어떤 NPL 투자자는 경매진행 물건 소유자/채무자에게 DM발송으로 채무자를 감동시켜 대위변제를 성공시켜 고수익을 내기도 한다.

임의대위변제의 장점을 대위변제 수락자(소유자/채무자)로부터 세무서에 가서 사실증명을 발급받으므로 당해세 체납여부를 안전하게 확인하는 장점이 있다. 그러나 토지 등 비주거용 담보부채권은 대위변제 시 위험이 따를 수 있어 대상에서 특별한 경우가 아니면 대상에서 제외시키고 있다.

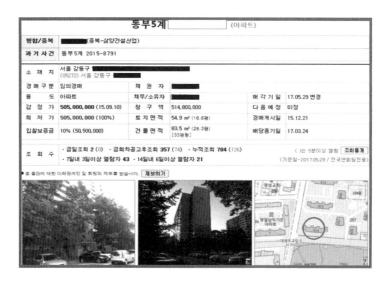

대위등기, 1순위, 3순위 우리은행 채권법정 대위

성공적인 대위변제 핵심내용 정리해 보자.

첫째, 강제경매 중인 개인 저당권의 경매신청권자를 설득하여 임의

대위변제한다.

둘째, 개인저당권자를 설득하여 임의대위변제 후 법정대위자의 입

장에서 선순위 금융 기관 법정대위를 한다. 후순위 대부업자를 찾아

도 된다.

셋째, 제2순위 금융 기관의 근저당권을 채무자 설득하여 임의대위

변제 금액 1-2% 수수료를 챙겨 주고 법정대위 지위에서 제1순위 근

저당권 법정대위한다.

넷째, 경매 진행 중 금융 기관 채권매각 담당자를 설득하여 채무자

의 연락처를 받아 대위변제 후 합법적인 연체 이자를 받는다.

다섯째, 임의대위변제 법정대위변제로 경매 취하 후 재경매 진행하

여 합법적인 연체 이자를 꽉 채워 받는다.

여섯째, GPL(정상채권) 2순위 채권 매입 후 연체시점에 1순위 제1금

융기관 채권을 대위변제하여 합법적인 연체 이자를 받는 방법이다.

아래 내역은 필자가 2순위 GPL채권 매입한 OOAMC에 2순위

NPL매입채권에 대하여 근저당권부 질권대출 취급한 내역이다.

기준 이자	합계	매입원가	대출신청금액	근저당설정주소	선순위 금융기관	선순위 설정액	현재 시세
351,369	25,351,369	25,300,000	22,770,000	서울 중랑구 신내동 661 신내대명아파트	현대캐피탈	211,200,000	260,000,000
5,480,598	70,480,598	65,700,000	59,130,000	경북 경산시 진량읍 신상리 868 경산우방힐타운	월배농업 협동조합	103,200,000	170,000,000

				부동산소재지	채무자		
218,629	10,218,629	10,043,836	9,039,452	경남 김해시 어방동 499 대우유토피아아파트	현대캐피탈	136,800,000	150,000,000
4,720,772	56,720,772	52,800,000	47,520,000	경기 화성시 병점동 858 정든마을신창2차비바패밀리	우리은행	254,100,000	310,000,000
1,525,133	20,525,133	19,806,082	17,825,474	경기도 안양시 동안구 비산동 1102 관악아파트	흥국화재 해상보험	268,800,000	325,000,000
4,208,366	48,208,366	45,732,000	41,158,800	인천 중구 증산동 1887-1 인천영종하늘도시 한라비발디아파트	국민은행	366,000,000	362,000,000
2,583,308	39,583,308	11,092,568		경기 용인시 수지구 죽전동 1003-8외 1필지 현암마을 동성 2차 아파트	흥국생명	327,600,000	360,000,000
8,135,529	38,135,529	8,640,357		경기 양주시 고암동 122, 동안마을	우리은행	119,900,000	165,000,000
27,223,704	309,223,704	239,114,8843	197,443,726				

현재 정상채권으로 연체시점에 곧바로 임의경매 신청 후 법정대위로 1순위 근저당채권 대위변제 신청 및 대위변제 질권대출을 일으켜 합법적인 연체이자를 받을 목적이다.

NPL은 마치 살아있는 효모처럼 진보하고 또 진보하고 있다.

에셋대부 부동산 및 채권평가 보고서

생년월일	대출일	정상이율	연체이율	최종 입금일	상태	연체일	대출잔액	기준이자(7/17)	합계	배당원가	대출신청금액	근저당권 설정주소	최선순위 금융기관	최선순위 설정액	현행 시세
810108-2	2016-11-01	19	27.7	2017-6-20	정상		25,000,000	351,369	25,351,369	25,300,000	22,700,000	서울 중랑구 신내동 661신내데영아파트 1103동 1104호	현대캐피탈	211,200,000	260,000,000
700414-1	2016-08-24	24	27.7	2017-03-19	연체	75	65,000,000	5,480,598	70,480,598	65,700,000	59,130,000	경북 경산시 진량읍 신상리 868 경산우방빌라온 101동 1605호	왕배농협동조합	103,200,000	170,000,000
881215-2	2016-08-24	19	27.7	2017-06-05	정상		10,000,000	218,629	10,218,629	10,043,836	9,039,452	경남 진해시 여방동 499 대우유로피아아파트 15동 1307호	현대캐피탈	136,800,000	150,000,000
640525-1	2015-12-01	24	34.7	2017-03-31	연체	70	52,000,000	4,720,772	56,720,772	52,800,000	47,520,000	경기 화성시 병점동 858 정드마을신창2차비바메밀리 204동 501호	우리은행	254,100,000	310,000,000
691006-1	2015-12-02	24	34.7	2017-04-10	연체	60	19,000,000	1,525,133	20,525,133	19,806,032	17,825,474	경기도 안양시 비산동 1102 관악아파트 126동 206호	중구화재해상보험	268,800,000	325,000,000
570218-1	2016-08-01	24	27.7	2017-03-15	연체	90	44,000,000	4,208,366	48,208,366	45,732,000	41,158,800	인천 중구 중산동 1887-1 인천영종하늘도시한라비발디아파트 923동 2702호	국민은행	336,000,000	362,000,000
640920-1	2016-01-26	24	34.7	2017-05-10	연체	47	37,000,000	2,583,303	39,583,308	11,053,568		경기 용인시 수지구 죽전동 1003-8외 1필지 현암마을 2차 e-편한 104동 1303호	중우생명	327,600,000	360,000,000
741215-1	2015-11-03	24	34.9	2016-10-12	연체	250	30,000,000	8,135,529	38,135,529	8,640,357		경기 양주시 고암도 122, 동안마을 302동 2203호	우리은행	119,900,000	165,000,000
							282,000,000	27,223,704	309,223,704	239,114,843	197,443,726				

선순위 금융 기관은 현대캐피탈, 월매농협, 우리은행, 흥국화재해상보험, 흥국생명 등이 보인다.

즉, GPL매입 현재 정상적인 채권으로 이자를 잘 납입하고 있지만, 개인회생, 또는 파산, 또는 신용정보등록 대상자들은 금융 기관 전산상 고정 또는 회수의문(연체 6개월 경과 채권)으로 분류된다.

필자가 2순위 질권 대출에 'OK' 통보를 했다. 그리고 자서일정을 잡았다. 서울, 경기 아파트만 대출해 주기로 대출계와 회의를 마쳤고 대출금 한도는 대출금잔액, GPL 매입금의 80% 금리는 6.5%이다.

이후 연체가 되면 법정대위로 선순위 채권을 가져오기로 하고 그때 추가 대출해 주기로 했다. 근저당권 설정 2순위 정상채권(GPL)채권 매입 후 필자가 2순위 근저당권 근질권설정으로 대출해 준 내역이다.

마치 동물이 오가는 골목에 그물이나 한올의 얇은 철사를 쳐놓고 동물들이 오가는 길목을 기다리는 사냥꾼처럼 GPL매입 후 NPL이 되기를 기다리고 있다. 위 채권내역에서 보듯이 정상채권 2순위 근저당권 채권 GPL로 매입 후 연체시점에 1순위 현대캐피탈, 흥국화재해상, 국민은행, 우리은행 등 선순위 채권을 이해관계인 지위에서 법정 대위변제 하려고 기다리고 있다.

일반적인 NPL투자자들은 NPL유동화 채권을 매입하여 투자 수익을 내고 있지만 앞서가는 NPL투자자들은 이렇게 2순위 채권을 매입하여 더 많은 이익을 내고 있다. 단 주의할 점은 본 물건 목록에서 보듯이 서울·경기 수도권 아파트에 한한다. 대부분 매각가율이 95%를 넘기 때문에 2순위로 매입해도 충분히 배당받을 수 있기 때문이다.

NPL P2P가 이런 방법으로 투자가 이루어진다.

제1금융 기관이 아파트 담보 LTV 50%~60% 대출 후 저축은행에서 추가로 85% 대출해 주고 있다. 이때 P2P자금으로 자기 자본금 5,000만 원으로 대부업법 사업자 등록을 한 후 대출을 해준다.

제2순위 근저당권 설정 대출지원 통상적으로 연 24.7% 연체금리 연 27.9%로 대출 후 연체되기를 기다렸다가 다시 제1순위 채권을 법정 대위변제로 매입하여 연체를 받거나 또는 제1순위 담보로 KB시세 85% 대출해 준 후 연체 시 임의경매 또는 합법적인 연체이자를 받는 것이다. 주의할 점은 임의대위와 법정대위변제가 충돌하면 법정대위변제자가 우선이므로 임의대위변제 채권을 법정대위 가능함에 주의를 요하며 현재 매매시세와 낙찰예상가와 채권액 비교하여 수익 여부를 면밀히 따져봐야 한다.

대위변제 시 참고법규

1) 부동산등기법제79조(채권일부의 양도 또는 대위변제로 인한 저당권 일부이전등기의 등기사항)등기관이 채권의 일부에 대한 양도 또는 대위변제(대위변제)로

인한 저당권 일부이전등기를 할 때에는 제48조에서 규정한 사항 외에 양도액 또는 변제액을 기록하여야 한다.

제76조(저당권부채권에 대한 질권 등의 등기사항) ① 등기관이 「민법」 제348조에 따라 저당권부채권(저당권부채권)에 대한 질권의 등기를 할 때에는 제48조에서 규정한 사항 외에 다음 각 호의 사항을 기록하여야 한다.

가. 채권액 또는 채권최고액 나. 채무자의 성명 또는 명칭과 주소 또는 사무소 소재지다. 변제기와 이자의 약정이 있는 경우에는 그 내용

2) 부동산등기규칙제132조(저당권에 대한 권리질권등기 등의 신청) ① 저당권에 대한 권리질권의 등기를 신청하는 경우에는 질권의 목적인 채권을 담보하는 저당권의 표시에 관한 사항과 법 제76조제1항의 등기사항을 신청정보의 내용으로 등기소에 제공하여야 한다. 제137조(저당권 이전등기의 신청) ② 저당권의 이전등기를 신청하는 경우에는 저당권이 채권과 같이 이전한다는 뜻을 신청정보의 내용으로 등기소에 제공하여야 한다. ③ 채권일부의 양도나 대위변제로 인한 저당권의 이전등기를 신청하는 경우에는 양도나 대위변제의 목적인 채권액을 신청정보의 내용으로 등기소에 제공하여야 한다.(공사채 등록법 시행령)

제24조(질권의 이전등록) ① 질권의 이전등록을 청구하려는 자는 피담보채권도 함께 이전할 것인지를 적어야 한다. ② 채권의 일부양도 또는 대위변제로 인한 질권의 이전등록을 청구하려는 경우에는 청구서에 양도 또는 대위변제의 목적인 채권액을 적어야 한다. 처음 AMC 법인사업자를 내서 금융 기관에 접근해 보지만 좋은 물건을 찾기도 쉽지 않고 매각리스트를 받기도 쉽지 않다. 그러나 매각 금융 기관을 독점하고 NPL투자로 부자가 되는 사람들은 따로 있다. 그 이유가 궁금할 것이다. 부실 채권은 금융 기관이 담보로 설정한 근저당권의 채권최고액을 매입하여 배당금으로 수익을 내는 방식이다. 채무자가 돈을 갚지 못하거나 이자가 연체되면 금융 기관은 저당권 실행하여 빌려둔 돈을 돌려받는다.

경매는 절차상 기간이 짧게는 6개월 길게는 최고 18개월이 넘는 경우도 있다. 이를 해소하기 위해 금융 기관은 자금을 빨리 회수하고 건전자산을 운용하기 위해 그리고 관리비를 절감하고 BIS(자기 자본비율)를 8% 이상 맞추기 위해 부실

채권으로 털어 낸다. 이렇게 발생된 채권이 부실 채권(NPL)이다. NPL 투자 수익률 과거 1,000%가 넘기도 했다. 그러나 요즈음 30~40% 수준 수익률이 기본이다. 할인가(최고 15% 할인) 활용 전략과 1−2차에 낙찰이 되는 아파트와 오피스텔(주거용)에 투자하면 된다.

현재 은행금리가 1.64%~1.8% 기한부예금에 비하면 부실 채권 투자 수익률은 높은 편이다. 부실 채권이지만 담보가 확실한 물건인 경우 생각보다 투자위험이 적고 안정성 환금성이 높아 최근 기관투자가를 중심으로 수요도 늘고 있다. 고용성장보다는 고용축소 형태로 진행하는 기업이 많아지고 있다. 근로자들의 자발적인 참여와 동참이 새롭게 일자리 창출을 일으킬 수 있기 때문이다. 그러나 월급쟁이 부자 없듯이 이런 불안한 사회구조에서 성공적인 수익형 부동산 투자법으로 걱정 없는 노후를 맞이하기를 바란다.

출처: 지지옥션

성공적인 수익형 부동산 투자법은 '정확한 판단력과 실행력'이 성공의 핵심이다.

NPL 수익형 부동산 투자로
경제적 자유를 얻어라

인천 옹진군 ○ ○면 ○ ○리 ○ ○8-○4 ○ ○6동(선재로 ○ ○6번길 ○1-
○ ○4)-○6,-○8,

건물 547㎡ (165평) | 토지 494㎡ (150평)

감정가 581,300,830원

최저가 406,911,000원 집행 정지 → 현재 기각 판결문 필자가 가지고 있다.

채무자: 변○옥

소유자: 유○웅

설정자: 임○택 (심근경색: 사망) 상속인 부인 이○준, 임○진(아들), 임○은(딸)

본 물건은 임○택이 평소 건축주 백○○과 친하게 지내던 법무사 사무장 정○○에 사무실에 찾아와 좋은 물건이라면서 대출 의뢰를 했다.

당시 2천만 원을 빌려주며 3천 9백만 원 근저당권 설정을 하였다.

그러던 중 임○택이 심근경색으로 사망하면서 2016가단 23965호 원고 전소유자 변○옥이 돈을 빌려준 적이 없다고 소송을 진행했다.

채권자가 수협이 이자를 납입하지 않아 경매가 진행되자 의도적으로 그동안 펜션 사업으로 수익을 얻으려는 방법이었다.

본 펜션은 1층에 2가구, 2층 4가구, 3층 4가구로 총 10개의 펜션으로 운영 중이며 펜션 앞은 장관의 경치가 펼쳐지는 영흥도 선재리 바닷가 앞이다. 수시로 그물을 쳐놓고 물이 빠지면 자연산 우럭이 수십 마리 잡히는 곳이다.

필자가 이곳에 대출 의뢰가 있어 현장에 방문하여 옥상에 올라가보니 수십 마리 우럭이 바람에 흔들리며 햇볕에 잘 말려지고 있었다.

본 물건은 6억2천만 원에 매입한 물건이다. 그러나 법원감정가 581,300,830원이다.

본 물건은 경매진행 중 NPL 매각된 채권으로 경매가 2차 진행되면서 3차 2016.3.25일 경매 낙찰이 확실 시 될 것을 염려한 변*옥(원고)이 홧김에 돈을 빌려 준 적이 없다고 소송을 진행하면서 경매가(집행정지) 되었다. 그리고 본 차용금에 대한 근저당권 설정 등기한 법무사 사무장이 관련서류를 첨부하여 법원에 본 내용관련 사실을 진술하면서 '이유 없다고 기각' 판결이 종료되어 곧 경매가 진행예정이다.

이 때 판사님이 소송 '사기죄'로 구속될 수 있다고 하자 실토하면서 사건이 종결된 것이다. 왜냐하면 빌린 돈 2천만 원 공탁하고 소송에 패소해도 월 수입이 2천만 원이 넘기 때문에 소송을 진행해도 돈이 되므로 악의적(고의)로 사건을 만든 것이다. 그리고 2순위 근저당권 설정자 망임주택 상속인 이상*(부인)이 빌려준 돈을 받으려고 중복경매 신청된 건이다.

사례 분석 28 펜션 수익률 (86.01%)

이곳의 수익률을 분석해보니

1층 : 3~4인실로 1일 펜션 사용료 150,000원이다

2층 : 4~6인실로 1일 펜션 사용료 200,000원

3층 : 4~6인실로 1일 펜션 사용료 200,000원이었다.

주말에는 공실이 없을 정도로 인기가 많은 가족 단위의 최적의 펜션이다.

평균   1층 2세대 150,000원*2가구= 300,000원

2층 4세대 200,000원*4가구= 800,000원

3층 4세대 200,000원*4가구= 800,000원

총 월수입. 주말 1층, 2층, 3층=2,100,000원×월4주×2회(토,일)=16,800,000원→①

평일평균 월 550,000원×15일= 8,250,000원 → ②

①+② = 25,050,000원×12월= 300,600,000원

대출원금350,000,000원, 경매비용1,693,797원+3,306,203원=355,000,00원(NPL)

채권최고액 455,000,000원

NPL매입   355,000,000원

등기비용   2,730,000원

대출금 이자 19,572,657원 (2015.12.4~2017.12.26 : 총 387일, 연6.5%)

대출금액   284,000,000원

총투자 금액 377,302,657원

대출금액   284,000,000원

순수투자   93,302,657원

본 NPL 예정 물건 450,000,000원 최고가 입찰자에게 매각이 된다면
450,000,000원-377,302,657원=72,697,343원이다

그렇다면 수익률 72,697,343원/85,514,054원=85.01%(수익률)이다. 만약 낙찰자 입장에서 수익률을 분석해 보자.

　450,000,000원+5,400,000원=455,400,000원(총투자금)

　경락잔금대출 360,000,000원, 실투자금 95,400,000원이다.

　펜션 월매출액 25,050,000원-2,500,000원(고정 지출비)=22,550,000원이다. 22,550,000원-1,375,000원=21,175,000원×12월=254,100,000원/95,400,000원=266%(수익률)이다. 여름과 가을, 겨울, 봄에 따라 매출액은 다를 것이다. 필자는 여름을 기준으로 수익률을 분석해 보았다.

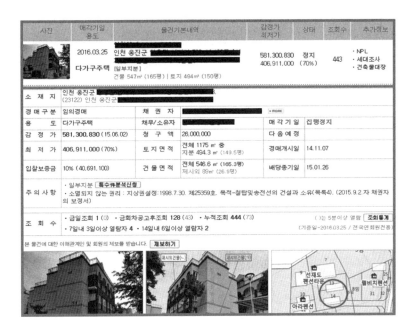

　수익형 부동산 투자 시 자금투자여력과 분명한 목표를 정한 후 모텔, 고시원, 독서실, 당구장, 소액 수익형 주거용 오피스텔 등 여러 가지 실행하기 위한 환경을 조성해야 할 것이다.

　펜션 부지를 매입하여 펜션을 지을 경우를 생각해 보았다. 최소한

♣ 수지분석 / 수익 예상표

층별	용도	수량	수익 예상표		±(10%)	운영시스템
3층	펜션	2룸	1룸1일50만원x2룸100만원x20일=월,2천만원		±(10%)	스파 (온천) 시스템
2층	펜션	2룸	1룸1일50만원x2룸100만원x20일=월,2천만원		±(10%)	스파 (온천) 시스템
1층	카페		1일70만원~80만원x20일=월, 평균 1천5백만원		±(10%)	커피, 음료, 술
			월평균 수익, 50,000,000원~55,000,000원			

지출 예상표

층별	용도	수량	지출 예상표			비 고
2층 3층	스파 펜션	4룸	월평균 소모품 50만원	월평균 관리비 120만원	월평균 인건비2인 300만원	±10%
			소계 4,700,000원			
1층	카페		월평균 재료비 3,000,000원	월평균 관리비 30만원	월평균 인건비2인 3,600,000원	±10%
			소계 6,900,000원			
지출 합계 11,600,000원						
수익 : 50,000,000원 / 지출 : 11,600,000원 / 순수익 월 : 38,400,000원						

※ 지역사항 : 조망권 및 시설에 따라 1박 80만원~100만원, (빠세펜션 경우.)

토지 구입 자금부터 총 필요 자금이 10억 원을 넘었다. NPL로 대출 원금에 매각했다. 이상준 박사 NPL 투자연구소 (http://cafe.daum.net/happy-banker)를 두고 연구를 하는 필자의 입장에서 보면 많은 생각에 잠기게 한다.

♣ 사업비 예상내역 (참고사항 : 토지주변시세 100만원~300만원)

					1식	295,000,000원
투 자 비	토지비		매입비			
			제세공과금			
			등기 대행료(법무사)			
			명도비용			
			매입 용역비(중개료)			
			소계 295,000,000원			
	건 축 비	직접 공사비	공사비 (근린상가공사)	1식	평,300만원x114평 342,000,000원	
		간접 공사비	인입비, 전기수도 상하수도	1식	80,000,000원	
			소계 422,000,000원			
		설계감리 인허가비	설계비 감리비 기타 용역비	1식	28,000,000원	
			소계 28,000,000원			
		내장공사비	펜션4룸 &카페	1식	평,280만원x114평 319,000,000원	
			소계 319,000,000원			
		기타 부대비	기타 제세공과금	1식	24,000,000원	
			소계 24,000,000원			

부동산 시장과 경제 환경은 시시각각 변하고 변수도 많다. 경제의 흐름에 따라 변할 수밖에 없기 때문에 정확한 진단과 실행을 위해 전

문가와 상담도 좋은 방법일 수도 있으므로 자신에게 맞는 수익형 부동산을 찾아 투자 전략을 세우는 방법도 필요하다. 수익형 부동산 투자법은 차후에 재매각 수익까지 고려하고 환금성과 미래 가치까지 살펴봐야 한다. 수입은 좋으나 정작 재매각하려 할 때 매각을 하지 못할 수도 있으므로 리스크를 줄이는 방법에 신중해야 한다.

2018년 수익형 부동산의 공급 과잉으로 부동산 시장이 하락하고 은행금리가 하락하더라도 수익형 부동산은 큰 문제가 되지 않는다. 그러므로 종잣돈 마련과 자금력을 갖추는 전략을 세우고 원하는 수익형 부동산이 있을 때 매입할 수 있는 기회를 놓치지 않는 타이밍도 중요하다. 이탈리아 경제학자 알프레도 파레토는 20:80의 법칙을 내세웠다.

일생은 훌륭한 자습서이다. 배움은 결코 우리 인생을 배반하지 않는다. 배움으로 우리는 언제나 늙지 않고 젊게 사는 법을 배우게 된다.

돈에 맞춰 일할 것인가? 소명으로 일할 것인가? 돈에 맞춰 일하면 직업이고, 돈을 넘어 일하면 소명이다.

직업으로 일하면 월급을 받고, 소명으로 일하면 선물을 받는다. 소명으로 자신의 일을 생각하는 사람은 언제나 일터로 소풍을 가지만 그들에게 일터는 언제나 즐거움과 재미가 있고, 자신이 되고 싶은 꿈이 살아 숨 쉬는 곳이다.

돈이 목표면 생업이요, 인정받는 것이 목표면 직업이 되지만, 의미 찾기가 목표가 되면 일은 천직이요 소명이 된다.

언제가 예능 프로에서 초대 손님을 소개하면서 '새로운 신'이 등장합니다. 그 신은 바로 '당신'이라는 새로운 '신'입니다. 라는 말이 생각이 났다.

우리 모두는 스피노자의 '범신론'처럼 신의 형상과 영혼을 닮은 사람들이다. 서로의 색을 가지고 각자의 목표를 가지고 만난 소중한 분들 '당신'이라는 명작에 자신의 색을 입혀 재테크에 과오를 범하지 않도록 각자의 색과 빛을 발산하는 인생의 주인공이 되기를 희망한다.

부의 시발점은 '종잣돈'이다. 부자들은 천 원은 아껴도 1천만 원은 투자라고 생각하며 투자의 근원지를 본다.

필자는 NPL투자법 아카데미를 개최하면서 수많은 인적네트워크를 만나 돈보다 더 소중한 것들을 많이 배우게 된다. 시간을 소중히 하며 항상 꿈꾸고 미래를 설계하는 수강생들을 보면서 내가 해야 할 일이 무엇인가 생각해 본다. 무계획은 실패를 계획한 것과 같다. 계획표에 기간을 설정하면 새로운 목표가 되고 이를 도전하고 실천하며 새로운 버킷리스트를 새롭게 채워나가다 보면 간절한 꿈은 이루어질 것이다. 'Dream Comes True'가 된다.

뉴질랜드의 영웅 에드먼드 힐러리는 8,848미터 세계 최고봉 에베레스트 산 등반을 여러 번 실패하고 내려올 때마다 이런 다짐을 했다고 한다.

"산아, 너는 성장하지 못하고 그대로 있지만 나의 경험과 실력과 장비는 지속적으로 성장하고 언젠가는 널 정복하고 말 것이다."

결국 1953년 5월 29일 힐러리는 세계 최고봉을 정복하고 뉴질랜드 깃발을 꽂았다. 그리고 그는 88세 나이로 타계했다.

우리의 모습이 지금은 작고 미흡한 경험에 낙담할지 모르지만 한발 한

발 내딛고 도전하다 보면 환한 웃음으로 안정을 찾으리라 생각이 든다.

"왜 NPL투자 아카데미를 개최하세요?"라고 누군가 질문하면 필자는 "새로운 재테크 수단으로 거대한 쓰나미처럼 NPL이 우리 앞에 있기 때문입니다."라고 말할 것이다.

지금 시작은 미흡하지만 "천리지행 시어족하(千里之行始於足下, 千里之行始于足下)"라고 하듯이 천리 길도 발아래에서 시작된다. 모든 일은 기본적인 것부터 시작해야 한다. 그리고 한 걸음 한 걸음 내딛다 보면 언젠가는 모두가 원하는 목표점에 와 닿을 것이다.

지역별 양극화가 심화된 지금 수익형 부동산으로 어떤 물건을 찾아내고 실천으로 임대 수익을 얻을 것인지 미래를 예측하는 미래 가치에 한 걸음 더 다가가시길 바란다. 행운의 여신은 늘 도전하고 노력하는 자에게 찾아 온다. 사주에 토와 금이 많은 좋은 운을 가지고 있는 사람도 실천하고 준비하고 노력하지 않으면 기회가 와도 잡지 못할 것이다. 마지막으로 워런 버핏의 말로 마무리 지을까 한다.

"잠자는 동안에도 돈이 들어오는 방법을 찾아내지 못한다면 당신은 평생 죽을 때까지 일을 해야만 할 것이다."

에필로그

재테크로 부자가 되려고 노력한 사람들, 하지만 아직 부자가 아닌 사람들, 지금까지도 그 열정이 충만하다면 그것을 NPL투자에 한 번 더 쏟아 붓기를 희망한다. NPL투자라면 아직까지 기회가 있다.

NPL(부실 채권) 투자, 누구나 투자하는 시대가 오기 전 나만의 유통 거래처를 확보하고 경매의 권리분석과 흐름을 이해하고 있다면, '수영을 잘 하는 사람이 노도 잘 젓는다.'는 말처럼 남보다 한 발 앞선 투자를 할 수 있게 될 것이다.

많은 사람들이 부동산 경매로 좀 더 저렴하게 내 집을 마련하고 매달 월급처럼 들어오는 수익형 부동산도 마련했지만 최근 지나치게 높아진 낙찰가로 인해 실제 얻을 수 있는 수익은 현저하게 낮아졌다. 이런 상황에서 남보다 나은 투자를 하기 위해서는 끊임없이 공부하고 언제 올지 모를 기회를 준비해야 한다. 준비된 노력은 우리 삶을 결코 배신하지 않는다.

NPL 시장이 무분별하게 확대되면서 일부 투자자에게는 수익을 가져다주기도 했지만 일부 중소형 AMC 업체들이 개인에게 크고 작은 사고와 피해를 발생하였다. 그리고 다양한 손실금을 보전받지 못하고 대표의 도주로 '크고 작은 사고'는 금융위원회에 접수되었다. 결국 이런 배경에 의하여 사정의 칼을 빼 들었다. 국무회의 통과한 『대부업 등의 등록 및 금융 이용자 보호에 관한 법률 시행령』(이하 '대부업법')개정안이 발효되고 있다.

이 개정안은 NPL을 매입할 수 있는 자의 범위와 자격 조건이 제한되었다. 하지만 부실 채권 투자자는 오히려 더 안전하게 투자할 수 있는 좋은 기회가 되었다. NPL투자자들이 NPL권리분석과 이해를 못한 채 자산 관리회사만 믿고 투자를 한다면 그 피해를 모두 보전받지는 못할 것이다. 그렇기 때문에 제대로 투자법을 배워야 한다.

필자는 충분한 지식과 경험을 갖추고 NPL시장에 뛰어든 사람들이 많은 부를 축적하고 있으며 부실 채권 투자를 잘 모르는 일반인들은 입찰 물건이 부실 채권으로 매입한 채권이라는 사실조차도 모르고 입찰하여 부실 채권 투자자들에게 더 많은 수익을 안겨 준다는 것이다.

원금조차 보전을 받지 못하는 부실 채권 투자는 비주거용 부동산 중 공실이 많은 근린 상가 또는 임야 또는 특수물건들이 대부분이다. 앞으로 NPL 최종 소비자(End User)의 역할을 대신했던 중소형 자산 관리회사는 컨설팅 수수료를 받으며 대부업체로서의 소임을 다하게 되고 피해자는 줄어든다.

하지만 모든 책임은 어떤 투자든지 본인이 책임을 져야 한다는 것이다.

필자 금융 기관에서 부실 채권(NPL)의 매각가격과 낙찰금액을 비교하면서 그 수익과 배당금이 적게는 15%에서 많게는 288%가 넘는 것을 보고 깜짝 놀랐다. 그래서 『이상준 박사 NPL투자 연구소』라는 다음 카페에서 그 분석과 결과를 그 어떤 NPL전문 학원과 아카데미에서도 올리지 않는 고급 정보를 칼럼으로 기고하고 있다.

부실 채권(NPL)투자법을 연구하면서 이렇게 정당한 할인가를 적용받아 원금과 가지급금 또는 원금의 50~70%에 부실 채권을 매입하여 수익을 창출할 수 있는 투자처는 없는 듯하다. 결국 NPL투자법을 모르고 경매에 입찰했을 때 좋은 물건을 놓치게 되거나 낙찰가율이 높아져 실제로 수익을 내기는 쉽지 않다. 경매와 마찬가지로 부실 채권의 새로운 변화 바람을 받아들이지 않으면 수익은 줄어들 것이며 낙찰받기도 쉽지 않을 것이다.

NPL은 여러 모로 경매보다 투자 수익이 훨씬 좋다.

우선 원금 보장이 확실하다. 경매의 시세 차익은 향후 경기와 금리 변동에 민감하게 작용하여 원금 보장이 힘들지만 NPL의 경우 근저당권을 할인하여 부기등기로 이전 등기를 하므로 특수물건을 제외한 담보가치가 확실하기 때문에 원금 손실의 위험을 줄일 수 있다.

둘째, 세금 절감에도 유리하다. 부동산 매매는 취득 시 과표 1.1~4.6%의 취·등록세가 발생한다. 그러나 NPL은 법원에 부기등기하는 법무사 비용과 근저당권 설정 과표의 약 0.5~0.6%인 근저당권 이전비용만 발생한다. 부동산을 소유할 때는 취득세, 보유세, 종합토지세, 재산세, 양도 소득세가 발생하지만 NPL은 배당이나 재매각 투자 수익시 취득(취·등록세), 보유(재산세·종합소득세), 양도(양도 소득세, 상·증여세)가 없다.

셋째, 투자 기간이 짧아 배당으로 단기 투자 수입과 원금 회수에 유리하다. 부동산 매매로 수익을 얻으려면 소요기간이 약 1~5년으로 예상된다. 하지만 NPL은 3~11개월이면 원금회수와 배당이익이 가능하다.

넷째, 재매각으로 인한 시세 차익을 생각할 수 있다. AMC는 인수한 NPL

을 중간에 일정한 이익과 수수료를 챙기고 재매각할 수 있다. 투자자의 대부분은 메이저급 AMC가 풀 방식으로 몇 백억, 몇 천억씩 사들인 NPL을 재매입하여 배당과 낙찰로 시세 차익을 보는 경우가 많다. NPL 유통구조 흐름상 1, 2차 도매상으로 들어가지 못하기 때문이다.

다섯째, 자산 가치 상승으로 시세 차익이 쉽다. 입찰경쟁에서 우월적 지위에 있는 NPL 부동산을 선별하여 유입으로 취득한 NPL 채권은 리모델링, 분할임대 등으로 부동산 자산 가치를 상승시켜 시세 차익을 얻기가 수월하다.

NPL은 단점도 있지만 교육을 통한 올바른 이해로 신중하게 투자한다면 다른 사람보다 빨리 경제적인 여유를 누릴 수 있게 해준다. 부자가 되고 싶다면, 삶의 여유를 갖고 싶다면, NPL 투자부터 배울 것을 권한다.

21세기 문맹자(The illiterate of the 21st century)는 배움을 게을리한 사람이다. 배움은 우리 인생을 결코 배반하지 않는다. 배우면 배울수록 배워야 한다는 생각이 들고 모르면 모를수록 몰라도 된다는 생각이 든다.

'出谷遷喬' (출곡천교)에 봄이면 새가 깊은 산골짜기에서 나와 높은 나무 위에 올라 앉는다는 뜻이다. 사람의 출세를 비유해 이르는 말이다. 우리가 이룬 것만큼 이루지 못한 것도 자랑스럽다. 하지만 걱정 없는 앞날을 결정짓고자 하면 반드시 NPL을 제대로 공부해야 한다.

한층 높아진 하늘에도 배우고 꿈꾸면 행복하다. 바람은 목적지가 없는 배는 밀어주지 않는다. 목표를 정하고 계획을 세워 실천하라. 누구든 배의 방향을 바꿀 수는 없지만 돛대의 방향은 바꿀 수 있다. 돛대의 방향이 바뀌면 바람의 힘을 이용할 수도 있게 된다.

성공하기를 원한다면 어디로 가야 할지, 어느 방향으로 가야 할지 잘 알고 있어야 한다. 노후 돈 걱정 없는 부자 목적지로 가기로 정했다면 NPL이라는 방향으로 꾸준히 노력하면서 가기 바란다.

지금까지 27년 동안 금융 기관에서 일하면서 쌓은 NPL 노하우를 아낌없이 계속해서 「이상준 박사 NPL 투자연구소」 다음카페 『http://cafe.daum. net/happy-banker』에서 전달코자 한다.

행동에 따르는 위험, 안락함에 따르는 위험 행동에는 위험과 대가가 따른다. 그러나 이때의 위험과 대가는 안락한 나태함으로 인해 생길 수 있는 장기적 위험보다는 훨씬 정도가 약하다. 전혀 불가능한 비현실적 목표라는 공격에 쉽기 때문이 아니라 어렵기 때문에 그런 일을 한다. 쉽게 달성할 수 없는 도전적 목표야말로 동기를 부여하고 에너지를 불러일으키는 촉매가 된다. 이런 목표에 도전했다가 실패하는 것은 손쉬운 성공보다 훨씬 가치가 있다.

이상준

NPL(부실채권) 용어 정리

가교은행 (架橋銀行, bridge bank) : 가교은행은 부실금융 기관의 정리(인수나 청산)를 위해 정부가 또는 정부기관이 출자해 설립하는 정리금융기관이다. 가교은행의 설립 목적은 부실금융 기관이 청산될 때 생길 수 있는 금융시장의 충격을 최소화하는 것이다. 가교은행은 부실금융기관을 인수할 대상자가 나타날 때까지 일시적으로 부실자산을 맡아 제한적으로 예금, 출금, 송금 등 기존의 업무를 유하면서 정리절차를 진행한다.

국제결재은행 (BIS: Bank for International Settlements) : 국제결재은행은 1930년 5월, 스위스의 바젤에 설립된 주요국의 공동 출자에 의한 국제은행이다. 네덜란드 헤이그협정에 의하여 각국 중앙은행 간의 협조를 증진하고 국제금융안정을 위한 자금 제공을 목적으로 설립되었다. 국제결재은행은 각국 중앙은행 이사진과의 정규적인 화합을 통하여 국제통화정책 협력과 국제자본시장 확대를 위해 다각적인 역할을 담당하고 있으며 국제통화기금(IMF)과도 긴밀한 협조 하에 활동한다.

국제입찰 : 국제입찰의 일반적 정의로는 물품 구매기관, 즉 정부, 정부투자기관 또는 일반기업이 특정 또는 불특정 다수인에게 문서 또는 공공 홍보 수단을 통해 가격과 납기 등 판매 조건을 일정기간 내에 제시하게 하고, 그 중에서 가장 유리한 조건을 제시하는 업체나 개인을 선택하여 계약하는 것을 말한다. 국제입찰방식은 매각대상으로 분류하여 집합화(pooling)한 자산에 대하여 투자기관의 자산실사 및 평가 후 국제입찰을 실시하여 낙찰자를 선정하는 방식이다.

기업구조조정투자회사 (CRV:Corporate Restructuring Vehicle) : 금융 기관이 대출금 출자전환에 따라 보유하게 된 주식을 전문적으로 관리하거나 매입해 주는 기관이다. CRV는 채권금융 기관이 기업의 구조조정 과정에서 출자전환으로 인해 보유하게 된 주식을 위탁관리한다. 채권금융 기관으로서는 CRV에 주식을 넘겨 조기에 자금을 회수할 수 있어 유동성확보가 가능하고, CRV는 싼 값에 사들인 주식이 구조조정 이후 가치가 오르면 차익을 올릴 수 있다.

대출채권담보부증권 (CLO: Collateralized Loan Obligation) : 주채권은행이 대출채권을 모아 이를 담보로 발행하는 증권의 일종이다. 은행이 기업에 대출해 준 채권을 묶어 채권풀(pool)을 구성한 뒤 자산유동화전문회사에 이를 매각하고, 이 회사가 채권 풀을 기초로 발행한 증권을 말한다.

모기지론 (mortgage loan) : 부동산을 담보로 주택저당증권(MBS:Mortgage Backed Securities)을 발행하여 장기주택자금을 대출해 주는 제도이다. 주택자금 수요자가 금융 기관에서 장기저리자금을 빌리면 금융 기관은 주택의 저당권을 담보로 주택저당증권(MBS: Mortgage-Backed Securities)을 발행하여 중개기관에 매각함으로써 대출자금을 회수하는 제도이다.

무담보채권 : 무담보채권이란 각 금융 기관에서 담보없이 신용 등으로 대출한 금원과 담보를 처분한 후의 잔채권에 대하여 한국자산 관리공사가 그 채권을 양수하거나 채권회수를 위임(수탁)받은 채권을 말한다. 무담보채권은 채무관계인의 자발적인 변제의사에 의하거나 채무관계인의 은닉재산 및 소득원을 발견하여 동 재산에 대한 법적조치 등으로 채권을 회수한다.

배드뱅크 (bad bank) : 금융 기관의 부실자산이나 채권만을 사들여 전문적으로 처리하는 기관으로 다시 말하면 은행의 방만한 경영으로 인하여 은행에 부실 채권이 발생할 경우, 은행 단독으로 또는 정부기관과 공동으로 배드뱅크를 자회사로 설립하여 부실 채권이나 부실자산을 넘겨받아 정리하는 업무를 수행한다.

벌처펀드 (Vulture Fund) : 벌처펀드란 파산한 기업이나 자금난에 부딪쳐 경영위기에 처한 기업의 부실 채권을 싼값에 인수하여 경영을 정상화시킨 후 비싼 값으로 되팔아 단기간에 고수익을 올리는 회사 또는 그 자금을 말하며, 고위험 · 고수익의 특징이 있다. 고수익을 지향하는 헤지펀드(hedge fund)나 투자신탁회사와 투자은행 등이 설립 · 운용하고 있으며, 영업 형태도 직접 경영권을 인수하여 회생시킨 후에 되파는 방법, 부실기업 주식 또는 채권에 투자하여 주주로서 권리행사를 통해 간접 참여하는 방법, 부동산 등 자산만을 인수하여 되파는 방법 등이 있다.

별제권 : 파산재단에 속하는 특정재산에서 다른 채권자에 우선해 변제를 받는 권리를 말하며, 별제권 행사를 포기한 경우 또는 별제권 행사로 변제받을 수 없는 채권은 제외한다.

부실 채권 (NPLs: Non-Performing Loans) : 우리나라 은행감독법규에서 규정하고 있는 부실 채권은 자산건전성 분류기준에 따라 분류된 무수익여신으로 3개월 이상 연체된 이자 미계상 여신을 합산한 것을 말한다.

사모발행 (私募發行, private placement) : 증권거래소에 상장하여 발행하는 방법은 공모발행(public offering)이라 하고, 사모발행은 채권을 증권거래소에 상장하지 않고 특정한 소수인에게 발행하는 것을 말한다. 절차 및 시간과 비용을 절약할 수 있는 장점이 있으나, 고객과 직접 교섭하므로 발행수익률이 높아지는 단점이 있다.

수의계약 (隨意契約) : 매매나, 대차(貸借), 도급(都給) 등을 계약할 때 경매(競賣), 입찰(入札)등의 방법에 의하지 않고, 적당한 상대방을 임의로 선택하여 맺는 계약으로 경쟁계약에 대립되는 개념이다. 이는 일반경쟁계약이 불리하다고 인정되는 경우, 계약의 목적과 성질이 경쟁에 적합하지 아니한 경우, 경매나 입찰이 성립되지 아니한 경우, 또는 계약목적의 가격이 소액인 경우 등 특별한 경우에는 지명경쟁 입찰에 의하거나 수의계약이 제한적으로 체결되기도 한다.

수익증권 (受益證券, beneficiary certificate) : 신탁계약상의 수익권을 표시하는 증권으로, 재산의 운용을 타인에게 신탁한 경우 그 수익(收益)을 받는 권리가 표시된 증권이다. 수익권의 양도는 무기명식의 경우에는 증권의 수수(授受)로 성립되지만, 기명식의 경우 민법의 지명채권양도 규정에 따라 회사에 통지하여 명의를 변경해야만 양도의 효력이 발생한다.

양도 (assignment) : 채권을 채권자로부터 제3자인 양수인에게 그 내용의 동일성을 잃게 하지 않고 이전하는 계약을 말한다. 당초 대출계약에서 양도특약을 설정하여 채권자가 채권을 제3자에게 양도하며, 양도사실 또는 내용을 제3자에게 대항할 수 있게 하기 위하여 채무자에게 통지한다.

양수도계약서 (assignment and assumption agreement) : 채권 및 계약에 따라 매수인이 양수 및 인수할 채권관계서류에 관하여 본 계약서에 첨부된 별첨의 양식에 의한 양수 및 인수계약서를 양수도계약서라 한다. 한편 Loan Sale Agreement(LSA)는 매도인과 매수인 사이에서 채권의 매매 사실에 대한 계약으로 포괄적인 의미를 지닌다.

업무수탁자 (trustee) : 업무수탁자는 자산유동화전문 회사(SPC)를 대신하여 투자자에게 원리금 지급, 장부관리, 사업보고서 작성 및 여유 자금의 운용 등의 업무뿐만 아니라 ABS 원리금 지급을 위한 일시적 자금 부족 시 신용공여를 제공한다. 유동화자산으로부터 발생한 잉여자금의 투자, 유동화증권에 대한 원리금의 지급대행, 자산으로부터 추심된 원금 및 그 수익금 수령, 보관 및 운용의 각종 SPC의 업무를 위탁받아서 수행하는 기관이다.

완전매각/진정한 양도 (True Sale) : 유동화대상 자산을 SPC에 연대보증 등의 조건 없이 매각하는 법률적으로 하자가 없는 양도를 말한다. 이로써 ABS를 발행하는 기관은 연대보증 등의 부담 없이 유동화 과정을 시작할 수 있게 된다.

유동성 (流動性, liquidity) : 기업의 자산을 필요한 시기에 손실 없이 현금으로 전환할 수 있는 안정성의 정도를 유동성이라 한다. 유동성은 자산의 유동성과 경제주체의 유동성을 말하는데 자산의 유동성은 다시 화폐의 유동성과 화폐를 제외한 자산의 유동성으로 나뉜다.

유동화자산 : 유동화의 대상이 되는 채권으로 부동산 및 기타의 재산권이 이에 해당된다.

유동화전문 회사 (SPC: Special Purpose Company) : SPC는 금융 기관에서 발생한 부실 채권을 매각하기 위해 일시적으로 설립되는 특수목적(Special Purpose)회사이다. 채권 매각과 원리금 상환이 끝나면 자동으로 없어지는 일종의 Paper Company이며, 자산을 유동화하기 위한 매개체 또는 수단으로 이용되는 회사 또는 법인을 말한다.

일반담보부채권 : 일반담보부채권이란 금융 기관의 매각대상 원금채권 중 담보가용가액에 해당하는 채권과, 회사 정리 또는 화의신청 기각결정, 신청하였으나 회사 재산 보전처분 미결정, 회사정리절차 폐지, 화의절차 취소된 채권 등으로 담보가 있는 원금채권 중 담보가용가액에 해당하는 채권을 말한다. 담보가용가액은 부동산담보가용가액, 예금가용가액, 보증서가용가액의 합계액을 말한다. 한편 부동산담보가용가액은 감정평가액(또는 최초입찰가격)에서 총 선순위채권을 뺀 것이다.

일반무담보채권 : 일반무담 보채권이란 금융 기관이 채무자에게 당초부터 신용으로 취급하였거나 저당권 등 담보 물권을 처분하였음에도 미회수된 채권이 남아 있어 채무관계인의 일반재산으로부터 채권을 회수하여야 할 채권을 말한다.

자기 자본비율 (stockholders' equity to total assets) : 총자산 중에서 자기 자본이 차지하는 비중을 나타내는 지표로서 기업재무구조의 건전성을 나타내는 가장 대표적인 지표이다. 자기 자본은 직접적인 금융비용을 부담하지 않고 기업이 장기적으로 운용할 수 있는 안정된 자본이므로 이 비율이 높을수록 기업의 재무구조가 건전하다고 할 수 있으며 일반적인 표준비율은 50% 이상으로 보고 있다.

자산 관리자 (administrator/servicer) : 자산유동화증권(ABS:Asset-Backed Securities)의 발

행인은 통상 명목회사의 형태로 설립되므로 자산보유자로부터 양도받은 자산을 실제로 관리하는 자산 관리자가 필요하다. 자산 관리자는 채무자로부터 채권을 추심하여 추심한 원리금을 SPC의 계좌에 입금하고 채무자의 채무 불이행 시에는 채무자에게 청구 등 기타 법적 조치를 강구하며 나아가 채무자 보증인의 재산을 조사하고 발견 재산에 대한 채권보전조치, 담보물의 보존관리, 시효중단 등 채권보전행위를 담당한다.

자산 관리회사 (AMC : Asset Management Company) : 자산 관리회사(AMC: Asset Management Company)란, 제3자로부터 부실기업의 채권이나 부실자산(채권 및 부동산)을 넘겨받아 체계적·효율적으로 관리·처분함으로써 자산 가치의 지속적인 유지 및 제고를 통한 회수이익의 극대화를 도모하는 회사를 말한다. 자산 가치 평가 및 자산의 관리·처분계획 수립, 부동산의 관리 및 가공·개발, 채권회수업무(신용조사, 채권추심, 경매) 등이 주요업무이다. 국제입찰, ABS발행, 공매 및 자진 변제 외에 다양한 부실 채권관리·처분 방식을 도입하여 부실 채권을 효율적이고 신속하게 정리하며, 부실자산의 가치를 최대한 높여 정리함으로써 회수이익 증대를 꾀할 수 있다.

자산담보부 기업어음 (ABCP: Asset–Backed Commercial Paper) : 자산담보부CP(Commercial Paper)로 CP발행을 위한 특수기구(conduit)를 이용해 발행하는 자산담보부 기업어음을 말한다.

자산담보부증권/자산유동화증권 (ABS: Asset–Backed Securities) : ABS란 대출채권, 부동산, 외상매출금 등 부동산을 포함한 모든 자산을 근거로 발행하는 증권을 말한다. ABS에는 채권과 주식 또는 수익증권 등의 형태가 있다. ABS는 보유하고 있는 자산을 담보로 증권화 하는 것으로 자산 보유자가 자산에 묶여있는 현금흐름을 창출하는 데 목적이 있다.

자산보유자 (originator) : 보유자산을 유동화하고자 하는 주체를 말한다. 현금흐름이 비교적 확실한 자산 또는 자산의 집합(pool)을 유동화함으로써 자금을 조달하려는 금융 기관 또는 기업이 이에 해당한다. 『자산유동화에 관한 법률』에서는 자산보유자로 표시된다.

자산양도일 (closing date) : 매각자산에 대한 양도와 매각대금의 수수가 완료되는 거래 마감일을 말한다. 자산유동화에 관한 법률 금융 기관과 일반기업의 자금 조달을 원활하게 하여 재무구조의 건전성을 높이고 장기적인 주택 자금의 안정적인 공급을 통하여 주택금융기반을 확충하기 위한 목적 하에 자산유동화에 관한 제도를 확립하며, 또한 자산유동화에 의하여 발행되는 유동화증권에 투자한 투자자를 보호함으로써 국민경제의 건전한 발전에 기여함 등을 목적으로 하여 1998년 9월에 제정된 법률이다.

자산재평가 (asset revaluation) : 기업자산의 현재 가액이 장부가액과 비교해 많은 차이를 보일 경우, 그 자산을 재평가하는 것을 말한다.

자산확정일 (cut off date) : 매각 대상자산의 채권액을 최종적으로 확정하기 위한 입찰일 이전의 기준일을 말한다. 재산관계 명시명령 신청채권자가 법원에 채무자의 재산 상태를 신고토록 명령케 하여 채무자의 은닉재산을 용이하게 색출함으로써 강제집행을 원활하게 할 수 있는 제도로서, 금전채권에 대한 강제집행 제도의 일종이다.

정크본드 (junk bond) : 신용등급이 낮은 기업이 발행하는 고위험·고수익 채권으로 이자율은 높지만 원리금상환이 극히 불확실해 신용등급이 낮은 회사채를 말한다. 일반적으로 기업의 신용등급이 매우 낮아 회사채 발행이 불가능한 기업이 발행하는 회사채로 '고수익

채권' 또는 '열등채' 라고도 부른다.

제3채무자 (第三債務者) : 어떤 채권관계의 채무자에게 채무가 있는 제3자를 원래의 채권관계의 채권자에 대하여 제3채무자라고 한다. 예를 들면 갑이 을에 대하여 채권을 가지고 다시 을이 병에 대하여 채권을 가질 경우, 병을 제3채무자라고 한다.

주간사 (arranger) : 자산유동화에 필요한 일련의 절차를 지도해 주는 주요 간사회사를 주간사라 한다. ABS 발행부터 판매까지를 총괄하는 기관으로서 ABS 발행구조 및 전략을 수립하고 신용평가, 신용보완, 자산 관리 등 발행 관련 담당업무를 주선하고, SPC로부터 ABS를 인수하여 투자자에게 판매하는 역할을 한다.

주택저당채권 (MBS: Mortgage Backed Securities) : 주택금융기관이 주택 자금을 장기로 빌려주면서 저당권을 매각하거나 증권 형태로 발행해 새로운 주택 자금을 마련해 다시 유통시키는 제도이다.

질권 (質權, pledge) : 질권은 채권자가 그의 채권을 확보하기 위하여 채무자 등으로부터 받은 물건을 점유하고 채무자의 변제가 있을 때까지 유치(보관)함으로써 채무변제를 간접적으로 강제하고 변제가 없을 때에는 그 물건으로부터 우선변제를 받는 권리이다. 질권의 대상은 양도할 수 있는 것이어야 하는데 주로 예금이나 채권, 주식 등이 많이 사용된다.

질권자는 이에 대해 우선권을 행사할 수 있으나 직접 소유할 수는 없다. 금융감독원은 질권을 행사할 때는 반드시 그 사실을 질권을 설정한 채무자 등에 알리도록 은행여신거래약정서에 명시하였다.

채권매매계약서 (loan sale agreement) : 매도자와 매수자 사이에 채권을 매매한 사실을 기록한 계약서로 포괄적인 의미를 지닌다.

채권양도 (債權讓渡, assignment of an obligation) : 채권의 동일성을 유지하면서 채권을 이전할 것을 목적으로 하는 구채권자와 신채권자의 계약을 말한다. 채권의 양도는 원칙적으로 인정되고 있으나 예외적으로 채권양도가 금지되는 경우가 있다.

채권자대위권 : 채권자가 자기의 채권을 보전하기 위하여 필요한 경우에 채무자가 행사를 게을리하고 있는 것을 자기의 이름으로 대신하여 행사하는 권리를 말한다. 대위권은 채권자가 자기의 이름으로 행사하되, 반드시 재판상으로 행사할 필요는 없다. 다만 이행기 전의 채권은 법원의 허가를 얻어야 행사할 수 있다. 채권자가 대위권을 행사할 때에는 채무자에게 통지를 하여야 하고, 이 통지를 받은 후에는 채권자가 그 권리를 처분하여도 채권자에게 대항하지 못한다.

채권파일 (loan file) : 채권파일이라 함은 특정된 날짜를 기준으로 금융 기관이 입수할 수 있는 범위 내에 채권에 관계된 기본, 추심, 부속서류를 말한다. 이 서류는 채권에 관하여 담보서류, 부동산 · 동산에 담보권이나 유치권을 설정하는 데 관련된 서류를 포함하여 채권의 이행 또는 지급을 담보하기 위한 여타의 계약서 · 확인서 · 서류 · 증서, 수정계약서 · 감정서 · 보증서 · 보험증서 · 개인재산 · 재무제표 · 신용평가서 · 채권자 재산보험증서 · 기술대장 · 토지대장 · 건축대장 · 채권추심보고서, 청구(별제권 청구를 포함하여)요구 · 청구원인 · 기타 채권에 관한 판결을 포함한다. 채권파일 서류는 원본 또는 그 사본이다.

채권풀 (loan pool) : 채권풀이라 함은 채권명세표에 기재된 바와 같이 채권매매의 청약을 위하여 채권으로 형성된 풀의 어느 하나를 말한다.

채무자 양도통지 : 채무자 양도통지는 자산유동화에 관한 법률 제7조에 의거 양수인으로 의 채권 양도 사실을 2차례에 걸쳐 내용 증명 우편으로 통지, 2개 이상의 일간 신문에 공고함으로써 채무자에 대해 대항 요건을 가진다(자산 양수도 종료일 후 60일 이내). 추심(推尋)어음·수표 소지인이 거래 은행에 어음·수표대금 회수를 위임하고 동 위임받은 거래 은행은 어음·수표 발행 점포 앞으로 동 대금 지급을 요청하는 일련의 절차를 말한다.

포괄근보증제 (包括根保證制) : 금융 기관과 거래하는 사람의 연대보증인이 책임져야 할 보증에는 특정채무보증, 한정근보증, 포괄근보증 등 3가지가 있다. 이중 가장 보증의 범위가 광범위한 것이 포괄근보증으로 이는 자신이 보증을 선 해당거래 뿐 아니라 채무자가 앞으로 하게 될 모든 거래까지 책임지는 제도를 말한다.

연대보증인이 대출을 보증할 때 원칙적으로는 해당거래에 대해서만 책임지는 특정채무보증을 하도록 되어 있으나 대부분의 은행은 채권 확보를 위해 포괄근보증을 내용으로 하는 약정서를 사용하고 있다. 개인 대출의 경우보다 당좌대월 등 기업거래를 보증할 때는 포괄근보증이 대부분이다.

투자안내서 (information memorandum) : 자산매각과 관련하여 채권, 담보물, 채무자 등에 대한 제반자료와 기타 투자자들에게 필요한 정보를 담은 안내서이다.

환매제도 (還賣制度) : 양도한 재산을 다시 회복할 수 있는 권리를 보유하면서 매도하는 방법 이다. 환매의 특약은 매매계약과 동시에 해야 하며 부동산의 경우 매매등기와 동시에 환매권보유등기를 할 수 있다. 이 경우 제삼자에 대한 선등기 권리를 주장할 수 있다. 환매기간은 동산은 3년, 부동산은 5년을 넘지 못한다.

환매조건부채권 매각 : 일정기간 지나 재매입 조건으로 채권을 매도하여 수요자가 단기자금을 조달하는 금융거래방식이다. 재매입가격은 당초의 매각가격을 기준으로 이자를 가산하기 때문에 자금공급자의 경우 담보증권의 가격변동에 따른 위험 부담이 거의 없다.

후순위채권 (後順位債券, subordinated bonds) : 채권발행기업이 파산했을 경우, 채무변제 순위에서 일반채권보다는 뒤지나, 우선주나 보통주보다는 우선하는 채권, 즉 다른 채권자들에 대한 부채가 청산된 다음에나 상환받을 수 있는 채권을 말한다. 대신 금리는 다른 채권에 비해 조금 높다는 장점이 있다. 최근 은행에 의한 발행이 크게 늘었는데 발행 목적은 자기 자본비율을 유지하거나 이를 높이기 위한 것이다. 국제결제은행(BIS)의 자기자본비율을 산정할 때 후순위채권은 부채가 아닌 자기 자본으로 계산되기 때문이다.

AM : Asset Manager의 약자로 자산유동화전문 회사를 대신해서 기초자산을 관리·운용·처분하는 기관의 자산 관리직원을 말한다. 자산유동화에 관한 법률상 유동화전문 회사는 명목회사이므로 양수 또는 신탁받을 자산을 실질적으로 관리해 줄 자산 관리자가 있어야 한다. 주로 기초자산에 대한 채권의 추심·채무자관리 등을 담당하는 자를 말한다.

AMP 또는 ARP : AMP이란 Asset Management Plan 의 약자로 자산 관리계획을 의미한다. AMP는 ARP(Asset Revaluation Plan=자산재평가 계획)와 같은 개념으로 유암코에서는 AMP, 우리AMC에서는 ARP로 사용한다. 유동화전문유한회사가 국제입찰시장에서 부실채권 pool을 낙찰 후 낙찰받은 채권의 자산 가치를 세밀히 현장조사 등을 통해 재평가한 부실 채권 자산 관리계획을 말한다. AMP에는 언제, 얼마의 금액이 회수될지를 기록한다.

DPO : (Discounted Pay Off)의 약자로 채무 감면을 통한 채권 회수를 의미한다. 담보부 부실 채권의 채무관계인이 자발적인 채무상환의지 및 능력이 있고, 담보가액이채권액에 미달하는 경우 사용하는 방법이다.

IFRS : IFRS는 국제회계기준(International Financial Reporting Standards)의 약자로 국제 민간회계사단체인 '국제회계기준위원회(IASB : International AccountingStadards Board)'에 의해 작성, 공표되는 회계기준이다. 이 회계기준은 순수한 민간단체에 의해 공표되기 때문에 각국의 상이한 회계기준에 대한 구속력은 없다. 다만 경제의 국제화와 함께 회계기준의 국제적 통일에 대한 필요성이 증대되면서 국제회계기준이 각국의 회계기준에 점차 폭넓게 반영되는 추세에 있다

LTV : LTV란 Loan To Value ratio.의 약자로 담보가치(주택가격) 대비 대출비율을 의미한다. 주택담보대출 비율이란 은행들이 주택을 담보로 대출을 해줄 때 적용하는 담보가치 대비 최대 대출가능 한도를 말한다. 즉, 집을 담보로 은행에서 돈을 빌릴 때 집의 자산가치를 얼마로 보는가의 비율을 말하며, 보통 기준시가가 아닌 시가의 일정 비율로 정한다. 예를 들어 주택담보대출비율이 60%라면 시가 2억 원짜리 아파트의 경우 최대 1억2천만 원까지만 대출해주는 것을 말한다.

OPB : opb란 Outstanding Principle Balance의 약자로 채권원금잔액을 의미, 즉 각각의 채권에 관해 채권의 채권계정일 현재의 채권 원금액을 말하고, 각각의 채권풀에 관하여는 당해 채권풀상의 채권의 현재 원금액 총액에 해당하는 채권계정일 현재 금액을 말한다.

REO : Real Estate Owned의 약자로 경매에 붙여졌다가 여러 번 유찰로 인하여 원금 손실이 예상되는 물건 또는 투자금회수가 용이한 물건을 채권자가 직접 낙찰받은 뒤에 투자자에게 매각하여 투자자금을 회수하는 방법이다. 경매입찰에서 여러 번 유찰의 사유가 법률상 문제에 있다고 판단되는 경우 일단 경매낙찰을 통하여 소유권을 확보하여 시간적 여유를 가지고 법적하자사항을 해결한 뒤에 정상가격에 투자자에게 매각하여 원금손실을 줄이려는 부실채권정리방식 중 하나에 속한다.

TP : Target Price 의 약자로 해당 부실 채권으로부터 회수할 수 있는 목표가격을 말하며, 이 금액을 기준으로 부실 채권을 매각하게 된다.

NPL (Non Performing Loan): 부실 채권(회수 불가능한 대출), 고정이하의 여신

고정 (Substandard) : 금융 기관 대출 중 원금 연체 3개월 이상

회수의문 (Doubtful) : 원금 연체 3개월 이상 1년 미만

추정손실 (Estimanted loss) : 원금 연체 1년 이상

BIS (bank for international Settlement) 비율 : BIS가 정한 은행의 위험자산 대비 자기자본비율

AMC (Asset Management Company): 자산 관리회사, 자산(asset)관리(Management)회사

SPC (Special Purpose Company) : 유동화전문유한회사, 금융 기관에서 발행한 부실 채권을 매각하기 위해 일시적으로 설립된 특수목적회사

ABS (Aseet Backed Securities) : SPC가 발행하는 자산유동화증권.

자산유동화 : 부실 채권, 부동산 등의 자산을 담보로 채권을 발행해 자금을 조달하고 확보

하는 것

Public auction : 공개입찰

Nego deal : 수의계약

Invitation Letter/IL : 입찰홍보 및 투자유치 초청장 인비테이션 레터

CIM : 입찰 투자정보서

Valuation : 가치산정 벨류에이션

Due Diligence : 입찰자의 자산실사 듀 딜리전스

Kick-off meeting : 프로젝트팀과 고객(투자자)과의 첫 모임

Bidding : 입찰 , 경매의 가격 제시 비딩

Closing : 자산양도등록 마감

True sale : 자산양도

Trustee : 업무수탁자 트러스티

Credit Rating : 채권에 대한 신용등급 사정 크레딧 레이팅

AMP (Asset Management Price(에셋 메니지먼트 프라이스)) : 채권매각가격 자산 관리가격
(예) 아파트는 채권원금기준 AMP가 높다

Working file : 추심활동을 위해 필요서류 등을 file형식으로 관리하는 문서철

AM업무 : 회수업무

Loan Sale : 대출 채권 판매, 채권양도 (저당권 매입,매각)

REO (Real Estate Owned) : 유입 부동산 매각 방식

Pre-Sale : 낙찰 약정 / 유입자산 경매 제3자 매각 회수

Voluntary Sale : 채무자의 자진 매각을 통해 회수 발런트리 세일

Bulk Sale : 대량매각

OPB (Outstanding Principle Balance) : 채권 금액의 원금

Cash Flow : 회수예상가격

Holding Period : 회수기간 홀딩 피리어드

IRR (Internal rate of return) : 투자 수익률, 내부 수익률

C/F (Carry Forward) : 이월

ARP (Actual Requested Price) : 회수목표가격

CCRS : 신용회복채권

IRL : 개인회생채권